合格革命

2022年度版

社労士

4択式問題集 比較認識法®で選択対策

岡 武史 著

社労士 合格革命

初心者には最高の効率を、再挑戦者には合格へ

真島流理解式学習法で理解に徹したテキスト

★ 制度趣旨から理解できるテキスト ★ ワンポイントアドバイスでさらに理解を深められる
★ 計1000問超の過去問収録で、アウトプットの訓練も万全

合格革命 社労士 基本テキスト
労働科目

合格革命 社労士 基本テキスト
社会保険科目＋一般常識

合格革命シリーズ CONCEPT

理解して記憶を定着させる

「基本テキスト」も「問題集」も、どちらも「理解」を基本にしています。

---

1 テキストで理解する

膨大な知識をそのまま覚えることは、誰にもできません。でも、きちんと理解できたことは、覚えられます。テキストを読んで、理解して知識を定着させましょう。
それでも、人は必ず忘れます。忘れてしまう知識をしっかりと定着させるために「問題集」を使いましょう。

シリーズ誕生!

の突破口を、これが社労士 合格革命です。

「✕問式」と「4択式」だから
テンポよくポイントをマスター

★ この問題集で「合格者の頭の使い方」＝
「類似制度の違いに注目して知識を整理する方法」＝「比較認識法®」をマスターしよう!

合格革命 社労士 ✕問式問題集
比較認識法®で択一対策

合格革命 社労士 4択式問題集
比較認識法®で選択対策

✕問式・4択式問題集を
使って知識を定着させる

✕問式・4択式問題集は、「似た制度を比較しながら違いを明確にして整理する」ための問題集です。
この2冊を使って、テキストで学んだ内容のアウトプット学習をすることで、合格に必要な知識を確実に定着させることができます。

往復学習で合格革命を!

テキストと問題集を往復しながら何度もくりかえして学習することで、効率よく学習できて、合格への突破口が開けるはずです!
理解式学習法と比較認識法®を駆使して、合格革命を起こしましょう!

戦略的、かつ確実な
選択式試験対策は存在する。

社労士試験の受験指導の現場では、多くの受験生が選択式試験の対策について、**「勉強に時間がかかりすぎる…」**とか**「すべての科目で基準点を超えるのは難しい…」**といった悩みを抱えています。

たしかに、従来の選択式問題集だと結局は丸暗記が必要となり、とても勉強時間がかかりますし、学習効果もあまり高くないので、社労士試験の短期合格を困難にしてきました。

そんな悩める社労士受験生の選択式対策に、1つの明確な「解決策」を示すために、本書を作成しました。

本書で提案している「解決策」は、これまでの「暗記力」や「読解力」を鍛えようとする選択式問題集とは根本的に異なるアプローチをしています。

私が選択式受験指導の現場で開発した**「2つの三角形理論」**に基づいて、選択式本試験において、すべての科目で基準点を突破してもらうことだけを念頭において作成しています。

そのため、本書はこれまでの選択式問題集と大きく異なる構成になっています。

「なんで、解答が1つだけ？」

「問題は、こんなに少なくて大丈夫？」

「選択式でも、比較認識法は効果的？」

最初は、誰でもこんな疑問を持つのは当然です。そんな疑問を少しでも解消してもらうために、このあとマンガやガイダンスを用意しました。少し長くなりますが、これらを最初にしっかりと読んで、本書の特徴を十分に理解し、最大限に有効活用してください。

これまでも多くの短期合格者を輩出してきた、実証済みのノウハウが今、あなたの目の前にあります。

2021年11月吉日

岡　武史

さあ！ あなたもマンガの2人のように「比較認識法」を学習の主軸におき、短期合格を果たしましょう！

本書の構成

効果的に選択式対策を進めていただくために、まずは本書の構成要素を説明します。

■ まずは科目全体の傾向をチェック！

各科目の冒頭には「**過去5年間の選択式本試験分析**」を掲載しています。科目ごとにどのような特色があるのか、ここでざっくりとつかんでおきましょう。

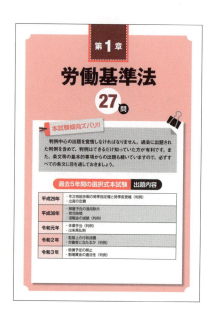

■ いよいよ演習開始！

過去問マーク

本書に掲載されている問題・NG・ピタリのうち、直近5年（R3〜H29）の選択式試験に対応しているものには過去問マークを付記しています。

> R3-B　令和3年の空欄Bに対応
> ※科目の記載がないものは該当の章に準ずる

4択ワンポイント出題

1つの空欄に対して4つの選択肢を用意した「4択ワンポイント出題」形式を採用。どの語句が解答になるかを考えながら、サクサク解いていきましょう。

作問者思考

「作問者思考」を確認して、出題パターンを認識しましょう（11ページを参照）。

問題17
R3-B

最高裁判所の判例では、「使用者が、労働者に対し、時間外労働等の対価として労働基準法37条の定める割増賃金を支払ったとすることができるか否かを判断するには、**労働契約における賃金の定め**につき、それが**通常の労働時間**の賃金に当たる部分と同条の定める割

選択肢
① 同一性が認められる　② 同一性が認められない
③ 判別（を）することができる
④ 判別（を）することができない

作問者思考 | **パターンE** | 重要なキーワードを問う問題
時間外労働等の対価として労基法37条の定める割増賃金を支払ったとすることができるかどうかのキーワードを押さえていますか。

解答では、正解の選択肢以外の語句にも着目して、比較認識法で適用パターンを多角的に押さえていきます。

NG

選択式の演習過程では、正解語句ではないけど、どこかで見たな…というものもあるはずです。本書では、解答以外の選択肢が使われている条文等をNGとして掲載しています。どれも重要ですので、キーワードは赤シートを使いながらしっかり確認しましょう。

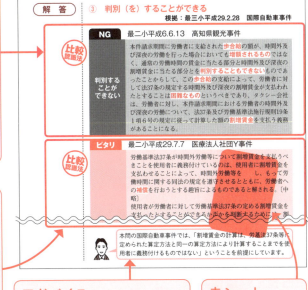

ピタリ

正解語句でも、他の条文等で使われている例を紹介しています。つなげて確認しておくことで、記憶の負荷を減らすことができます。

アドバイス
プラスαの知識、法改正マメ知識などについてコメントしています。

赤シート
重要キーワードは赤シート対応です！

本書の問題はスマホ学習用PDFも用意！
いつでもどこでも解けるので便利です！

スマホ学習用　ダウンロードサービスページへのアクセス方法

TAC出版　検索　TAC出版書籍販売サイト　Cyber Book Store
読者様限定　書籍連動ダウンロードサービス
※TAC出版は、早稲田経営出版刊行書籍の販売代行を行っております。

ダウンロードサービスページへのアクセスには下記のパスワードが必要です。

パスワード　22084897

【ダウンロード有効期限　2022年10月末日まで】

※『比較認識法』は、登録商標です。（登録第5576056号）

CONTENTS

ガイダンス　選択式で確実に合格点をとるためには／1
1 かつての選択式問題集不要論者が考える新しい選択式対策 ………… 2
2 「スケジュールの役割分担」を意識しよう …………………………… 4
3 ベストの選択式対策は1つしかない！ ………………………………… 7
4 選択式突破のカギは、「注意力」と「推論力」にあり ………………… 8

第1章　労働基準法／13
選択式突破のヒント！その❶
選択式がメキメキ強くなる魔法の質問 ……………………………… 50

第2章　労働安全衛生法／51
選択式突破のヒント！その❷
「芋づる式連想ゲーム」のススメ …………………………………… 78

第3章　労働者災害補償保険法／79
選択式突破のヒント！その❸
「忘れてなくても目的条文」と考えよう …………………………… 114

第4章　雇用保険法／115
選択式突破のヒント！その❹
テキスト読みにも「繰り返しの魔法」を使おう ………………… 150

第5章　健康保険法／151
選択式突破のヒント！その❺
答練・模試を受けながら、「選択式チェックリスト」を作ろう … 188

第6章　国民年金法／189
選択式突破のヒント！その❻
「ファーストインプレッション」よりも大切なこと ……………… 230

第7章　厚生年金保険法／231
選択式突破のヒント！その❼
「労働経済」は、法律に書き込んで覚えよう ……………………… 268

第8章　労務管理その他の労働に関する一般常識／269
選択式突破のヒント！その❽
「一般常識」を後回しにしないコツ ………………………………… 308

第9章　社会保険に関する一般常識／309
選択式突破のヒント！その❾
選択式はパズル　ピースの当てはめを慎重に …………………… 342

用語索引／343
条文索引／347

凡例

本書で使用した根拠条文等のおもな略称は次のとおりです。

法	○○法
令	○○法施行令
法附則	○○法附則
則	○○法施行規則
則附則	○○法附則
労基法	労働基準法
安衛法	労働安全衛生法
労災法	労働者災害補償保険法
雇用法	雇用保険法
健保法	健康保険法
国年法	国民年金法
厚年法	厚生年金保険法
労審法	労働保険審査官及び労働保険審査会法
労組法	労働組合法
労契法	労働契約法
労働時間等設定改善法	労働時間等の設定の改善に関する特別措置法
個別労働関係紛争解決促進法（個紛法）	個別労働関係紛争の解決の促進に関する法律
パートタイム・有期雇用労働法（パート・有期法）	短時間労働者及び有期雇用労働者の雇用管理の改善等に関する法律
最賃法	最低賃金法
賃金支払確保法（賃確法）	賃金の支払の確保等に関する法律
中退共法	中小企業退職金共済法
男女雇用機会均等法（均等法）	雇用の分野における男女の均等な機会及び待遇の確保等に関する法律
育児介護休業法（育介法）	育児休業、介護休業等育児又は家族介護を行う労働者の福祉に関する法律
次世代法	次世代育成支援対策推進法
女性活躍推進法	女性の職業生活における活躍の推進に関する法律
労働施策総合推進法	労働施策の総合的な推進並びに労働者の雇用の安定及び職業生活の充実等に関する法律
職安法	職業安定法
労働者派遣法（派遣法）	労働者派遣事業の適正な運営の確保及び派遣労働者の保護等に関する法律
青少年雇用促進法	青少年の雇用の促進等に関する法律
高年齢者雇用安定法	高年齢者等の雇用の安定等に関する法律
障害者雇用促進法	障害者の雇用の促進等に関する法律
社労士法	社会保険労務士法
国保法	国民健康保険法
船保法	船員保険法
高齢者医療確保法（高医法）	高齢者の医療の確保に関する法律
介保法	介護保険法
確拠法	確定拠出年金法
確給法	確定給付企業年金法
年金時効特例法	厚生年金保険の保険給付及び国民年金の給付に係る時効の特例等に関する法律
整備政令	失業保険法及び労働者災害補償保険法の一部を改正する法律及び労働保険の保険料の徴収等に関する法律の施行に伴う関係政令の整備等に関する政令
支給金則	労働者災害補償保険特別支給金支給規則
行政手引	職業安定行政手引（雇用保険編）
基発	厚生労働省労働基準局長名通達
基収	厚生労働省労働基準局長が疑義に応えて発する通達
雇児発	厚生労働省雇用均等・児童家庭局長通知
労告	（旧）労働省告示
厚労告	厚生労働省告示

xv

ガイダンス

選択式で確実に合格点をとるためには

> これまでの
> 選択式対策の
> 常識を
> くつがえします！

① かつての選択式問題集不要論者が 考える新しい選択式対策

　ご存知のとおり、社労士試験は択一式でどんなに高得点をとっても、選択式で１科目でも基準点未満があれば不合格になります。しかも、インターネット上での本試験の不合格者の間では「選択式で落ちた」という声が圧倒的に多いので、社労士の初学者でも学習の当初から選択式対策として、従来の選択式問題集を繰り返し演習しようとしていました。

　しかし、テキストさえなかなか読み込めていない段階で、従来の選択式問題集の演習をするのは膨大な時間がかかるだけでなく、正解を焦るばかりに、問題文をそのまま丸暗記するような勉強をしてしまいがちです。そのため、本来やるべき択一式問題集の演習も疎かになってしまいます。そして、択一式問題集も選択式問題集も１〜２回繰り返した程度で、ドンドン新しい科目を学んでいくと、直前期にはどちらもスッカリ忘れてしまい、何から手をつけていけばいいかわからない状態になってしまいます。

　直前期にこうした事態に陥らないためにも、私は受験勉強の当初から「択一式対策と選択式対策のバランス」をしっかりと考えておくことが短期合格の重要なポイントと考えます。

　この点については、講師によって様々な考えがあると思いますが、私の考えは、「択一式対策をしっかりすれば、選択式対策の６割程度はカバーできるけど、残り４割はどうしても選択式特有の対策をとる必要がある」というものです。

　その根拠として、まず、右頁表をご覧ください。この表は、過去10年分の選択式出題を私なりに分析したものです。各年の出題で、「択一式で７割程度正解できる実力がある受験生でも、選択式特有の対策をとっていないと、３点以上確保することが難しいであろう問題」を赤色で示しました。

■ 過去10年間の選択式試験問題において、選択式特有の対策が必要だと考えられる出題

年度	科目名							
H24 (2012)	労基・安衛	労災	雇用	労一	社一	健保	厚年	国年
H25 (2013)	労基・安衛	労災	雇用	労一	社一	健保	厚年	国年
H26 (2014)	労基・安衛	労災	雇用	労一	社一	健保	厚年	国年
H27 (2015)	労基・安衛	労災	雇用	労一	社一	健保	厚年	国年
H28 (2016)	労基・安衛	労災	雇用	労一	社一	健保	厚年	国年
H29 (2017)	労基・安衛	労災	雇用	労一	社一	健保	厚年	国年
H30 (2018)	労基・安衛	労災	雇用	労一	社一	健保	厚年	国年
R元 (2019)	労基・安衛	労災	雇用	労一	社一	健保	厚年	国年
R2 (2020)	労基・安衛	労災	雇用	労一	社一	健保	厚年	国年
R3 (2021)	労基・安衛	労災	雇用	労一	社一	健保	厚年	国年

　こうして見てみると、択一式で合格点がとれる実力があっても、毎年数問は選択式特有の対策が必要になる問題が出題されていることがご理解いただけるでしょう。つまり、選択式試験を確実に突破するためには、択一式で7割程度正解できる実力をつけるだけでは不十分で、さらに選択式特有の対策をしっかりと準備しておかなければならないということです。

❷「スケジュールの役割分担」を意識しよう

　ここまでの話から、選択式試験で合格点をとるためのイメージを、次のような三角形で考えるとわかりやすいでしょう。

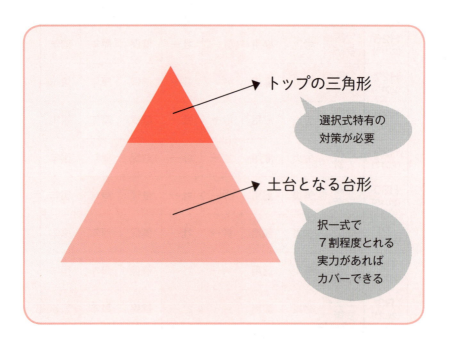

　この三角形の全体が、選択式の合格点を確実にとれる力を表したものと考えてください。この三角形の「土台となる台形」が、択一式で7割程度とれる実力があればカバーできる部分です。そして、この三角形全体の「トップの三角形」こそ、選択式特有の対策がどうしても必要な部分です。
　この図からわかるように、選択式で確実に合格点をとるためには、まずは択一式の実力をつけることが不可欠であり、同時に、どうしても選択式特有の対策も必要なことがわかると思います。
　この選択式対策の捉え方を「2つの三角形理論」と呼んでいます。

しかしながら、この三角形全体の実力をつけるためには、「土台となる台形」の部分の勉強と「トップの三角形」の部分の勉強を同時並行で行うことは、きわめて非効率です。なぜなら、「土台となる台形」の部分の理解があってはじめて、「トップの三角形」の部分を意識できる勉強が可能となるからです。知識ゼロから学習をスタートする段階で、いきなり「トップの三角形」対策をとるというのは、難しいものです。

　そこで、戦略的に勉強法を考えていく上では、本試験までの全体のスケジュールの中でこの三角形全体に相当する実力をつけるために、まずは「土台となる台形」の知識を固めてから、「トップの三角形」の知識を身につけていくイメージを持ちつつ、勉強を進めていくことが重要です。

　具体的には資格学校の講座スケジュールでいうと、「講義編」と呼ばれる、すべての科目を学ぶ時期（学習開始〜5月末くらい）に「土台となる台形」である択一式の勉強を集中的に行い、「直前編」と呼ばれる答練や模試が続く時期（6月〜本試験まで）には「トップの三角形」の選択式特有の勉強を集中的に行うことが理想だと考えます。

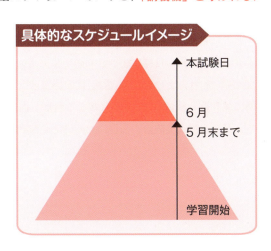

具体的なスケジュールイメージ

　こうしたスケジュールの時期ごとに成果目標を明確にしながら、学習スケジュールを立てることを私は「スケジュールの役割分担」と呼んで、15年以上前から社労士受験生を啓蒙してきました。

意欲の高い受験生ほど、「あれもこれも……」と一度に勉強してしまおうとするものですが、「スケジュールの役割分担」の考え方は、そんな受験生に、時期ごとに勉強を集中させることの大切さを気づかせてくれるでしょう。

　「土台となる台形」の勉強と「トップの三角形」の勉強は本質的に違うため、両方をやみくもに勉強しようとすればするほど、どちらも中途半端に終わって、最終目標である三角形全体の実力をつけることが難しくなるのです。

　「講義編」の時期は、「選択式対策だから」と従来の選択式問題集を繰り返し演習したり、テキストを丁寧に読み込むよりも、択一式問題集を完璧になるまで、できるだけ繰り返し演習した方がいいでしょう。なぜなら、「講義編」の時期に「土台となる台形」の実力をしっかりつけておけば、直前期には選択式特有の勉強に集中できるので、結果的に効率が上がることになるからです。

　その意味で、まずは「択一式で7割程度を確実にとれる力をつけること」を受験勉強の最初の目標にすべきなのです。そのため、本書のペア問題集である『合格革命 社労士 ×問式問題集 比較認識法®で択一対策』を「講義編」の時期に繰り返し演習して、「土台となる台形」の知識をより完璧に近づけていくことが、選択式突破の大前提になることを忘れないでほしいのです。

2022年度版
合格革命 社労士 ×問式問題集
比較認識法®で択一対策

❸ ベストの選択式対策は1つしかない！

従来の選択式問題集はその網羅的な性格から「土台となる台形」の知識を固めるのには効果があっても、なかなか「トップの三角形」の対策までは難しかったのではないでしょうか。ですから、従来の選択式問題集をいくら繰り返し演習しても、本当の意味での選択式対策としては十分ではないと思うのです。

では、「どのような勉強が、ベストの選択式対策なのか？」と問われれば、私は社労士受験生が実践できる最善策は、1つしかないと考えています。

それは「テキストに万遍なく目を通すこと」です。

このベストな選択式対策である「テキストに万遍なく目を通すこと」を直前期にしっかりと行うためにも、「スケジュールの役割分担」の考え方が重要であることを再確認してもらいたいのです。

つまり、直前期に「テキストに万遍なく目を通すこと」に集中できるためにも、択一式の問題演習は「講義編」のうちに完璧に仕上げて、そのエッセンスはすべてテキストに書き込んでおくことが理想なのです。

こうした「スケジュールの役割分担」の考え方を踏まえて、本書は従来の選択式問題集と大きく異なり、サクサクできるように構成しています。すなわち、「講義編」の時期から、空いた時間に本書に軽く目を通すだけでも、選択式が強くなるコツを効率的に学べるようにさまざまな工夫をしています。

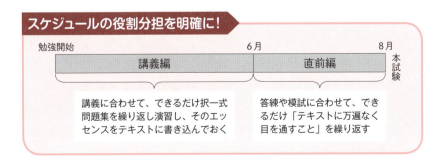

スケジュールの役割分担を明確に！

❹ 選択式突破のカギは、「注意力」と「推論力」にあり

これまでの選択式対策で重視されていたのは、「暗記力」と「読解力」です。従来の選択式問題集は、1つの条文にたくさん空欄があるので、条文をほぼ丸暗記していなければ正解するのは難しいでしょう。そのため、対策として選択式の問題文を写経のように、そのまま書いて覚えようとする受験生も多かったのではと思います。

一方、受験生がまったく知らないような出題については、「読解力で解ける」「常識があれば大丈夫」などという言葉で、お茶を濁すような解決策を提示されることが多かったのではないでしょうか。

たしかに、選択式本試験の難問の中には、文章的・論理的な矛盾から「選択語句」が絞れる問題はあります。しかし、それはあくまで「正解語句」の候補が絞れる程度で、「読解力」だけで「正解語句」を決定することは難しい出題が圧倒的に多いのです。

そこで私は、まったく別のアプローチから本書を作成し、選択式で確実に合格点をとるための冷静な「注意力」と法的な「推論力」を鍛えるための選択式問題集にしまし

選択式試験突破に必要な2つの力

注意力 ＋ 推論力

↓

選択式を確実にクリアするポイント

た。すなわち、選択式各問の出題のテーマを見極め、候補となる語句を見つけ出す冷静な「注意力」と、その候補の中から自分の持っている知識を総動員してベストな語句を絞り込む法的な「推論力」が、選択式を確実にクリアするためのポイントになると考えます。

　社労士受験の現役講師の立場から、本書に掲載している問題は「択一式で7割程度確保できる受験生でも見落としがちな条文、規則及び判例等だけ」を集めたものです。つまり、これまでの選択式問題集の発想になかった、「トップの三角形」対策に特化した出題になっています。

　そして、1問で空欄が1つ、「選択語句」を4つとした「4択式出題」の形式を新しく採用し、実際の選択式の出題で受験生が間違いやすい、基準点突破のカギとなるだろう個所だけを空欄にしています。

4択式出題

問題1

労働基準法で定める労働条件の基準は最低のものであるから、□□□□、この基準を理由として労働条件を低下させてはならないことはもとより、その向上を図るように努めなければならない。

――選択肢――

① 使用者は　　　　　　② 労働者及び使用者は

③ 労働関係の当事者は　④ 何人も

作問者思考　**パターンD**　見慣れない語句を問う問題

● 基本的な条文ですが、労働基準法の条文では珍しい語句なので、注目できていますか。

　この「4択式出題」は、選択式特有の対策が必要であろう重要な語句を厳選し「正解語句」にしていますので、本書を演習すれば、自然と「選択式で問われやすい語句」のパターンもマスターできるようになるでしょう。

　しかも近年の選択式本試験の傾向である、1つの科目で複数のテーマを出題する傾向にも完全にマッチしています。

また、解答には本書の書名でもある「比較認識法®」を用いて、必ず「選択語句」の中から「不正解語句」を使った条文、規則及び判例等を「NG」として取り上げ、さらに「正解語句」を使った別の条文、規則及び判例等も「ピタリ」として可能な限り紹介しています。

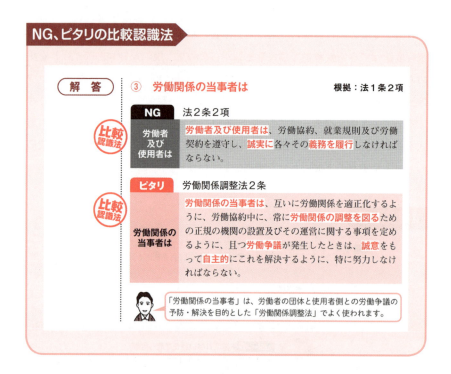

　この「比較認識法」で取り上げている条文、規則及び判例等も、選択式本試験で出題可能性の高い重要なものばかり厳選していますので、必ず何度も目を通してほしいです。
　こうして「比較認識法」を使うことで、1つの問題（語句）をさまざまな角度から検証することが可能となるので、法的な「推論力」が自然と養われることになると思います。

さらに、「作問者思考」として、各問題の出題パターンを次の5つに分類し、「パターン化」を意識して、選択式本試験で冷静な「注意力」と法的な「推論力」をより発揮しやすくしています。

作問者思考

	パターン	正解語句の特徴
A	根本的な理解を問う問題	基本的な事項で、条文等の文言上の表現を意識しなければならない語句
B	似たような語句を問う問題	同じ法律内や異なる法律間で同じような語句が使われていて、その使い分けが必要な語句
C	数字の違いを問う問題	数字そのものや数字を使った語句
D	見慣れない語句を問う問題	その法律の中や普段の日常生活ではあまり使われない語句
E	重要なキーワードを問う問題	条文や判例等の重要なキーワードになりうる語句

本書の演習を通じて身につけた重要語句の適用パターンを総動員して、冷静な「注意力」と法的な「推論力」を発揮することで、選択式本試験で必ず出題されるであろう、まったく未知の問題にも、正しい思考アプローチで選択語句を選ぶことができるようになるはずです。

あとは実践あるのみです。早速、挑戦してみてください。

第1章

労働基準法

27問

本試験傾向ズバリ!!

判例中心の出題を覚悟しなければなりません。過去に出題された判例を含めて、判例はできるだけ知っていた方が有利です。また、条文等の基本的事項からの出題も続いていますので、必ずすべての条文に目を通しておきましょう。

過去5年間の選択式本試験 出題内容

平成29年	・年次有給休暇の時季指定権と時季変更権（判例） ・出産の定義
平成30年	・解雇予告の適用除外 ・育児時間 ・退職金の減額（判例）
令和元年	・休業手当（判例） ・出来高払制
令和2年	・監督上の行政措置 ・労働者に当たるか（判例）
令和3年	・賠償予定の禁止 ・割増賃金の適法性（判例）

問題 1

労働基準法で定める労働条件の**基準**は最低のものであるから、▭、この**基準**を理由として労働条件を低下させてはならないことはもとより、その向上を**図るように努めなければならない**。

― 選択肢 ―
① 使用者は
② 労働者及び使用者は
③ 労働関係の当事者は
④ 何人も

パターンD 見慣れない語句を問う問題
基本的な条文ですが、労働基準法の条文では珍しい語句なので、注目できていますか。

問題 2

(1) 労働条件は、労働者と使用者が、**対等の立場**において決定すべきものである。
(2) 労働者及び使用者は、▭を**遵守**し、**誠実**に各々その義務を**履行しなければならない**。

― 選択肢 ―
① 労働協約、労使協定及び就業規則
② 労使協定、就業規則及び労働契約
③ 労働協約、労使協定及び労働契約
④ 労働協約、就業規則及び労働契約

パターンA 根本的な理解を問う問題
空欄にあてはまる語句がどんな効力を有しているものであるか理解していますか。

【解　答】

③ **労働関係の当事者は**　　　　　　　　根拠：法1条2項

NG　法2条2項

労働者及び使用者は

労働者及び使用者は、労働協約、就業規則及び労働契約を遵守し、誠実に各々その義務を履行しなければならない。

ピタリ　労働関係調整法2条

労働関係の当事者は

労働関係の当事者は、互いに労働関係を適正化するように、労働協約中に、常に労働関係の調整を図るための正規の機関の設置及びその運営に関する事項を定めるように、且つ労働争議が発生したときは、誠意をもって自主的にこれを解決するように、特に努力しなければならない。

「労働関係の当事者」は、労働者の団体と使用者側との労働争議の予防・解決を目的とした「労働関係調整法」でよく使われます。

【解　答】

④ **労働協約、就業規則及び労働契約**

根拠：法2条1項、2項

NG　法36条1項本文

労使協定

使用者は、労使協定をし、これを行政官庁に届け出た場合においては、法32条から法32条の5まで若しくは法40条の労働時間又は法35条の休日に関する規定にかかわらず、その協定で定めるところによって労働時間を延長し、又は休日に労働させることができる。

「労働協約、就業規則及び労働契約」は、権利義務の効果が発生する法的効力を有しますが、「労使協定」は、このような法的効力を有せず、原則として、いわゆる免罰的効力を有するにすぎません。

問題3

使用者は、期間の定めのある労働契約（当該契約を☐以上更新し、又は雇入れの日から起算して**1年**を超えて継続勤務している者に係るものに限り、あらかじめ当該契約を更新しない旨明示されているものを**除く**。）を更新しないこととしようとする場合には、少なくとも当該契約の期間の満了する日の**30日**前までに、その**予告**をしなければならない。

― 選択肢 ―
① 1回　② 2回　③ 3回　④ 4回

作問者思考 ▶ パターンC ▶ 数字の違いを問う問題
有期労働契約の雇止めの予告の基準を正確に押さえていますか。

 問題4

最高裁判所の判例では、「少なくとも60歳前後までは、男女とも通常の職務であれば、企業経営上要求される**職務遂行能力**に欠けるところはなく、各個人の☐の差異に応じた取扱いがされるのは格別、一律に従業員として**不適格**とみて企業外へ排除するまでの理由はないことなど、上告会社の**企業経営上**の観点から定年年齢において女子を差別しなければならない**合理的理由**は認められない〔中略〕上告会社の就業規則中、女子の定年年齢を男子より低く定めた部分は、専ら女子であることのみを理由として差別したことに帰着するものであり、性別のみによる**不合理な差別**を定めたものとして**公序良俗**に反して**民法90条の規定により無効**である」としている。

― 選択肢 ―
① 賃金　　　② 賃金及び労働時間に関する事項
③ 労働能力　④ 性別

作問者思考 ▶ パターンB ▶ 似たような語句を問う問題
文脈を冷静に読み取ると、「定年年齢」と対比できる語句を見つければいいことに気づきますか。

| 解 答 | ③ 3回 | 根拠：平成24.10.26厚労告551号 |

第1章 労働基準法

比較認識法

NG	平成24.10.26厚労告551号
1回	使用者は、期間の定めのある労働契約（当該契約を**1回**以上更新し、かつ、雇入れの日から起算して**1年**を超えて継続勤務している者に係るものに**限る**。）を更新しようとする場合においては、当該契約の**実態**及び当該労働者の**希望**に応じて、契約期間をできる限り長く**するよう努めなければならない**。

比較認識法

ピタリ	平成24.10.26厚労告551号
3回	期間の定めのある労働契約（当該契約を**3回**以上更新し、又は雇入れの日から起算して**1年**を超えて継続勤務している者に限り、あらかじめ当該契約を更新しない旨明示されているものを**除く**。）が更新されなかった場合において、使用者は、労働者が更新しなかった理由について**証明書**を請求したときは、遅滞なくこれを交付**しなければならない**。

本問の有期労働契約の雇止めの基準に関しては、行政官庁の助言及び指導の対象とされているので、罰則の適用はありません。

| 解 答 | ③ 労働能力 | 根拠：最三小昭和56.3.24　日産自動車事件 |

比較認識法

NG	法4条
賃　金	使用者は、労働者が**女性**であることを理由として、**賃金**について、男性と差別的取扱いをしてはならない。

比較認識法

NG	法15条1項
賃金及び労働時間に関する事項	使用者は、労働契約の締結に際し、労働者に対して**賃金、労働時間その他の労働条件**を明示しなければならない。この場合において、**賃金及び労働時間に関する事項その他の厚生労働省令で定める事項**については、厚生労働省令で定める方法により明示しなければならない。

法1条及び法2条の「労働条件」である「賃金、労働時間はもちろんのこと、解雇、災害補償、安全衛生、寄宿舎等に関する条件を含む労働者の職場における一切の待遇」と、法15条の明示すべき「労働条件」とは異なりますので、注意が必要です。

17

問題 5

最高裁判所の判例では、「労働基準法7条が、特に、労働者に対し労働時間中における**公民としての権利の行使**および**公の職務の執行**を保障していることにかんがみるときは、**公職**の就任を使用者の**承認**にかからしめ、その**承認**を得ずして公職に就任した者を☐☐☐に附する旨の就業規則の条項は、労働基準法の規定の趣旨に反し、**無効**のものと解すべきである。従って、**公職**に就任することが会社業務の遂行を著しく阻害する虞れのある場合においても、**普通解雇**に附するは格別、就業規則の同条項を適用して従業員を☐☐☐に附することは、許されないものといわなければならない。」としている。

- 選択肢
  - ① 懲戒　② 即時解雇　③ 出向　④ 懲戒解雇

パターンB　似たような語句を問う問題
文脈を冷静に読み取ると、「普通解雇」と対比できる語句を見つければいいことに気づけますか。

問題 6

解雇予告期間満了の直前に労働者が**業務上の傷病**のために休業をした場合には、法19条の解雇制限の適用があるので、制限期間中の解雇はできない。ただし、☐☐☐でない限り、解雇予告の効力の発生が**停止**したにすぎないので、改めて解雇予告をする**必要はない**。

- 選択肢
  - ① 期間の定めのある労働契約
  - ② 期間の定めのない労働契約
  - ③ 休業期間が短期なもの
  - ④ 休業期間が長期にわたるようなもの

パターンE　重要なキーワードを問う問題
解雇予告期間中に、解雇制限事由が発生しても、原則として再度の解雇予告は不要ですが、その例外を押さえていますか。

【解 答】 ④ **懲戒解雇**　根拠：最二小昭和38.6.21　十和田観光電鉄事件

NG　即時解雇
最二小昭和35.3.11　細谷服装事件

使用者が労働基準法20条所定の予告期間をおかず、または予告手当の支払をしないで労働者に解雇の通知をした場合、その通知は**即時解雇**としては効力を生じないが、使用者が**即時解雇**を固執する趣旨でない限り、通知後同条所定の30日の期間を経過するか、または通知の後に同条所定の予告手当の支払をしたときは、その**いずれかのとき**から解雇の効力を生ずるものと解すべきである。

NG　即時解雇
昭和24.5.13基収1483号

法20条による法定の予告期間を設けず、また法定の予告に代わる平均賃金を支払わないで行った**即時解雇**の通知は**即時解雇**としては無効であるが、使用者が解雇する意思があり、かつその解雇が必ずしも**即時解雇**であることを要件としていないと認められる場合には、その**即時解雇**の通知は法定の最短期間である**30日経過後**において解雇する旨の予告として効力を有する。

> 「即時解雇」というキーワードは、法20条の解雇予告に関する判例や通達によく出てきます。

【解 答】 ④ **休業期間が長期にわたるようなもの**
　　　　根拠：昭和26.6.25基収2609号

NG　期間の定めのある労働契約
昭和63.3.14基発150号

期間の定めのある労働契約の場合、業務上負傷し、又は疾病にかかり療養のため休業をする期間中であっても、当該休業期間中に**労働契約期間が満了**するときは、契約期間の満了とともに労働契約は終了するのであって、解雇制限の適用はない。

> 解雇予告期間中に解雇制限事由が発生した場合には、解雇予告期間の満了によって解雇となるわけではなく、以後解雇制限の問題となるということです。

問題7

最高裁判所の判例では、「国は、公務員に対し、国が公務遂行のために設置すべき場所、施設もしくは器具等の設置管理又は公務員が国もしくは上司の指示のもとに遂行する公務の管理にあたって、公務員の生命及び健康等を危険から保護するよう配慮すべき義務（以下「**安全配慮義務**」という。）を負っているものと解すべきである。〔中略〕右のような**安全配慮義務**は、ある法律関係に基づいて**特別な社会的接触の関係**に入った当事者間において、当該法律関係の**付随**義務として当事者の一方又は双方が相手方に対して□□□上負う義務として**一般的**に認められるものである。」としている。

--- 選択肢 ---
① 業務　　② 経験則　　③ 経営、管理　　④ 信義則

作問者思考　**パターンE** ▶ **重要なキーワードを問う問題**

「**安全配慮義務**」は、労働契約法5条に規定されるまでは、何を根拠に認められていたのでしょうか。

解答 ④ 信義則　　根拠：最三小昭和50.2.25　陸上自衛隊事件

NG　最二小平成12.3.24　電通事件

業務

労働基準法は、労働時間に関する制限を定め、労働安全衛生法65条の3は、作業の内容等を特に限定することなく、同法所定の事業者は労働者の健康に配慮して労働者の従事する作業を適切に管理するように努めるべき旨を定めているが、それは、右のような危険が発生するのを防止することをも目的とするものと解される。これらのことからすれば、使用者は、〔中略〕業務の遂行に伴う疲労や心理的負荷等が過度に蓄積して労働者の心身の健康を損なうことがないよう注意する義務を負うと解するのが相当であり、使用者に代わって労働者に対し業務上の指揮監督を行う権限を有する者は、使用者の右注意義務の内容に従って、その権限を行使すべきである。

NG　最二小昭和62.7.17　ノース・ウエスト航空事件

経営、管理

右（労働基準法26条）の「使用者の責に帰すべき事由」とは、取引における一般原則たる過失責任主義とは異なる観点をも踏まえた概念というべきであって、民法536条2項の「債権者の責に帰すべき事由」よりも広く、使用者側に起因する経営、管理上の障害を含むものと解するのが相当である。

ピタリ　最一小平成3.4.11　三菱重工業神戸造船所事件

信義則

下請企業の労働者が元請企業の作業場で労務の提供をするに当たっては、いわゆる社外工として、元請企業の管理する設備、工具等を用い、事実上元請企業の指揮、監督を受けて稼働し、その作業内容も元請企業の従業員であるいわゆる本工とほとんど同じであったという事実関係の下においては、元請企業は、下請企業の労働者との間に特別な社会的接触の関係に入ったもので、信義則上、下請企業の労働者に対し安全配慮義務を負うものである。

現在では、労働契約法5条において「使用者は、労働契約に伴い、労働者がその生命、身体等の安全を確保しつつ労働することができるよう、必要な配慮をするものとする。」と労働契約上の付随的義務として当然に安全配慮義務を負うことが規定されています。

問題 8

最高裁判所の判例では、「労働基準法24条1項所定の「**賃金全額払の原則**」の趣旨とするところは、使用者が一方的に賃金を控除することを禁止し、もって労働者に賃金の全額を**確実に受領**させ、労働者の☐☐☐を脅かすことのないようにしてその保護を図ろうとするものというべきであるから、使用者が労働者に対して有する債権をもって労働者の**賃金債権**と相殺することを禁止する趣旨をも**包含する**ものである。」としている。

― 選択肢 ―
① 人たるに値する生活　② 生活保障
③ 経済生活　　　　　　④ 職業生活

作問者思考 ▶ パターンE ▶ 重要なキーワードを問う問題
「全額払の原則」の趣旨として、判例上よく使われているキーワードが、意識できていますか。

 問題 9

使用者の法に対する**無関心**のために予告することなく労働者を解雇し、労働者は、当該解雇を有効であると思い離職後**相当日数を経過**し他事業場に勤務し、**相当日数経過**後当該事実が判明した場合、使用者の行った解雇の意思表示が**解雇の予告**として有効と認められ、かつ、その解雇の意思表示があったために予告期間中労働者が休業した場合には、使用者は解雇が有効に成立する日までの期間、☐☐☐を支払えばよい。

― 選択肢 ―
① 休業補償　② 解雇予告手当
③ 平均賃金　④ 休業手当

作問者思考 ▶ パターンA ▶ 根本的な理解を問う問題
即時解雇の意思表示が解雇の予告として有効と認められた場合には、使用者は何をしなければなりませんか。

【解答】 ③ **経済生活**　根拠：最二小平成2.11.26　日新製鋼事件

NG　最二小昭和62.7.17　ノース・ウエスト航空事件

生活保障

労働基準法26条（休業手当）の「使用者の責に帰すべき事由」の解釈適用に当たっては、いかなる事由による休業の場合に労働者の<mark>生活保障</mark>のために使用者に前記の限度（平均賃金の6割）での負担を要求するのが<mark>社会的に正当とされるか</mark>という考量を必要とするといわなければならない。

ピタリ　最一小昭和44.12.18　福島県教組事件

経済生活

労働基準法24条1項では、賃金は、同項但書の場合を除き、その全額を直接労働者に支払わなければならない旨定めており、〔中略〕右規定は、一般的には、労働者の賃金債権に対しては、<mark>使用者は使用者が労働者に対して有する債権をもって相殺することは許されない</mark>との趣旨をも包含すると解せられる。
しかし、賃金支払事務においては、〔中略〕賃金の過払が生ずることのあることは<mark>避けがたい</mark>ところであり、このような場合、〔中略〕適正な賃金の額を支払うための手段たる相殺は、同項但書によって除外される場合にあたらなくても、その<mark>行使の時期、方法、金額</mark>等からみて労働者の<mark>経済生活</mark>の安定との関係上<mark>不当</mark>と認められないものであれば、同項の<mark>禁止するところではない</mark>と解するのが相当である。

【解答】 ④ **休業手当**　根拠：昭和24.7.27基収1701号

NG　法20条1項

平均賃金

使用者は、労働者を解雇しようとする場合においては、少くとも30日前にその予告をしなければならない。30日前に予告をしない使用者は、30日分以上の<mark>平均賃金（解雇予告手当）</mark>を支払わなければならない。但し、<mark>天災事変その他やむを得ない事由</mark>のために事業の継続が不可能となった場合又は<mark>労働者の責に帰すべき事由</mark>に基いて解雇する場合においては、この限りでない。

ピタリ　昭和24.12.27基収1224号

休業手当

解雇の予告と同時に労働者に休業を命じ、予告期間中<mark>休業手当</mark>を支給し、予告期間満了とともに解雇しようとした場合、30日前に予告がなされている限り、その労働契約は<mark>予告期間の満了</mark>によって終了する。

問題10

最高裁判所の判例では、「Y銀行においては、本件就業規則32条の改定前から年2回の決算期の中間時点を支給日と定めて当該支給日に在籍している者に対してのみ右決算期間を対象とする賞与が支給されるという慣行が存在し、右規則32条の改訂は単にY銀行の従業員組合の要請によって右慣行を明文化したにとどまるものであって、その内容においても____性を有するというのであり、右事実関係のもとにおいては、Xは、Y銀行を退職したのちである昭和54年6月15日及び同年12月10日を支給日とする各賞与については受給権を有しないとした原審の判断は、結局正当として是認することができる。」としている。

- 選択肢 -
① 社会的規範　② 法的規範　③ 合理　④ 慣習

パターンE ▶ 重要なキーワードを問う問題

就業規則の有効性を是認するためのキーワードを押さえていますか。

解答

③ 合理

根拠：最一小昭和57.10.7　大和銀行事件

NG　最大判昭和43.12.25　秋北バス事件

社会的規範／法的規範／慣習

元来、「労働条件は、労働者と使用者が、対等の立場において決定すべきものである」（労働基準法２条１項）が、多数の労働者を使用する近代企業においては、労働条件は、経営上の要請に基づき、**統一的かつ画一的**に決定され、労働者は、経営主体が定める契約内容の定型に従って、**附従的**に契約を締結せざるを得ない立場に立たされるのが実情であり、この労働条件を定型的に定めた就業規則は、一種の**社会的規範**としての性質を有するだけでなく、それが合理的な労働条件を定めているものであるかぎり、経営主体と労働者との労働条件は、その就業規則によるという事実たる**慣習**が成立しているものとして、その**法的規範**性が認められるに至っている（民法92条参照）ものということができる。

ピタリ　最二小昭和52.8.9　三晃社事件

合　理

営業担当社員に対し退職後の同業他社への就職をある程度の期間制限することをもって直ちに社員の**職業の自由**等を不当に拘束するものとは**認められず**、したがって、被上告会社がその退職金規則において、右制限に反して同業他社に就職した退職社員に支給すべき退職金につき、その点を考慮して、支給額を一般の自己都合による退職の場合の半額と定めることも、本件退職金が**功労報酬的な性格**を併せ有することにかんがみれば、**合理**性のない措置であるとすることはできない。

労働契約法10条において、「使用者が就業規則の変更により労働条件を変更する場合において、変更後の就業規則を労働者に周知させ、かつ、就業規則の変更が、労働者の受ける不利益の程度、労働条件の変更の必要性、変更後の就業規則の内容の相当性、労働組合等との交渉の状況その他の就業規則の変更に係る事情に照らして合理的なものであるときは、労働契約の内容である労働条件は、当該変更後の就業規則に定めるところによるものとする。」とされています。

第１章　労働基準法

問題11

最高裁判所の判例では、「労基法上の労働時間とは、労働者が〔　　　〕いる時間をいい、実作業に従事していない仮眠時間（以下、「**不活動仮眠時間**」という。）が労基法上の労働時間に該当するか否かは、労働者が**不活動仮眠時間**において〔　　　〕いたものと評価することができるか否かにより**客観的**に定めるものというべきである。そして、**不活動仮眠時間**において、〔中略〕労働契約上の役務の提供が義務付けられていると評価される場合には、**労働からの解放**が保障されているとはいえず、労働者は〔　　　〕いるというのが相当である。」としている。

── 選択肢 ──
① 使用者の指揮命令下に置かれて
② 労働契約、就業規則、労働協約等の定めに従って
③ 所定労働時間労働して
④ 当該業務の遂行に通常必要とされる時間労働して

作問者思考　**パターンE** ▶ **重要なキーワードを問う問題**
「労働時間」となるためのキーワードを押さえていますか。

解答

① 使用者の指揮命令下に置かれて

根拠：最一小平成14.2.28　大星ビル管理事件

NG ピタリ　最一小平成12.3.9　三菱重工業長崎造船所事件

| 労働契約、就業規則、労働協約等の定めに従って | 労働基準法上の労働時間とは、労働者が**使用者の指揮命令下に置かれ**ている時間をいい、右の労働時間に該当するか否かは、労働者の行為が**使用者の指揮命令下に置かれ**たものと評価することができるか否かにより**客観的**に定まるものであって、**労働契約、就業規則、労働協約等の定め**のいかんにより決定されるべきものではないと解するのが相当である。 |
| 使用者の指揮命令下に置かれて | |

NG　法38条の2

| 所定労働時間労働して | 労働者が労働時間の**全部又は一部**について事業場外で業務に従事した場合において、労働時間を算定し難いときは、**所定労働時間労働した**ものとみなす。ただし、当該業務を遂行するためには**通常所定労働時間を超えて労働すること**が必要となる場合においては、当該業務に関しては、厚生労働省令で定めるところにより、**当該業務の遂行に通常必要とされる時間労働した**ものとみなす（事業場外労働のみなし労働時間制）。 |
| 当該業務の遂行に通常必要とされる時間労働して | |

> 使用者は、労働者名簿、賃金台帳のみならず、出勤簿やタイムカード等の労働時間の記録に関する書類について、5年間（当分の間、3年間）保存しなければなりません。

第1章　労働基準法

問題12

最高裁判所の判例では、「労働者が職種や業務内容を特定せずに労働契約を締結した場合においては、現に就業を命じられた特定の業務について労務の提供が十全にはできないとしても、労働者の能力、経験、地位、当該企業の規模、業種、当該企業における労働者の配置・異動の実情及び難易等に照らして当該労働者が配置される＿＿＿があると認められる他の業務について労務の提供をすることができ、かつ、その提供を申し出ているならば、なお債務の本旨に従った履行の提供があると解するのが相当である。」としている。

- 選択肢 -
① 合理的な理由　　② 具体的に指示
③ 業務上の必要性　④ 現実的可能性

作問者思考　パターンE　重要なキーワードを問う問題
「私傷病休職制度」における労務提供可能性の判断基準となるキーワードを押さえていますか。

| 解答 | ④ 現実的可能性　根拠：最一小平成10.4.9　片山組事件 |

合理的な理由

NG　最二小平成28.2.19　山梨県民信用組合事件

就業規則に定められた賃金や退職金に関する労働条件の変更に対する労働者の同意の有無については、当該変更を受け入れる旨の労働者の行為の有無だけでなく、当該変更により労働者にもたらされる不利益の内容及び程度、労働者により当該行為がされるに至った経緯及びその態様、当該行為に先立つ労働者への情報提供又は説明の内容等に照らして、当該行為が労働者の自由な意思に基づいてされたものと認めるに足りる合理的な理由が客観的に存在するか否かという観点からも、判断されるべきものと解するのが相当である。

具体的に指示

NG　昭和25.9.14基収2983号

使用者の具体的に指示した仕事が、客観的にみて正規の勤務時間内ではなされ得ないと認められる場合の如く、超過勤務の黙示の指示によって法定労働時間を超えて勤務した場合には、時間外労働となる。

業務上の必要性

NG　最二小昭和61.7.14　東亜ペイント事件

使用者は業務上の必要に応じ、その裁量により労働者の勤務場所を決定することができるものというべきであるが、転勤、特に転居を伴う転勤は、一般に、労働者の生活関係に少なからぬ影響を与えずにはおかないから、使用者の転勤命令権は無制約に行使することができるものではなく、これを濫用することの許されないことはいうまでもないところ、当該転勤命令につき業務上の必要性が存しない場合又は業務上の必要性が存する場合であっても、当該転勤命令が他の不当な動機・目的をもってなされたものであるとき若しくは労働者に対し通常甘受すべき程度を著しく超える不利益を負わせるものであるとき等、特段の事情の存する場合でない限りは、当該転勤命令は権利の濫用になるものではないというべきである。

本問の判例では、労働契約上職種や業務の特定がない場合、現に命じられている業務の一部が私傷病により履行できなくなったとき、債務の本旨に従った履行の提供の判定において、使用者に他の業務を提供するなどの一定の配慮を要請し、その配慮をせずに、労働者からの（現実的に配置可能である）労務の提供を拒否した場合には、使用者の責めに帰すべき事由による労務受領拒否となり、賃金支払義務は免れないとしました。

第1章　労働基準法

29

問題13

　　　　によって、**臨時の必要がある**場合においては、使用者は、**行政官庁の許可**を受けて、その必要の限度において第32条から第32条の5まで若しくは第40条の労働時間を延長し、又は第35条の休日に労働させることができる。ただし、**事態急迫のために**行政官庁の許可を受ける暇がない場合においては、**事後に**遅滞なく届け出なければならない。

- 選択肢 -
① 天災事変その他やむを得ない事由
② 災害その他避けることのできない事由
③ 使用者の責に帰すべき事由
④ 労働者の責に帰すべき事由

作問者思考　**パターンB** 似たような語句を問う問題
それぞれの事由がどの規定で使われているか区別できていますか。

| 解　答 | ② 災害その他避けることのできない事由 |

根拠：法33条1項

NG 法19条1項

天災事変その他やむを得ない事由

使用者は、労働者が業務上負傷し、又は疾病にかかり療養のために休業する期間及びその後30日間並びに産前産後の女性が法65条の規定によって休業する期間及びその後30日間は、解雇してはならない。ただし、使用者が、法81条の規定によって打切補償を支払う場合又は天災事変その他やむを得ない事由のために事業の継続が不可能となった場合においては、この限りでない。

R元-AB

NG 最一小昭和62.4.2　あけぼのタクシー事件

使用者の責に帰すべき事由

使用者の責めに帰すべき事由によつて解雇された労働者が解雇期間中に他の職に就いて利益を得たときは、使用者は、右労働者に解雇期間中の賃金を支払うに当たり右利益（以下「中間利益」という。）の額を賃金額から控除することができるが、右賃金額のうち労働基準法12条1項所定の平均賃金の6割に達するまでの部分については利益控除の対象とすることが禁止されているものと解するのが相当である。〔中略〕したがって、使用者が労働者に対して有する解雇期間中の賃金支払債務のうち平均賃金額の6割を超える部分から当該賃金の支給対象期間と時期的に対応する期間内に得た中間利益の額を控除することは許されるものと解すべきであり、右利益の額が平均賃金額の4割を超える場合には、更に平均賃金算定の基礎に算入されない賃金（労働基準法12条4項所定の賃金）の全額を対象として利益額を控除することが許されるものと解せられる。

法33条1項の非常災害の規定は、原則として行政官庁の許可が必要ですが、事態急迫ならば事後に遅滞なく届出でも認められる珍しい規定です。

第1章　労働基準法

31

問題14

36協定においては、次に掲げる事項を定めるものとする。
(1) 労働者の**範囲**
(2) **対象期間**（法第36条の規定により労働時間を延長し、又は休日に労働させることができる期間をいい、**1年**間に限るものとする。）
(3) 労働時間を延長し、又は休日に労働させることができる場合
(4) 対象期間における**1日**、[　　　]及び**1年**のそれぞれの期間について労働時間を延長して労働させることができる**時間**又は労働させることができる**休日**の日数
(5) 労働時間の延長及び休日の労働を**適正なもの**とするために必要な事項として厚生労働省令で定める事項

―選択肢―
① 1箇月　② 2箇月　③ 3箇月　④ 6箇月

パターンC　数字の違いを問う問題
36協定に定めるべき事項を正確に押さえていますか。

解　答　① 1箇月　　　　　　　　　　　　根拠：法36条2項

第1章 労働基準法

NG　法32条の3, 1項

3箇月

使用者は、**就業規則その他これに準ずるもの**により、その労働者に係る**始業及び終業の時刻**をその労働者の決定に委ねることとした労働者については、**労使協定**により、次に掲げる事項を定めたときは、その協定で清算期間として定められた期間を平均し1週間当たりの労働時間が**法定労働時間**を超えない範囲内において、**1週間**又は**1日**において法定労働時間を超えて、労働させることができる（フレックスタイム制）。
(1) 法32条の3, 1項の規定による労働時間により労働させることができることとされる労働者の**範囲**
(2) 清算期間（その期間を平均し1週間当たりの労働時間が**法定労働時間**を超えない範囲内において労働させる期間をいい、**3箇月**以内の期間に限るものとする。）
(3) 清算期間における**総労働時間**
(4) その他厚生労働省令で定める事項

NG　法36条5項

3箇月

6箇月

36協定においては、問題文の(1)～(5)に掲げるもののほか、当該事業場における**通常予見することのできない業務量の大幅な増加**等に伴い**臨時的**に法36条3項の限度時間を超えて労働させる必要がある場合において、1箇月について労働時間を延長して労働させ、及び休日において労働させることができる時間（問題文の(4)に関して協定した時間を含め**100時間未満**の範囲内に限る。）並びに1年について労働時間を延長して労働させることができる時間（問題文の(4)に関して協定した時間を含め**720時間を超えない**範囲内に限る。）を定めることができる。この場合において、36協定に、併せて問題文の(2)の対象期間において労働時間を延長して労働させる時間が1箇月について**45時間**（1年単位の変形労働時間制の規定による対象期間として**3箇月**を超える期間を定めて当該規定により労働させる場合にあっては、1箇月について**42時間**）を超えることができる月数（1年について**6箇月**以内に限る。）を定めなければならない。

NG ピタリ　法36条4項

1箇月

3箇月

法36条3項の限度時間は、**1箇月について45時間**及び1年について**360時間**（1年単位の変形労働時間制の規定による対象期間として**3箇月**を超える期間を定めて当該規定により労働させる場合にあっては、**1箇月について42時間**及び1年について**320時間**）とする。

問題文の(4)の労働時間を延長して労働させることができる時間は、当該事業場の業務量、時間外労働の動向その他の事情を考慮して通常予見される時間外労働の範囲内において、限度時間を超えない時間に限ります。

33

問題15

厚生労働大臣は、労働時間の延長及び休日の労働を**適正なもの**とするため、36協定で定める労働時間の延長及び休日の労働について**留意すべき事項**、当該労働時間の延長に係る割増賃金の率その他の必要な事項について、労働者の◻︎◻︎、**時間外労働の動向**その他の事情を考慮して**指針**を定めることができる。

- 選択肢 -
① 特殊の必要　② 福祉　③ 健康　④ 健康、福祉

作問者思考　**パターンD** 見慣れない語句を問う問題
厚生労働大臣による36協定の指針は、どのようなことを考慮して定められていますか。

 問題16

使用者が、**第33条**又は**第36条第1項**の規定により労働時間を延長し、休日に労働させた場合においては、その時間又はその日の労働については、◻︎◻︎の計算額の**2割5分以上5割以下**の範囲内でそれぞれ政令で定める率以上の率で計算した割増賃金を支払わなければならない。

- 選択肢 -
① 平均賃金
② 標準報酬月額の30分の1に相当する金額
③ 所定労働時間労働した場合に支払われる通常の賃金
④ 通常の労働時間又は労働日の賃金

作問者思考　**パターンA** 根本的な理解を問う問題
労働基準法で扱う基準となる賃金の違いを押さえていますか。

【解　答】　④ 健康、福祉　　　　　　　　　　　　　根拠：法36条7項

第1章 労働基準法

NG	法40条1項
特殊の必要	別表第1第1号から第3号（製造業、鉱業、建設業）まで、第6号及び第7号（農林業、水産・畜産業）に掲げる事業以外の事業で、公衆の不便を避けるために必要なものその他特殊の必要あるものについては、その必要避くべからざる限度で、法32条から法32条の5までの労働時間及び法34条の休憩に関する規定について、厚生労働省令で別段の定めをすることができる（労働時間及び休憩の特例）。

NG	法36条9項、10項
健　康	(1) 行政官庁は、法36条7項〔問題文〕の指針に関し、36協定をする使用者及び労働組合又は労働者の過半数を代表する者に対し、必要な助言及び指導を行うことができる。 (2) (1)の助言及び指導を行うに当たっては、労働者の健康が確保されるよう特に配慮しなければならない。

ピタリ	法40条2項
健康、福祉	法40条1項の規定〔労働時間及び休憩の特例〕による別段の定めは、労働基準法で定める基準に近いものであって、労働者の健康及び福祉を害しないものでなければならない。

厚生労働大臣は、36協定に関する「限度基準」ではなく、「指針」を定めることができることに注意しましょう。

【解　答】　④ 通常の労働時間又は労働日の賃金　　根拠：法37条1項

NG	法39条9項、則25条2項、3項
平均賃金	使用者は、法39条1項から3項までの規定による有給休暇の期間又は4項の規定による有給休暇の時間については、就業規則その他これに準ずるもので定めるところにより、それぞれ、平均賃金若しくは所定労働時間労働した場合に支払われる通常の賃金又は平均賃金若しくは所定労働時間労働した場合に支払われる通常の賃金をその日の所定労働時間数で除して得た額の賃金を支払わなければならない。ただし、労使協定（労使委員会及び特定高度専門業務・成果型労働制に係る委員会の決議を含む。）により、その期間又はその時間について、それぞれ、健康保険法40条1項に定める標準報酬月額の30分の1に相当する金額又は当該標準報酬月額の30分の1に相当する金額をその日の所定労働時間数で除して得た金額を支払う旨を定めたときは、これによらなければならない。
標準報酬月額の30分の1に相当する金額	
所定労働時間労働した場合に支払われる通常の賃金	

35

問題17 R3-B

最高裁判所の判例では、「使用者が、労働者に対し、時間外労働等の対価として労働基準法37条の定める割増賃金を支払ったとすることができるか否かを判断するには、**労働契約における賃金**の定めにつき、それが**通常の労働時間**の賃金に当たる部分と同条の定める割増賃金に当たる部分とに_____か否かを検討した上で、そのような_____場合に、割増賃金として支払われた金額が、**通常の労働時間**の賃金に相当する部分の金額を基礎として、労働基準法37条等に定められた方法により算定した割増賃金の額を**下回らない**か否かを検討すべきであり、上記割増賃金として支払われた金額が労働基準法37条等に定められた方法により算定した割増賃金の額を**下回る**ときは、使用者がその差額を労働者に支払う義務を負うというべきである。」としている。

― 選択肢 ―
① 同一性が認められる　　② 同一性が認められない
③ 判別（を）することができる
④ 判別（を）することができない

作問者思考　**パターンE**　重要なキーワードを問う問題
時間外労働等の対価として労基法37条の定める割増賃金を支払ったとすることができるかどうかのキーワードを押さえていますか。

解答

③ 判別（を）することができる

根拠：最三小平成29.2.28　国際自動車事件

NG　最二小平成6.6.13　高知県観光事件

判別することができない

本件請求期間に労働者に支給された歩合給の額が、時間外及び深夜の労働を行った場合においても増額されるものではなく、通常の労働時間の賃金に当たる部分と時間外及び深夜の割増賃金に当たる部分とを判別することもできないものであったことからして、この歩合給の支給によって、労働者に対して法37条の規定する時間外及び深夜の割増賃金が支払われたとすることは困難なものというべきであり、タクシー会社は、労働者に対し、本件請求期間における労働者の時間外及び深夜の労働について、法37条及び労働基準法施行規則19条1項6号の規定に従って計算した額の割増賃金を支払う義務があることになる。

ピタリ　最二小平成29.7.7　医療法人社団Y事件

判別することができる

労働基準法37条が時間外労働等について割増賃金を支払うべきことを使用者に義務付けているのは、使用者に割増賃金を支払わせることによって、時間外労働等を抑制し、もって労働時間に関する同法の規定を遵守させるとともに、労働者への補償を行おうとする趣旨によるものであると解される。〔中略〕

使用者が労働者に対して労働基準法37条の定める割増賃金を支払ったとすることができるか否かを判断するためには、割増賃金として支払われた金額が、通常の労働時間の賃金に相当する部分の金額を基礎として、労働基準法37条等に定められた方法により算定した割増賃金の額を下回らないか否かを検討することになるところ、同条の上記趣旨によれば、割増賃金をあらかじめ基本給等に含める方法で支払う場合においては、上記の検討の前提として、労働契約における基本給等の定めにつき、通常の労働時間の賃金に当たる部分と割増賃金に当たる部分とを判別することができることが必要であり、上記割増賃金に当たる部分の金額が労働基準法37条等に定められた方法により算定した割増賃金の額を下回るときは、使用者がその差額を労働者に支払う義務を負うというべきである。

本問の国際自動車事件では、「割増賃金の計算は、労基法37条等に定められた算定方法と同一の算定方法により計算することまでを使用者に義務付けるものではない」ということを前提にしています。

問題18

法第37条第3項に規定されている代替休暇の**労使協定**で定める事項は、以下のとおりである。

(1) 代替休暇として与えることができる時間の時間数の**算定方法**
(2) 代替休暇の単位〔**1日又は半日**（代替休暇以外の通常の労働時間の賃金が支払われる休暇と合わせて与えることができる旨を定めた場合においては、当該休暇と合わせた**1日又は半日**を含む。）とする。〕
(3) 代替休暇を与えることができる期間（法第33条又は法第36条第1項の規定によって延長して労働させた時間が1箇月について**60時間**を超えた当該**1箇月の末日の翌日**から_____以内とする。）

― 選択肢 ―
① 1箇月　② 2箇月　③ 6箇月　④ 1年

作問者思考 | **パターンC** 数字の違いを問う問題
代替休暇を取得できる期間を正確に押さえていますか。

解 答 ② **2箇月** 　　　　　　　根拠：則19条の2,1項

第1章 労働基準法

比較認識法

NG 法37条3項

1箇月
使用者が、労使協定（労使委員会及び特定高度専門業務・成果型労働制に係る委員会の決議並びに労働時間等設定改善委員会の決議を含む。）により、法37条1項ただし書の規定により割増賃金を支払うべき労働者に対して、当該割増賃金の支払に代えて、通常の労働時間の賃金が支払われる休暇（年次有給休暇を除く。）を厚生労働省令で定めるところにより与えることを定めた場合において、当該労働者が当該休暇を取得したときは、当該労働者の1箇月について60時間を超えて延長させた時間の労働のうち当該取得した休暇に対応するものとして厚生労働省令で定める時間の労働については、当該割増賃金を支払うことを要しない（代替休暇）。

NG 法39条7項

6箇月

1年
使用者は、有給休暇（使用者が与えなければならない有給休暇の日数が10労働日以上である労働者に係るものに限る。以下同じ。）の日数のうち5日については、基準日（継続勤務した期間を6箇月経過日から1年ごとに区分した各期間（最後に1年未満の期間を生じたときは、当該期間）の初日をいう。）から1年以内の期間に、労働者ごとにその時季を定めることにより与えなければならない。ただし、有給休暇を当該有給休暇に係る基準日より前の日から与えることとしたときは、厚生労働省令で定めるところにより、労働者ごとにその時季を定めることにより与えなければならない（使用者による時季指定）。

代替休暇として与えることができる時間の時間数は、必ず算定できるように準備しておいてください。また、労働者が代替休暇を取得するかどうかは自由であり、労働者が代替休暇を取得した場合であっても、通常の時間外労働に対する割増賃金の率（2割5分以上）で計算した割増賃金については支払わなければなりません。

問題19

(1) 特定高度専門業務・成果型労働制における「対象業務」とは、☐☐☐のうち、労働者に就かせることとする業務をいう。

(2) 特定高度専門業務・成果型労働制における「対象労働者」とは、当該制度により**労働する時間**において次のいずれにも該当する労働者であって、**対象業務**に就かせようとするものをいう。
① 使用者との間の**書面**その他の厚生労働省令で定める方法による**合意**に基づき**職務**が明確に定められていること。
② 労働契約により使用者から支払われると見込まれる賃金の額を1年間当たりの賃金の額に換算した額が**基準年間平均給与額**（厚生労働省において作成する**毎月勤労統計**における毎月きまって支給する給与の額を基礎として厚生労働省令で定めるところにより算定した労働者1人当たりの給与の平均額をいう。）の**3倍**の額を**相当程度上回る水準**として厚生労働省令で定める額以上（**1,075万円**）であること。

選択肢
① 新たな技術、商品又は役務の研究開発に係る業務
② 当該業務の遂行の手段及び時間配分の決定等に関し使用者が具体的な指示をすることが困難なものとして厚生労働省令で定める業務
③ 当該業務の遂行の手段及び時間配分の決定等に関し使用者が具体的な指示をしないこととする業務
④ 高度の専門的知識等を必要とし、その性質上従事した時間と従事して得た成果との関連性が通常高くないと認められるものとして厚生労働省令で定める業務

パターンE　重要なキーワードを問う問題
高度プロフェッショナル制度における「対象業務」の定義を押さえていますか。

解 答

④ **高度の専門的知識等を必要とし、その性質上従事した時間と従事して得た成果との関連性が通常高くないと認められるものとして厚生労働省令で定める業務**
根拠：法41条の2,1項1号・2号、平成31.3.25基発0325第1号

第1章 労働基準法

比較認識法

NG 安衛法66条の8の2,1項

| 新たな技術、商品又は役務の研究開発に係る業務 | 事業者は、その労働時間が労働者の健康の保持を考慮して厚生労働省令で定める時間を超える労働者（労働基準法に規定する新たな技術、商品又は役務の研究開発に係る業務に従事する者に限る。）に対し、厚生労働省令で定めるところにより、医師による面接指導を行わなければならない（研究開発業務従事者に対する面接指導）。 |

比較認識法

NG 法38条の3,1項1号

| 当該業務の遂行の手段及び時間配分の決定等に関し使用者が具体的な指示をすることが困難なものとして厚生労働省令で定める業務 | 業務の性質上その遂行の方法を大幅に当該業務に従事する労働者の裁量にゆだねる必要があるため、当該業務の遂行の手段及び時間配分の決定等に関し使用者が具体的な指示をすることが困難なものとして厚生労働省令で定める業務のうち、労働者に就かせることとする業務（専門業務型裁量労働制の対象業務）。 |

比較認識法

NG 法38条の4,1項1号

| 当該業務の遂行の手段及び時間配分の決定等に関し使用者が具体的な指示をしないこととする業務 | 事業の運営に関する事項についての企画、立案、調査及び分析の業務であって、当該業務の性質上これを適切に遂行するためにはその遂行の方法を大幅に労働者の裁量に委ねる必要があるため、当該業務の遂行の手段及び時間配分の決定等に関し使用者が具体的な指示をしないこととする業務（企画業務型裁量労働制の対象業務）。 |

高度プロフェッショナル制度においては、労働時間、休憩及び休日の規定のみならず、深夜の割増賃金の規定も除外されていることに注意しましょう。

使用者が時間を単位として有給休暇を与えるためには、労使協定（**労使委員会の決議**及び**労働時間等設定改善委員会の決議**を含む。）により、時間を単位として与えることができることとされる有給休暇１日の時間数〔１日の所定労働時間数（日によって所定労働時間数が異なる場合には、１年間における**１日平均所定労働時間数**）☐とする〕を定めなければならない。

― 選択肢 ―
① を上回らないもの　② を下回らないもの
③ を超えるもの　　　④ に満たないもの

作問者思考　**パターンA** 根本的な理解を問う問題
時間単位年休の１日の時間数の定め方を理解していますか。

時間単位年休についても、法第39条第５項の規定により、使用者の**時季変更権**の対象となるものであるが、労働者が時間単位による取得を請求した場合に日単位に変更することや、日単位による取得を請求した場合に時間単位に変更することは、時季変更に当たらず、認められない。また、☐を妨げるか否かは、労働者からの具体的な請求について**個別的、具体的に客観的に**判断されるべきものであり、あらかじめ**労使協定**において時間単位年休を取得することができない時間帯を定めておくこと、所定労働時間の中途に時間単位年休を取得することを制限すること、**１日**において取得することができる時間単位年休の時間数を制限すること等は認められない。

― 選択肢 ―
① 使用者の時季変更権　② 労働者の時季指定権
③ 事業の正常な運営　　④ 労働義務の免除

作問者思考　**パターンE** 重要なキーワードを問う問題
使用者の時季変更権の行使が認められるのは、どのような場合ですか。

【解　答】　② を下回らないもの　　根拠：法39条4項、則24条の4

比較認識法

NG	法39条4項、則24条の4
に満たないもの	使用者が時間を単位として有給休暇を与える場合において、労使協定（労使委員会の決議及び労働時間等設定改善委員会の決議を含む。）により、**1時間以外**の時間を単位として有給休暇を与えることとする場合には、その時間数（1日の所定労働時間数**に満たないもの**とする。）を定めなければならない。

時間単位年休に係る労使協定は、個々の労働者に対して時間単位による取得を義務付けるものではないので、労使協定が締結されている事業場において、個々の労働者が有給休暇を時間単位により取得するか日単位により取得するかは、労働者の意思によります。

【解　答】　③ 事業の正常な運営　　根拠：平成21.5.29基発0529001号

比較認識法

NG	昭和63.3.14基発150号
使用者の時季変更権／労働者の時季指定権	**計画的付与**の規定は、法39条5項（時季指定権・時季変更権）に対する例外であり、**計画的付与**として時季を指定した時点で、年次有給休暇の計画的付与部分に対する**労働者の時季指定権**と**使用者の時季変更権**はともに行使できない。

比較認識法

NG	平成21.5.29基発0529001号
労働義務の免除	労働者が**代替休暇**を取得して終日出勤しなかった日については、正当な手続により労働者が**労働義務を免除**された日であることから、年次有給休暇の算定基礎となる全労働日に**含まれない**ものとして取り扱うこと。

比較認識法　H29-A

ピタリ	最三小平成4.6.23　時事通信社事件
事業の正常な運営	労働者が**長期**かつ**連続**の年次有給休暇を取得しようとする場合においては、それが**長期**のものであればあるほど、使用者において代替勤務者を確保することの困難さが増大するなど**事業の正常な運営**に支障を来す**蓋然性**が高くなり、使用者の業務計画、他の労働者の休暇予定等との**事前の調整**を図る必要が生ずるのが通常である。

問題22

満18歳に満たない者が解雇の日から＿＿＿に帰郷する場合においては、使用者は、**必要な旅費**を負担しなければならない。ただし、満18歳に満たない者が**その責めに帰すべき事由**に基づいて解雇され、使用者がその事由について**行政官庁〔所轄労働基準監督署長〕の認定**を受けたときは、この限りでない。

- 選択肢
  - ① 30日以内
  - ② 7日以内
  - ③ 1箇月以内
  - ④ 14日以内

作問者思考　パターンC　数字の違いを問う問題
使用者が必要な旅費を負担しなければならない場合を正確に押さえていますか。

 問題23

労働基準法別表第1第1号から第5号までに掲げる事業以外の事業に係る職業で、児童の**健康及び福祉**に有害でなく、かつ、その労働が**軽易**なものについては、**行政官庁の許可**を受けて、満13歳以上の児童をその者の**修学時間外**に使用することができる。＿＿＿の事業については、**満13歳**に満たない児童についても、同様とする。

- 選択肢
  - ① 保健衛生
  - ② 映画の製作又は演劇
  - ③ 演劇
  - ④ 交替制

作問者思考　パターンA　根本的な理解を問う問題
児童を例外的に使用できる場合の業種の違いを押さえていますか。

解答 ④ **14日以内**　　　　　　　　　　　根拠：法64条

NG 7日以内	法23条
	使用者は、労働者の**死亡又は退職**の場合において、**権利者**の請求があった場合においては、**7日以内**に賃金を支払い、積立金、保証金、貯蓄金その他名称の如何を問わず、**労働者の権利**に属する金品を返還しなければならない。

ピタリ 14日以内	法15条2項、3項
	労働条件の明示の規定によって明示された労働条件が事実と相違するため労働者が**即時に労働契約を解除**した場合において、**就業**のために住居を変更した労働者が、契約解除の日から**14日以内**に帰郷する場合においては、使用者は、**必要な旅費**を負担しなければならない。

法15条3項の場合には、法64条の場合と異なり、使用者が必要な旅費を負担しなくてもいい例外は規定されていないので注意しましょう。

解答 ② **映画の製作又は演劇**　　　　　　　根拠：法56条2項

NG 保健衛生	法61条4項
	農林の事業、水産・畜産の事業若しくは**保健衛生**の事業又は**電話交換**の業務については、年少者の深夜業が認められる。

NG 演劇	法61条5項、平成16.11.22厚労告407号
	最低年齢の例外規定によって使用する**児童**の場合、**演劇**の事業に使用される児童が演技を行う業務に従事するときは、深夜業の時間帯は、当分の間、**午後9時**から午前6時までの間とされる。

NG 交替制	法61条1項
	使用者は、**満18歳に満たない者**を午後10時から午前5時までの間において使用してはならない。ただし、**交替制**によって使用する**満16歳以上の男性**については、この限りでない。

問題24

生後満1年に達しない生児を育てる[____]は、第34条の休憩時間のほか、1日2回各々少なくとも30分、その生児を育てるための時間を請求することができる。

- 選択肢
  - ①　労働者
  - ②　満18歳以上の女性
  - ③　就業が著しく困難な女性
  - ④　女性

> 作問者思考　パターンB　似たような語句を問う問題
> 「妊産婦等」の規定の中でも、微妙な対象の違いを押さえていますか。

問題25

最高裁判所の判例では、「使用者が労働者を懲戒するためには、あらかじめ就業規則において懲戒の種別及び事由を定めておくことを要する。そして、就業規則が法的規範としての性質を有するものとして、拘束力を生ずるためには、その内容を適用を受ける事業場の[____]手続が採られていることを要するものというべきである。」としている。

- 選択肢
  - ①　労働者に周知させる
  - ②　所在地を管轄する労働基準監督署長に届け出る
  - ③　労働者の過半数で組織する労働組合がある場合においてはその労働組合、労働者の過半数で組織する労働組合がない場合においては労働者の過半数を代表する者の意見を聴く
  - ④　労働者の過半数で組織する労働組合がある場合においてはその労働組合、労働者の過半数で組織する労働組合がない場合においては労働者の過半数を代表する者の同意を得る

> 作問者思考　パターンE　重要なキーワードを問う問題
> 就業規則の拘束力を生ずるためのキーワードを押さえていますか。

解答 ④ **女性**　　　　　　　　　　　　　　　　　　根拠：法67条

	NG 法64条の2
満18歳以上の女性	使用者は、妊娠中の女性及び坑内で行われる業務に従事しない旨を使用者に申し出た産後1年を経過しない女性以外の満18歳以上の女性を、坑内で行われる業務のうち人力により行われる掘削の業務その他の女性に有害な業務として厚生労働省令で定めるものに就かせてはならない。

	NG 法68条
就業が著しく困難な女性	使用者は、生理日の就業が著しく困難な女性が休暇を請求したときは、その者を生理日に就業させてはならない。

 法67条の育児時間中及び法68条の生理休暇中の賃金を有給とするか無給とするかは自由です。

解答 ① **労働者に周知させる**

根拠：最二小平成15.10.10　フジ興産事件

	NG 法89条
所在地を管轄する労働基準監督署長に届け出る	常時10人以上の労働者を使用する使用者は、次に掲げる事項（法89条1号～10号）について就業規則を作成し、行政官庁（所轄労働基準監督署長）に届け出なければならない。

	NG 法90条1項
労働者の過半数で組織する労働組合がある場合においてはその労働組合、労働者の過半数で組織する労働組合がない場合においては労働者の過半数を代表する者の意見を聴く	使用者は、就業規則の作成又は変更について、当該事業場に、労働者の過半数で組織する労働組合がある場合においてはその労働組合、労働者の過半数で組織する労働組合がない場合においては労働者の過半数を代表する者の意見を聴かなければならない。

	ピタリ 労契法7条
労働者に周知させる	労働者及び使用者が労働契約を締結する場合において、使用者が合理的な労働条件が定められている就業規則を労働者に周知させていた場合には、労働契約の内容は、その就業規則で定める労働条件によるものとする。

 就業規則の法的効力発生の要件として、労働者に「周知」を必要とする点は、複数の判例で共通なので、覚えておきましょう。

問題26

就業規則で、労働者に対して減給の制裁を定める場合においては、その減給は、1回の額が平均賃金の1日分の半額を超え、総額が一賃金支払期における賃金の総額の_____を超えてはならない。

- 選択肢 -
① 2分の1　② 100分の60
③ 10分の1　④ 同一額

作問者思考　パターンC　数字の違いを問う問題
就業規則で減給の制裁の規定を定める要件を正確に押さえていますか。

 問題27

使用者は、事業の附属寄宿舎について、換気、採光、照明、保温、防湿、清潔、避難、定員の収容、就寝に必要な措置その他労働者の_____の保持に必要な措置を講じなければならない。

- 選択肢 -
① 安全、衛生又は福祉　② 健康、風紀及び生命
③ 安全及び衛生　　　　④ 健康及び福祉

作問者思考　パターンB　似たような語句を問う問題
寄宿舎の設備及び安全衛生の目的となるキーワードを押さえていますか。

| 解　答 | ③ 10分の1 | 根拠：法91条 |

第1章 労働基準法

NG 100分の60	法76条1項
	労働者が法75条［療養補償］の規定による療養のため、労働することができないために賃金を受けない場合においては、使用者は、労働者の療養中平均賃金の100分の60の休業補償を行わなければならない。

NG 同一額	法114条
	裁判所は、法20条［解雇予告手当］、法26条［休業手当］若しくは法37条［割増賃金］の規定に違反した使用者又は法39条9項［年次有給休暇中の賃金］の規定による賃金を支払わなかった使用者に対して、労働者の請求により、これらの規定により使用者が支払わなければならない金額についての未払金のほか、これと同一額の付加金の支払を命ずることができる。ただし、この請求は、違反のあった時から5年（当分の間は3年）以内にしなければならない。

法91条は「就業規則」を対象としていますが、本条の制限は常時10人未満の労働者を使用する使用者に対しても適用されるべきと解されています。

| 解　答 | ② 健康、風紀及び生命 | 根拠：法96条 |

NG 安全、衛生 又は福祉	法62条2項
	使用者は、満18歳に満たない者を、毒劇薬、毒劇物その他有害な原料若しくは材料又は爆発性、発火性若しくは引火性の原料若しくは材料を取り扱う業務、著しくじんあい若しくは粉末を飛散し、若しくは有害ガス若しくは有害放射線を発散する場所又は高温若しくは高圧の場所における業務その他安全、衛生又は福祉に有害な場所における業務に就かせてはならない。

ピタリ 健康、風紀 及び生命	安衛法23条
	事業者は、労働者を就業させる建設物その他の作業場について、通路、床面、階段等の保全並びに換気、採光、照明、保温、防湿、休養、避難及び清潔に必要な措置その他労働者の健康、風紀及び生命の保持のため必要な措置を講じなければならない。

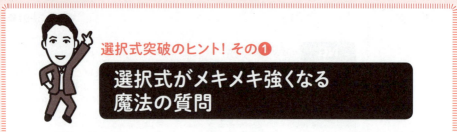

選択式突破のヒント！ その❶
選択式がメキメキ強くなる魔法の質問

　本書のガイダンスにおいて、冷静な「注意力」と法的な「推論力」を高めることが選択式突破のカギになることはお伝えしました。そこで、この冷静な「注意力」と法的な「推論力」を鍛えられる、選択式がメキメキ強くなる「魔法の質問」をご紹介しましょう。

　まずは、選択式は正確な語句を入れなければ正解とはならないからといって、条文等の正確な暗記ばかりに力を注いでいると、なかなか冷静な「注意力」や法的な「推論力」は身につかないと思います。また、選択式本試験では、多くの受験生が初めて見るような「難問」が必ず出題されるので、暗記だけでは十分な対応は難しいです。

　そこで、私は**もっと語句そのものに着目して、重要語句の適用パターンを意識することで、冷静な「注意力」や法的な「推論力」が高められる**と考えています。すなわち、「問題文の条文等を一言一句を正確に覚えているかではなく、なぜこの選択語句がここで適用されるのか」を考える勉強が必要だということです。

　具体的には、選択式本試験は1問あたり空欄が5か所あって、選択語句が20個あるので、1つの正解語句に対する候補が大体4個となります。解答する際には、その4個の候補の語句を見つけ出す作業は誰でも行っていると思います。そこで、その4個の候補の語句から「正解語句」を1つ選ぶ際に、ぜひ実践してもらいたいのは、問題文の条文等を必死に思い出そうとするだけでなく、ちょっと立ち止まって候補の語句一つひとつに対して**「この語句は、他のどこで使われていただろう？」**と自分に質問してみてほしいのです。

　実はこの思考パターンも、私が提唱している**「比較認識法」**なのです。すなわち、**問題文の条文等が正確に思い出せなくても、選択語句が使われている他の条文等を思い出して、選択語句の適用パターンを比較して認識することで、冷静な「注意力」や法的な「推論力」を発揮できるようになる**からです。

　選択式の問題演習の際だけでなく、テキストを読み込んでいく際には、常にこの「魔法の質問」を自分に問いかけるようにしていきましょう。

第2章

労働安全衛生法

問

本試験傾向ズバリ!!

最新改正の条文の出題も目立ちますが、特に注目されていないようなテーマからも出題されます。「安全衛生管理体制」や「健康診断」等の大きなテーマだけでなく、過去の択一式で問われたような重要な条文は、できるだけ万遍なく押さえておきましょう。

過去5年間の選択式本試験　出題内容

平成29年	・リスクアセスメントの実施 ・作業管理
平成30年	・作業環境測定 ・型式検定
令和元年	・目的 ・衛生管理者
令和2年	・海外派遣労働者の健康診断 ・昇降設備等
令和3年	・中高年齢者等についての配慮 ・作業床の設置

問題 1
R元-D

労働安全衛生法は、その目的を第1条で「**労働基準法**と相まって、労働災害の防止のための**危害防止基準**の確立、責任体制の明確化及び**自主的活動**の促進の措置を講ずる等その防止に関する**総合的計画的**な対策を推進することにより職場における労働者の**安全と健康**を確保するとともに、□□□を促進することを目的とする。」と定めている。

― 選択肢 ―
① 快適な職場環境の推進　② 快適な職場環境の形成
③ 快適な職場環境の実現　④ 快適な職場環境の保持

 パターンB 似たような語句を問う問題
労働安全衛生法の目的を正確に押さえていますか。

問題 2

労働安全衛生法において、用語の意義は、それぞれ次に定めるところによる。
「労働災害」とは、労働者の**就業**に係る建設物、設備、原材料、ガス、蒸気、粉じん等により、又は**作業行動**その他業務に起因して、労働者が負傷し、疾病にかかり、又は**死亡**することをいう。
(中略)
「作業環境測定」とは、作業環境の**実態**をは握するため**空気**環境その他の作業環境について行う**デザイン**、**サンプリング**及び□□□をいう。

― 選択肢 ―
① 分析（解析を含む。）　② 危険性又は有害性等の調査
③ 自主的活動　　　　　　④ 評価

 パターンD 見慣れない語句を問う問題
「作業環境測定」の定義を正確に押さえていますか。

② 快適な職場環境の形成　　　根拠：法1条

NG	法3条1項
快適な職場環境の実現	事業者は、単に労働安全衛生法で定める労働災害の防止のための**最低基準**を守るだけでなく、**快適な職場環境の実現**と労働条件の改善を通じて職場における労働者の**安全と健康**を確保するようにしなければならない。

> この目的条文は、過去の選択式試験で何度も出題されていますので、全体を通じて正確に押さえておきましょう。

① 分析（解析を含む。）　　　根拠：法2条

NG	法88条1項ただし書、則87条
危険性又は有害性等の調査	次の(1)(2)の措置を講じているものとして、労働基準監督署長の**認定**した事業者については、法88条1項本文の届出［危険・有害機械等設置等の届出］を要しない。 (1) 法28条の2第1項又は57条の3第1項及び2項の**危険性又は有害性等の調査**及びその**結果**に基づき講ずる措置
自主的活動	(2) (1)のほか、則24条の2の指針［**労働安全衛生マネジメントシステムに関する指針**］に従って事業者が行う**自主的活動**

> 「解析」とは、騒音計、温度計などの物理的測定機器を用いて物象の状態を分析することをいいます。

問題3

機械、器具その他の設備を設計し、製造し、若しくは輸入する者、原材料を製造し、若しくは輸入する者又は建設物を建設し、若しくは設計する者は、これらの物の設計、製造、輸入又は建設に際して、これらの物が使用されることによる**労働災害の発生の防止に資する**ように努めなければならない。

建設工事の注文者等仕事を他人に請け負わせるものは、**施工方法**、**工期**等について、**安全で衛生的**な作業の遂行をそこなうおそれのある**条件**を附さないように_____しなければならない。

― 選択肢 ―
① 協力　② 指示　③ 配慮　④ 注意

作問者思考　**パターンB**　似たような語句を問う問題
注文者の労働安全衛生法上の責任を正確に押さえていますか。

 問題4

厚生労働大臣は、**労働災害防止計画**を策定したときは、遅滞なく、これを**公表**しなければならない。これを変更したときも、同様とする。

厚生労働大臣は、労働災害防止計画の**的確かつ円滑**な実施のため必要があると認めるときは、事業者、事業者の団体その他の関係者に対し、労働災害の防止に関する事項について必要な**勧告**又は_____をすることができる。

― 選択肢 ―
① 指示　② 要請　③ 助言　④ 指導

作問者思考　**パターンD**　見慣れない語句を問う問題
厚生労働大臣が労働災害防止計画において事業者等にできることを押さえていますか。

| 解　答 | ③ 配慮 | 根拠：法3条2項、3項 |

NG 法3条1項

協　力

事業者は、単に労働安全衛生法で定める労働災害の防止のための最低基準を守るだけでなく、快適な職場環境の実現と労働条件の改善を通じて職場における労働者の安全と健康を確保するようにしなければならない。また、事業者は、国が実施する労働災害の防止に関する施策に協力するようにしなければならない。

NG 法4条

協　力

労働者は、労働災害を防止するため必要な事項を守るほか、事業者その他の関係者が実施する労働災害の防止に関する措置に協力するように努めなければならない。

NG 法31条の4

指　示

注文者は、その請負人に対し、当該仕事に関し、その指示に従って当該請負人の労働者を労働させたならば、労働安全衛生法又はこれに基づく命令の規定に違反することとなる指示をしてはならない。

 労働安全衛生法3条と4条は、目的条文と同様にいつ問われても不思議ではありませんので、語尾に着目して押さえておきましょう。

| 解　答 | ② 要請 | 根拠：法8条、法9条 |

NG 法78条4項

指　示

厚生労働大臣は、特別安全衛生改善計画が重大な労働災害の再発の防止を図る上で適切でないと認めるときは、厚生労働省令で定めるところにより、事業者に対し、当該特別安全衛生改善計画を変更すべきことを指示することができる。

 「要請」は、他の法律では、あまり見慣れない語句ですから、見かけたら注意しておきましょう。

問題 5

事業者は、政令で定める規模の事業場ごとに、総括安全衛生管理者を選任し、その者に安全管理者、衛生管理者又は**救護に関する技術的事項**を管理する者の**指揮**をさせるとともに、**安全衛生**に関する業務を**とりまとめ**させることとされている。
総括安全衛生管理者は、当該事業場においてその事業の□□□する者をもって充てなければならない。

- 選択肢 -
① 安全に係る技術的事項を管理
② 衛生に係る技術的事項を管理
③ 実施を統括管理
④ 業務を監督

作問者思考 **パターンE** 重要なキーワードを問う問題
総括安全衛生管理者はどんな人がなれるのでしょうか。

 問題 6

事業者は、**高圧室内作業**その他の労働災害を防止するための管理を必要とする作業で、政令で定めるものについては、**都道府県労働局長**の免許を受けた者又は**都道府県労働局長**の登録を受けた者が行う**技能講習**を修了した者のうちから、当該作業の区分に応じて、**作業主任者**を選任し、その者に当該作業に従事する労働者の□□□なければならない。

- 選択肢 -
① 健康管理等を行うのに必要な医学に関する知識に基づいて、誠実にその職務を行わ
② 安全に係る技術的事項を管理させ
③ 指揮その他の厚生労働省令で定める事項を行わせ
④ 健康障害を防止するため必要な措置を講じ

作問者思考 **パターンD** 見慣れない語句を問う問題
作業主任者の権限の内容を押さえていますか。

| 解 答 | ③ 実施を統括管理 | 根拠：法10条1項、2項 |

比較認識法

NG	法11条1項
安全に係る技術的事項を管理	事業者は、安全管理者に、総括安全衛生管理者が統括管理すべき業務のうち安全に係る技術的事項を管理させなければならない。

比較認識法

NG	法12条1項
衛生に係る技術的事項を管理	事業者は、衛生管理者に、総括安全衛生管理者が統括管理すべき業務のうち衛生に係る技術的事項を管理させなければならない。

建設業等における安全衛生管理体制の「統括安全衛生責任者」も同じキーワードを使います。

| 解 答 | ③ 指揮その他の厚生労働省令で定める事項を行わせ | 根拠：法14条 |

比較認識法

NG	法13条3項
健康管理等を行うのに必要な医学に関する知識に基づいて、誠実にその職務を行わ	産業医は、労働者の健康管理等を行うのに必要な医学に関する知識に基づいて、誠実にその職務を行わなければならない。

比較認識法

NG	則15条1項
健康障害を防止するため必要な措置を講じ	産業医は、少なくとも毎月1回（産業医が、事業者から、毎月1回以上、一定の情報の提供を受けている場合であって、事業者の同意を得ているときは、少なくとも2月に1回）作業場等を巡視し、作業方法又は衛生状態に有害のおそれがあるときは、直ちに、労働者の健康障害を防止するため必要な措置を講じなければならない。

作業主任者は、全産業の安全衛生管理体制の中でも、規模に応じず、作業の区分に応じて選任義務が生じますので、より注目しておきましょう。

問題 7

統括安全衛生責任者が選任された場合において、**統括安全衛生責任者を選任すべき事業者以外の請負人**で、当該仕事を**自ら行う**ものは、**安全衛生責任者**を選任し、その者に統括安全衛生責任者との**連絡**その他の厚生労働省令で定める事項を行わせなければならない。
安全衛生責任者を選任した請負人は、**統括安全衛生責任者**を選任した事業者に対し、**遅滞なく**、その旨を[　　]しなければならない。

- 選択肢
① 通報　　② 報告　　③ 通知　　④ 提供

 パターンD 見慣れない語句を問う問題
安全衛生責任者を選任したら、どうしないといけないでしょうか。

問題 8

建設業その他政令で定める業種に属する事業の仕事で、政令で定めるものを行う事業者は、**爆発、火災等**が生じたことに伴い労働者の[　　]に関する措置がとられる場合における**労働災害の発生**を防止するため、次の措置を講じなければならない。
(1) 労働者の[　　]に関し必要な**機械等の備付け及び管理**を行うこと。
(2) 労働者の[　　]に関し必要な事項についての**訓練**を行うこと。
(3) (1)(2)のほか、**爆発、火災等**に備えて、労働者の[　　]に関し必要な事項を行うこと。

- 選択肢
① 退避　　　　　　　② 避難行動
③ 安全の水準の向上　④ 救護

 パターンD 見慣れない語句を問う問題
爆発、火災等が生じた場合に備えて、建設業等の事業者が実施すべき措置はどのようなものでしょうか。

① 通報　　　　　　　　　　　　　　根拠：法16条

NG 則664条1項4号

報告
特定元方事業者は、**元方安全衛生管理者**を選任しなければならないときは、作業の開始後、**遅滞なく**、その旨及び元方安全衛生管理者の**氏名**を作業の場所を管轄する労働基準監督署長に**報告**しなければならない。

NG 法13条4項

提供
産業医を選任した事業者は、産業医に対し、厚生労働省令で定めるところにより、労働者の**労働時間**に関する情報その他の産業医が労働者の**健康管理**等を適切に行うために**必要な情報**として厚生労働省令で定めるものを**提供**しなければならない。

建設業等の安全衛生管理体制の中で、統括安全衛生責任者と安全衛生責任者は、選任されるための資格は不要ですから、より注目しておきましょう。

---

④ 救護　　　　　　　　　　　　　　根拠：法25条の2

NG 法25条

退避
事業者は、**労働災害発生の急迫した危険**があるときは、**直ちに**作業を中止し、労働者を作業場から**退避**させる等必要な措置を講じなければならない。

NG 法81条

安全の水準の向上
労働安全コンサルタントは、労働安全コンサルタントの名称を用いて、**他人の求め**に応じ報酬を得て、労働者の**安全の水準の向上**を図るため、事業場の安全についての**診断**及びこれに基づく**指導**を行なうことを業とする。

事業者は、厚生労働省令で定める資格を有する者のうちから、本問の(1)から(3)の措置のうち技術的事項を管理する者（救護技術管理者）を選任し、その者に当該技術的事項を管理させなければなりません。

問題 9

事業者は、厚生労働省令で定めるところにより、建設物、設備、原材料、ガス、蒸気、粉じん等による、又は作業行動その他業務に起因する**危険性又は有害性等**（**表示対象物及び通知対象物**による危険性又は有害性等を除く。）**を調査**し、その結果に基づいて、労働安全衛生法又は同法に基づく命令の規定による措置を講ずるほか、労働者の**危険又は健康障害**を防止するため必要な措置を講**ずるように努めなければならない**。ただし、当該調査のうち、☐製剤その他の物で労働者の**危険又は健康障害を生ずるおそれのあるものに係るもの以外**のものについては、**製造業その他厚生労働省令で定める業種**に属する事業者に限る。

- 選択肢
  - ① 化学物質、化学物質を含有する
  - ② ベンジジン、ベンジジンを含有する
  - ③ ベンゼン、ベンゼンを含有する
  - ④ ジクロルベンジジン、ジクロルベンジジンを含有する

パターンB 似たような語句を問う問題

すべての業種の事業者に努力義務が課されているリスクアセスメントの対象を押さえていますか。

問題 10

建設業に属する事業の元方事業者は、**土砂**等が崩壊するおそれのある場所、機械等が転倒するおそれのある場所その他の厚生労働省令で定める場所において**関係請負人の労働者**が当該事業の仕事の作業を行うときは、当該関係請負人が講ずべき当該場所に係る**危険を防止**するための**措置が適正に講ぜられる**ように、☐その他の必要な措置を講じなければならない。

- 選択肢
  - ① 定期的な報告　　② 指示
  - ③ 技術上の指導　　④ 監督

パターンB 似たような語句を問う問題

建設業に属する事業の元方事業者が関係請負人に対して負う義務を押さえていますか。

【解　答】　① **化学物質、化学物質を含有する**　　根拠：法28条の2,1項

NG　法55条

ベンジジン、ベンジジンを含有する

黄りんマッチ、ベンジジン、ベンジジンを含有する製剤その他の労働者に重度の健康障害を生ずる物で、政令で定めるものは、製造し、輸入し、譲渡し、提供し、又は使用してはならない。ただし、試験研究のため製造し、輸入し、又は使用する場合で、政令で定める要件に該当するときは、この限りでない（製造等禁止物質）。

NG　法56条1項

ジクロルベンジジン、ジクロルベンジジンを含有する

ジクロルベンジジン、ジクロルベンジジンを含有する製剤その他の労働者に重度の健康障害を生ずるおそれのある物で、政令で定めるものを製造しようとする者は、あらかじめ、厚生労働大臣の許可を受けなければならない（製造許可物質）。

ピタリ　法31条の2

化学物質、化学物質を含有する

化学物質、化学物質を含有する製剤その他の物を製造し、又は取り扱う設備で政令で定めるものの改造その他の厚生労働省令で定める作業に係る仕事の注文者は、当該物について、当該仕事に係る請負人の労働者の労働災害を防止するため必要な措置を講じなければならない。

危険性及び有害性等の調査（リスクアセスメント）の実施は、「表示対象物及び通知対象物」についてのみ義務化されており、それ以外はすべて努力義務です。

【解　答】　③ **技術上の指導**　　根拠：法29条の2

NG　法29条2項

指　示

元方事業者は、関係請負人又は関係請負人の労働者が、当該仕事に関し、労働安全衛生法又はこれに基づく命令の規定に違反していると認めるときは、是正のため必要な指示を行わなければならない。

建設業に属する事業の元方事業者の講ずべき技術上の指導その他の必要な措置には、技術上の指導のほか、危険を防止するために必要な資材等の提供、元方事業者が自ら又は関係請負人と共同して危険を防止するための措置を講じること等が含まれます。

問題11

製造業その他政令で定める業種に属する事業（**特定事業**を除く。）の元方事業者は、その労働者及び**関係請負人**の労働者の作業が**同一の場所**において行われることによって生ずる労働災害を防止するため、_____を行うことに関する措置その他必要な措置を講じなければならない。

選択肢

① 機械、設備等の管理　　② 作業間の連絡及び調整
③ 職務内容の変更　　　　④ 協議組織の設置及び運営

パターンA　根本的な理解を問う問題

● 製造業の元方事業者と特定元方事業者の講ずべき措置の違いを押さえていますか。

解答

② 作業間の連絡及び調整　　根拠：法30条の2, 1項

NG　法66条の8の2, 2項

職務内容の変更

事業者は、法66条の8の2, 2項の規定による医師の意見を勘案し、その必要があると認めるときは、当該労働者の実情を考慮して、就業場所の変更、職務内容の変更、有給休暇（労働基準法の規定による有給休暇を除く。）の付与、労働時間の短縮、深夜業の回数の減少等の措置を講ずるほか、当該医師の意見の衛生委員会若しくは安全衛生委員会又は労働時間等設定改善委員会への報告その他の適切な措置を講じなければならない（研究開発業務従事者に対する面接指導の事後措置）。

NG　法66条の8の4, 2項

職務内容の変更

事業者は、法66条の8の4, 2項の規定による医師の意見を勘案し、その必要があると認めるときは、当該労働者の実情を考慮して、職務内容の変更、有給休暇（労働基準法の規定による有給休暇を除く。）の付与、健康管理時間が短縮されるための配慮等の措置を講ずるほか、当該医師の意見の衛生委員会若しくは安全衛生委員会又は労働時間等設定改善委員会への報告その他の適切な措置を講じなければならない（高度プロフェッショナル制度の対象労働者に対する面接指導の事後措置）。

NG ピタリ　法30条1項

協議組織の設置及び運営

特定元方事業者は、その労働者及び関係請負人の労働者の作業が同一の場所において行われることによって生ずる労働災害を防止するため、次の事項に関する必要な措置を講じなければならない。
① 協議組織の設置及び運営を行うこと。
② 作業間の連絡及び調整を行うこと。
③ 作業場所を巡視すること。
④ 関係請負人が行う労働者の安全又は衛生のための教育に対する指導及び援助を行うこと。

作業間の連絡及び調整

⑤ 仕事を行う場所が仕事ごとに異なることを常態とする業種で、厚生労働省令で定めるものに属する事業を行う特定元方事業者にあっては、仕事の工程に関する計画及び作業場所における機械、設備等の配置に関する計画を作成するとともに、当該機械、設備等を使用する作業に関し関係請負人が労働安全衛生法又は同法に基づく命令の規定に基づき講ずべき措置についての指導を行うこと。
⑥ ①〜⑤に掲げるもののほか、当該労働災害を防止するため必要な事項。

「特定元方事業者」とは、建設業又は造船業の元方事業者をいいます。特定元方事業者とそれ以外の元方事業者の講ずべき措置の違いは、しっかりと押さえておきましょう。

問題12

事業者は、**ボイラーその他の機械**等で政令で定めるものについて労働安全衛生法45条1項の規定による自主検査のうち厚生労働省令で定める自主検査（以下「**特定自主検査**」という。）を行うときは、その使用する労働者で**厚生労働省令で定める資格**を有するもの又は_____（厚生労働大臣又は都道府県労働局長の**登録**を受け、他人の求めに応じて当該機械等について**特定自主検査**を行う者）に実施させなければならない。

- 選択肢
  ① 労働安全コンサルタント　② 登録性能検査機関
  ③ 検査業者　　　　　　　　④ 労働衛生コンサルタント

作問者思考　パターンA　根本的な理解を問う問題
特定自主検査は、誰ができますか。

 問題13

爆発性の物、発火性の物、引火性の物その他の労働者に**危険**を生ずるおそれのある物若しくは**ベンゼン、ベンゼンを含有する**製剤その他の労働者に**健康障害を生ずるおそれのある**物で政令で定めるもの又は労働安全衛生法第56条第1項の物を容器に入れ、又は包装して、譲渡し、又は提供する者は、その容器又は包装（容器に入れ、かつ、包装して、譲渡し、又は提供するときにあっては、その容器）に一定の事項を_____しなければならない。ただし、その容器又は包装のうち、**主として一般消費者の生活の用に供するためのもの**については、この限りでない。
（以下略）

- 選択肢
  ① 調査　② 連絡　③ 通知　④ 表示

作問者思考　パターンA　根本的な理解を問う問題
一定の危険又は有害な物を容器に入れ、又は包装して、譲渡し、又は提供する場合には、どうすることが義務付けられていますか。

③ 検査業者　　根拠：法45条1項、2項、法54条の3,1項

NG　法41条2項

登録性能検査機関

特定機械等の検査証の<mark>有効期間の更新</mark>を受けようとする者は、当該特定機械等及びこれに係る厚生労働省令で定める事項について、厚生労働大臣の登録を受けた者（「<mark>登録性能検査機関</mark>」という。）が行う<mark>性能検査</mark>を受けなければならない。

> 特定機械等は、定期自主検査の対象とされていますが、特定自主検査の対象とされていない点に注意しましょう。

---

④ 表示　　根拠：法57条1項

NG　法57条の3,1項

調査

事業者は、厚生労働省令で定めるところにより、法57条1項の政令で定める物（<mark>表示対象物</mark>）及び<mark>通知対象物</mark>による危険性又は有害性等を<mark>調査しなければならない</mark>。

NG　法57条の2,1項

通知

労働者に<mark>危険若しくは健康障害を生ずるおそれのある</mark>物で政令で定めるもの又は労働安全衛生法56条1項の製造許可物質（以下「<mark>通知</mark>対象物」という。）を譲渡し、又は提供する者は、<mark>文書の交付</mark>その他厚生労働省令で定める方法により<mark>通知</mark>対象物に関する一定の事項（労働安全衛生法57条2項に規定する者にあっては、同項に規定する事項を除く。）を、譲渡し、又は提供する相手方に<mark>通知</mark>しなければならない。
ただし、<mark>主として一般消費者の生活の用に供される製品</mark>として<mark>通知</mark>対象物を譲渡し、又は提供する場合については、この限りでない。
（以下略）

> 表示対象物の表示事項について、「成分」の表示は任意とされています。

問題14

次の⑴又は⑵のいずれかに該当する者には、免許（衛生管理者、**作業主任者**又は就業制限業務に係る免許）を与えない。

⑴ 労働安全衛生法第74条第2項（第3号を除く。）の規定により免許を取り消され、その**取消しの日**から起算して＿＿＿を経過しない者

⑵ ⑴に掲げる者のほか、**免許の種類**に応じて、厚生労働省令で定める者

── 選択肢 ──
① 1年　　② 6月　　③ 2年　　④ 3年

作問者思考　**パターンC** **数字の違いを問う問題**
免許の欠格事由を正確に押さえていますか。

解 答　① **1年**　　　　　　　　　　　　根拠：法72条2項

NG	法74条
6月	**都道府県労働局長**は、免許を受けた者が一定の要件に該当するに至ったときは、その免許を**取り消し**、又は期間（労働安全衛生法74条2項1号、2号、4号又は5号に該当する場合にあっては、**6月**を超えない範囲内の期間）を定めてその免許の**効力を停止**することができる。

NG	ボイラー則107条1項
2年	特別ボイラー溶接士免許及び普通ボイラー溶接士免許の有効期間は、**2年**とする。

NG	則38条
3年	事業者は、**特別**教育を行ったときは、当該**特別**教育の受講者、科目等の記録を作成して、これを**3年**間保存しておかなければならない。

ピタリ	法75条3項
1年	都道府県労働局長は、厚生労働省令で定めるところにより、都道府県労働局長の**登録**を受けた者が行う**教習**を修了した者でその修了した日から起算して**1年**を経過しないものその他厚生労働省令で定める資格を有する者に対し、免許試験の**学科試験又は実技試験**の全部又は一部を**免除**することができる。

免許証の交付は、すべて都道府県労働局長が行っています。

(1) 事業者は、☐☐☐を雇い入れたときは、当該☐☐☐に対し、その従事する業務に関する**安全又は衛生**のための教育を行なわなければならない。

(2) (1)の規定は、☐☐☐の作業内容を変更したときについて準用する。

― 選択肢 ―
① 常時使用する労働者　② 特定の労働者
③ 中高年齢者　　　　　④ 労働者

作問者思考　**パターンA** ▶ **根本的な理解を問う問題**
安全衛生教育と健康診断の対象労働者の違いを押さえていますか。

事業者は、その事業場の業種が政令で定めるものに該当するときは、**新たに職務につくこととなった職長**その他の作業中の労働者を直接**指導又は監督**する者（☐☐☐を除く。）に対し、労働安全衛生法60条で定められた事項について、**安全又は衛生**のための教育を行なわなければならない。

― 選択肢 ―
① 作業主任者
② 事業場の運営について利害関係を有しない者
③ 作業環境測定士　④ 安全管理者

作問者思考　**パターンA** ▶ **根本的な理解を問う問題**
職長教育が免除されている人は誰ですか。

解答　④ 労働者　　　　　　　　　　　根拠：法59条1項

NG 則43条

常時使用する労働者

事業者は、常時使用する労働者を雇い入れるときは、当該労働者に対し、一定の項目について医師による健康診断を行わなければならない。

R3-D

NG 法62条

中高年齢者

事業者は、中高年齢者その他労働災害の防止上その就業に当たって特に配慮を必要とする者については、これらの者の心身の条件に応じて適正な配置を行なうように努めなければならない。

> 雇入れ時・作業内容変更時の安全衛生教育は、規模や業種にかかわらず事業者は必ず実施しなければなりません。

解答　① 作業主任者　　　　　　　　　根拠：法60条

NG 則13条1項2号

事業場の運営について利害関係を有しない者

産業医は、次に掲げる者（①及び②にあっては、事業場の運営について利害関係を有しない者を除く。）以外の者のうちから選任することとされている。
① 事業者が法人の場合にあっては当該法人の代表者
② 事業者が法人でない場合にあっては事業を営む個人
③ 事業場においてはその事業の実施を統括管理する者

NG 法18条3項

作業環境測定士

事業者は、当該事業場の労働者で、作業環境測定を実施している作業環境測定士であるものを衛生委員会の委員として指名することができる。

> 職長教育の対象業種（建設業、一定の製造業、電気業、ガス業、自動車整備業、機械修理業）も正確に押さえておきましょう。

問題17　都道府県労働局長は、作業環境の改善により労働者の健康を保持する必要があると認めるときは、☐☐☐☐☐の意見に基づき、事業者に対し、作業環境測定の実施その他必要な事項を指示することができる。

- 選択肢
  - ① 労働衛生指導医　② 産業医
  - ③ 学識経験者　　　④ 労働衛生コンサルタント

作問者思考　**パターンE　重要なキーワードを問う問題**
作業環境測定の際に、都道府県労働局長は誰に意見を求めますか。

 問題18　事業者は、作業環境測定の結果の☐☐☐☐☐に基づいて、労働者の健康を保持するため必要があると認められるときは、施設又は設備の設置又は整備、健康診断の実施その他の適切な措置を講じなければならない。
事業者は、労働安全衛生法第65条の2第2項の規定による作業環境測定の結果の☐☐☐☐☐を行ったときは、その結果を記録しておかなければならない。

- 選択肢
  - ① 評価　② 報告　③ 連絡　④ 分析

作問者思考　**パターンA　根本的な理解を問う問題**
作業環境測定が終わった後、何をしなければなりませんか。

【解答】 ① 労働衛生指導医   根拠：法65条5項

NG 則34条の17

学識経験者

厚生労働大臣は、新規化学物質の有害性の調査の結果について学識経験者の意見を聴いたときは、その内容を、新規化学物質の名称の公表後1年以内に、労働政策審議会に報告するものとする。

ピタリ 法66条4項

労働衛生指導医

都道府県労働局長は、労働者の健康を保持するため必要があると認めるときは、労働衛生指導医の意見に基づき、事業者に対し、臨時の健康診断の実施その他必要な事項を指示することができる（臨時健康診断）。

「労働衛生指導医」とは、都道府県労働局に置かれる非常勤の国家公務員です。

【解答】 ① 評価   根拠：法65条の2, 3項

NG 法66条の10, 6項

報告

事業者は、法66条の10,5項の規定による医師の意見を勘案し、その必要があると認めるときは、当該労働者の実情を考慮して、就業場所の変更、作業の転換、労働時間の短縮、深夜業の回数の減少等の措置を講ずるほか、当該医師の意見の衛生委員会若しくは安全衛生委員会又は労働時間等設定改善委員会への報告その他の適切な措置を講じなければならない（ストレスチェックによる面接指導の事後措置）。

NG 則52条の14

分析

事業者は、心理的な負担の程度を把握するための検査（ストレスチェック）を行った場合は、当該検査を行った医師等に、当該検査の結果を当該事業者の当該部署に所属する労働者の集団その他の一定規模の集団ごとに集計させ、その結果について分析させるよう努めなければならない。

作業環境測定基準に基づく評価である第1管理区分、第2管理区分、第3管理区分の措置も押さえておきましょう。

第2章 労働安全衛生法

71

問題19

事業者は、労働安全衛生法の規定による健康診断の結果（当該健康診断の項目に **異常の所見** があると診断された労働者に係るものに限る。）に基づき、当該労働者の **健康を保持** するために必要な措置について、□□□の意見を聴かなければならない。

― 選択肢 ―
① 医師　　　　　　② 労働衛生指導医
③ 医師又は保健師　④ 医師又は歯科医師

作問者思考　**パターンB** 似たような語句を問う問題

事業者は、健康診断の結果、異常の所見がある労働者の健康を保持するために、誰の意見を聴かなければならないかを正確に押さえていますか。

問題20

(1) 事業者は、労働者に対し、**医師、保健師** その他の厚生労働省令で定める者（以下「医師等」という。）による□□□の程度を把握するための検査を行わなければならない。

(2) 事業者は、(1)の規定により行う検査を受けた **労働者** に対し、当該検査を行った医師等から、遅滞なく、当該検査の結果が **通知** されるようにしなければならない。この場合において、当該医師等は、あらかじめ当該検査を受けた **労働者の同意** を得ないで、当該労働者の検査の結果を **事業者** に提供してはならない。

― 選択肢 ―
① 心身の状況　　② 健康障害に及ぼす影響
③ 心理的な負担　④ 受動喫煙

作問者思考　**パターンB** 似たような語句を問う問題

いわゆるストレスチェックは、文言上どのように表現されているかを押さえていますか。

【解答】

④ 医師又は歯科医師

根拠：法66条の4

比較認識法

NG 法66条の10，5項

医師

事業者は、労働安全衛生法の規定による心理的な負担の程度を把握するための検査等に係る面接指導の結果に基づき、当該労働者の健康を保持するために必要な措置について、医師の意見を聴かなければならない（面接指導の意見聴取）。

比較認識法

NG 法66条の7

医師又は保健師

事業者は、労働安全衛生法66条1項［一般健康診断］の規定による健康診断若しくは当該健康診断に係る同条5項ただし書［労働者指定医師による健康診断］の規定による健康診断又は労働安全衛生法66条の2［自発的健康診断］の規定による健康診断の結果、特に健康の保持に努める必要があると認める労働者に対し、医師又は保健師による保健指導を行うように努めなければならない（保健指導の意見聴取）。

【解答】

③ 心理的な負担

根拠：法66条の10

比較認識法

NG 法66条の8，1項

心身の状況

事業者は、その労働時間の状況その他の事項が労働者の健康の保持を考慮して厚生労働省令で定める要件に該当する労働者（一定の者を除く。）に対し、医師による面接指導（問診その他の方法により心身の状況を把握し、これに応じて面接により必要な指導を行うことをいう。）を行わなければならない。

比較認識法

NG 法68条の2

受動喫煙

事業者は、室内又はこれに準ずる環境における労働者の受動喫煙（健康増進法第28条第3号に規定する受動喫煙をいう。）を防止するため、当該事業者及び事業場の実情に応じ適切な措置を講ずるよう努めるものとする。

ストレスチェックを実施する医師、保健師その他の「厚生労働省令で定める者」とは、医師又は保健師のほか、検査を行うために必要な知識についての研修であって厚生労働大臣が定めるものを修了した「歯科医師」、「看護師」、「精神保健福祉士」又は「公認心理師」をいいます。

問題21

都道府県労働局長は、がんその他の重度の健康障害を生ずるおそれのある業務で、政令で定めるものに従事していた者のうち、厚生労働省令で定める要件に該当する者に対し、[　　]に、当該業務に係る健康管理手帳を交付するものとする。ただし、現に当該業務に係る健康管理手帳を所持している者については、この限りでない。

- 選択肢
  - ① 厚生労働大臣が定める健康診断を受ける際
  - ② 当該業務への配置替えの際
  - ③ 離職の際
  - ④ 離職の際に又は離職の後

パターンA 根本的な理解を問う問題
健康管理手帳はいつ交付されるものかを押さえていますか。

問題22

厚生労働大臣は、重大な労働災害として厚生労働省令で定めるもの（以下「重大な労働災害」という。）が発生した場合において、重大な労働災害の[　　]必要がある場合として厚生労働省令で定める場合に該当すると認めるときは、厚生労働省令で定めるところにより、事業者に対し、その事業場の安全又は衛生に関する改善計画（「特別安全衛生改善計画」という。）を作成し、これを厚生労働大臣に提出すべきことを指示することができる。

- 選択肢
  - ① 防止を図るため総合的な改善措置を講ずる
  - ② 再発を防止するため　　③ 防止に関する施策に協力する
  - ④ 発生の防止に資するため

パターンA 根本的な理解を問う問題
特別安全衛生改善計画の目的を押さえていますか。

| 解　答 | ④ **離職の際に又は離職の後** | 根拠：法67条1項 |

NG	則55条
厚生労働大臣が定める健康診断を受ける際	都道府県労働局長は、健康管理手帳を交付するときは、当該健康管理手帳の交付を受ける者に対し、厚生労働大臣が定める健康診断を受けることを勧告するものとする。

NG	則47条
当該業務への配置替えの際	事業者は、事業に附属する食堂又は炊事場における給食の業務に従事する労働者に対し、その雇入れの際又は当該業務への配置替えの際、検便による健康診断を行なわなければならない。

NG	じん肺法9条の2, 1項
離職の際	事業者は、常時粉じん作業に従事する労働者で、離職の日まで引き続き厚生労働省令で定める期間を超えて使用していたものが、当該離職の際にじん肺健康診断を行うように求めたときは、当該労働者に対して、じん肺健康診断を行わなければならない。

事業者は、離職した労働者に対しては、健康診断の実施の義務を一切負わないので、その従事した業務に起因して発生する疾病で、発病した場合、がんその他の重度の健康障害を引き起こすものの早期発見のために、健康管理手帳制度を設け、離職後の健康診断については、国が必要な措置を採ることにしています。

| 解　答 | ② **再発を防止するため** | 根拠：法78条1項 |

NG	法79条1項
防止を図るため総合的な改善措置を講ずる	都道府県労働局長は、事業場の施設その他の事項について、労働災害の防止を図るため総合的な改善措置を講ずる必要があると認めるとき（法78条1項の規定により厚生労働大臣が同項の厚生労働省令で定める場合に該当すると認めるときを除く。）は、事業者に対し、当該事業場の安全又は衛生に関する改善計画（「安全衛生改善計画」という。）を作成すべきことを指示することができる。

特別安全衛生改善計画には、安全衛生改善計画と異なり、厚生労働大臣が計画の変更を指示できたり、勧告や公表を行える場合がありますので、しっかりと確認しておいてください。

問題23

厚生労働大臣、都道府県労働局長又は労働基準監督署長は、労働安全衛生法を施行するため必要があると認めるときは、事業者、労働者、**機械等貸与者、建築物貸与者**又は**コンサルタント**に対し、必要な事項を**報告**させ、又は☐を命ずることができる。

- 選択肢
① 協力　② 援助　③ 書類の提出　④ 出頭

作問者思考　パターンD　見慣れない語句を問う問題
「報告」よりも、より確かなことは何ですか。

 問題24

ガス工作物その他政令で定める工作物を設けている者は、当該工作物の所在する場所又はその附近で工事その他の仕事を行なう事業者から、当該工作物による**労働災害の発生を防止**するためにとるべき措置についての☐を求められたときは、これを☐しなければならない。

- 選択肢
① 教示　② 援助　③ 報告　④ 指導

作問者思考　パターンD　見慣れない語句を問う問題
ガス工作物設置者の義務を押さえていますか。

【解答】 ④ 出頭　　　　　　　　　　根拠：法100条1項

NG　法108条の2，3項

書類の提出

厚生労働大臣又は労働安全衛生法108条の2,2項の規定により**疫学的調査**の実施に関する事務の全部又は一部の委託を受けた者は、**疫学的調査**等の実施に関し必要があると認めるときは、事業者、労働者その他の関係者に対し、**質問**し、又は**必要な報告**若しくは**書類の提出**を求めることができる。

ピタリ　法100条3項

出　頭

労働基準監督官は、労働安全衛生法を施行するため必要があると認めるときは、事業者又は労働者に対し、必要な事項を**報告**させ、又は**出頭**を命ずることができる。

本条は、厚生労働大臣、都道府県労働局長又は労働基準監督署長の3者が揃っている珍しい条文ですので、覚えておきましょう。

【解答】 ① 教示　　　　　　　　　　　根拠：法102条

NG　法106条

援　助

国は、労働災害の防止に資するため、事業者が行う**安全衛生施設の整備**、特別安全衛生改善計画又は安全衛生改善計画の実施その他の活動について、**金融上の措置**、**技術上の助言**その他必要な**援助**を行うように努めるものとする。

NG　法30条1項

指　導

仕事を行う**場所**が仕事ごとに異なることを**常態**とする業種で、厚生労働省令で定めるものに属する事業を行う特定元方事業者は、仕事の**工程**に関する計画及び作業場所における機械、設備等の**配置**に関する計画を作成するとともに、当該機械、設備等を使用する作業に関し**関係請負人**が労働安全衛生法又はこれに基づく命令の規定に基づき講ずべき措置についての**指導**を行うことに関する必要な措置を講じなければならない。

あまり見ることのない2文字の熟語は、よく選択式で狙われますので、この「教示」も気をつけておきましょう。

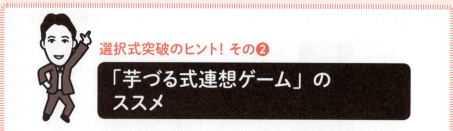

選択式突破のヒント！ その❷
「芋づる式連想ゲーム」の ススメ

　次に、「比較認識法」を使った「魔法の質問」で見えてくる重要語句の適用パターンを、選択式対策としてすぐに使えるようにする効果的な勉強法をご紹介します。この方法は、私のクラスの受講生には以前から提案しているもので、より語句そのものに着目する記憶法です。

　私は、これを「芋づる式連想ゲーム」と呼んでいます。

　その方法は、とっても簡単で、ある科目の選択式で「問われやすい語句」に関連する規定（テーマ）をつなげてメモしておくだけです。

　ここでは、「労働安全衛生法」を使って具体的に紹介します。

　たとえば、「労働衛生指導医」という珍しいキーワードに着目して、テキストの中で「労働衛生指導医」が出てくる規定（テーマ）を書き出していきます。すると、主に法65条5項の「作業環境測定」と法66条4項の「臨時健康診断」で出てくることがわかります。

　ですから、連想ゲームのように

　　労働衛生指導医　ときたら　　作業環境測定
　　　　　　　　　　　　　　　　臨時健康診断
　　　　　　　　　　　　　　　　　　……

と、いつでも思い出せるようにテキストの余白にメモしておくだけです。

　同様に、「石綿」という頻繁に目にするキーワードも、

　　石綿　ときたら　　作業主任者　製造等禁止物質
　　　　　　　　　　　特別教育　特殊健康診断　40年間保存
　　　　　　　　　　　　　　　　　　……

とメモしておくのです。単純ですが、効果はテキメンです。

第3章

労働者災害補償保険法

28問

本試験傾向ズバリ!!

近年、選択式の出題内容に大きな変化が見られ、判例や規則等の細かい知識を問う出題が少なくなり、択一式の実力で3点以上確保できる出題が多いです。ただ、保険給付以外の前半の部分と後半の部分がよく出題される傾向に変わりはありません。

過去5年間の選択式本試験　出題内容

平成29年	・不服申立て ・時効
平成30年	・特別加入
令和元年	・保険給付の種類 ・費用徴収
令和2年	・通勤災害
令和3年	・複数事業労働者 ・複数業務要因災害 ・年金の支給停止期間 ・遺族補償年金の受給資格者

問題 1

労働者災害補償保険は、**業務上の事由**、事業主が**同一人でない**2以上の事業に使用される労働者（以下「**複数事業労働者**」という。）の2以上の事業の業務を要因とする事由又は**通勤**による労働者の□□□に対して**迅速かつ公正**な保護をするため、必要な保険給付を行い、あわせて、業務上の事由、**複数事業労働者**の2以上の事業の業務を要因とする事由又は通勤により負傷し、又は疾病にかかった労働者の**社会復帰**の促進、当該労働者及びその**遺族の援護**、労働者の**安全及び衛生の確保**等を図り、もって労働者の福祉の増進に**寄与**することを目的とする。

─ 選択肢 ─
① 負傷、障害、死亡
② 疾病、負傷若しくは死亡又は出産
③ 負傷、疾病、障害、死亡等
④ 負傷、疾病、障害又は死亡

 パターンA 根本的な理解を問う問題
労災の支給事由を正確に押さえていますか。

解答　③ 負傷、疾病、障害、死亡等　　　根拠：法1条

疾病、負傷若しくは死亡又は出産

NG 健保法1条

この法律（健康保険法）は、労働者又はその被扶養者の業務災害（労働者災害補償保険法7条1項1号に規定する業務災害をいう。）以外の疾病、負傷若しくは死亡又は出産に関して保険給付を行い、もって国民の生活の安定と福祉の向上に寄与することを目的とする。

負傷、疾病、障害又は死亡

NG 令和2.8.21基発0821第1号

複数業務要因災害とは、複数事業労働者（これに類する者として厚生労働省令で定めるものを含む。）の2以上の事業の業務を要因とする負傷、疾病、障害又は死亡をいう。ここで、「2以上の事業の業務を要因とする」とは、複数の事業での業務上の負荷を総合的に評価して当該業務と負傷、疾病、障害又は死亡との間に因果関係が認められることをいう。

R3-A

負傷、疾病、障害又は死亡

NG 則5条、令和2.8.21基発0821第1号

「複数事業労働者」とは、事業主が同一でない2以上の事業に使用される労働者であるが、「これに類する者として厚生労働省令で定めるものを含む」とされており、その範囲は、当該厚生労働省令（労災保険法施行規則）で「負傷、疾病、障害又は死亡（以下「傷病等」という）の原因又は要因となる事由が生じた時点において事業主が同一でない2以上の事業に同時に使用されていた労働者」と定められている。これは、傷病等の要因となる出来事と傷病等の発症の時期が必ずしも一致しないことがあるため、複数業務要因災害の対象である複数事業労働者について、傷病等が発症した時点において複数事業労働者に該当しない場合であっても、当該傷病等の要因となる出来事と傷病等の因果関係が認められる期間の範囲内で複数事業労働者に当たるか否かを判断すべきときがあることから規定されたものである。

第3章　労働者災害補償保険法

労災保険の支給事由と健康保険等の医療保険の給付事由の違いは、常に意識しておきましょう。

問題 2
R3-B

労働者災害補償保険等関係事務のうち、保険給付（　　　　を除く。）並びに社会復帰促進等事業のうち**労災就学等援護費**及び**特別支給金の支給**並びに厚生労働省労働基準局長が定める給付に関する事務は、**都道府県労働局長**の指揮監督を受けて、事業場の所在地を管轄する**労働基準監督署長**（**所轄労働基準監督署長**）が行う。
ただし、次の各号に掲げる場合は、当該各号に定める者を所轄労働基準監督署長とする。
(1) 事業場が２以上の労働基準監督署の管轄区域にまたがる場合は、その事業の**主たる事務所**の所在地を管轄する労働基準監督署長
(2) 当該労働者災害補償保険等関係事務が**複数業務要因災害**に関するものである場合は、複数事業労働者の２以上の事業のうち、その収入が当該複数事業労働者の**生計を維持する程度が最も高いもの**の主たる事務所の所在地を管轄する労働基準監督署長

- 選択肢
① 複数業務要因災害に関する保険給付
② 二次健康診断等給付
③ 通勤災害に関する給付
④ 傷病補償年金及び介護補償給付

パターンA 根本的な理解を問う問題
保険給付のうち、労働基準監督署長が行わない保険給付を押さえていますか。

問題 3

農林の事業、畜産、養蚕又は水産の事業（**都道府県、市町村**その他これらに準ずるものの事業、**法人**である事業主の事業及び　　　　の事業を除く）であって、使用労働者数が**常時５人未満**の事業は、業務災害の発生の**おそれが多い**ものとして厚生労働大臣が定める事業及び**農業**の事業であって事業主が**特別加入**した事業を除き、**当分の間**、任意適用事業とされる。

- 選択肢
① 国の直営事業及び官公署
② 事業の期間が予定されるもの
③ 行政執行法人
④ 船員法第１条に規定する船員を使用して行う船舶所有者

パターンA 根本的な理解を問う問題
使用労働者数にかかわらず、必ず適用事業となる事業を押さえていますか。

【解　答】　② **二次健康診断等給付**　　　　　根拠：則1条3項

NG　令和2.8.21基発0821第1号

複数業務要因災害に関する保険給付

複数業務要因災害に関する保険給付は、各事業場の業務上の**負荷**を調査しなければ分からないことがあること、また、業務災害又は複数業務要因災害のどちらに該当するかを請求人の請求の際に求めることは請求人の**過度の負担**となることから、**複数業務要因災害に関する保険給付**の請求と業務災害に関する保険給付の請求は、**同一の請求**様式に必要事項を記載させることとされている。

NG　法12条の8,2項

傷病補償年金及び介護補償給付

業務災害に関する保険給付（**傷病補償年金及び介護補償給付**を除く。）は、労働基準法に規定する災害補償の事由又は船員法に規定する災害補償の事由が生じた場合に、補償を受けるべき労働者若しくは遺族又は**葬祭を行う者**に対し、その請求に基づいて行う。

保険給付のうち、二次健康診断等給付に関する事務だけを所轄都道府県労働局長が行いますので、二次健康診断等給付の請求書は、健診給付病院等を経由して所轄都道府県労働局長に提出します。

【解　答】　④ **船員法第1条に規定する船員を使用して行う船舶所有者**
　　　　根拠：(44)法附則12条、整備政令17条、昭和50年労告35号

NG　法3条

国の直営事業及び官公署

(1) 労働者災害補償保険法においては、**労働者を使用する**事業を適用事業とする。
(2) (1)の規定にかかわらず、**国の直営事業及び官公署の事業**（労働基準法別表第1に掲げる事業を除く。）については、労働者災害補償保険法は、適用しない。

官公署の事業のうち、地方公共団体の現業部門の非常勤職員のみ労災保険法の適用があります。

最高裁判所の判例では、「労災保険法が労働者の業務上の負傷、傷病等（以下「傷病等」という。）に対して補償するとした趣旨は、[中略]これによって労働者が受けた**損害を填補**するとともに、労働者又はその**遺族等の生活**を保障しようとするものである。したがって、保険給付の要件として、使用者の**過失**は要しないとしても、業務と傷病等との間に**合理的関連性**があるだけでは足りず、当該業務と傷病等との間に当該業務に□□□性が発現したという**相当因果関係**が認められることが必要である。」としている。

--- 選択肢 ---
① 通常伴う危険　　② 危険有害
③ 付随する過重　　④ 意思行動

パターンE ▶ 重要なキーワードを問う問題
相当因果関係をどのように表現しているか押さえていますか。

解 答

① **通常伴う危険**
　　根拠：最二小昭和51.11.12　熊本地裁八代支部公務災害事件

| NG | 平成13.12.12基発1063号（過労死等認定基準） |

付随する過重

恒常的な長時間労働等の負荷が長期間にわたって作用した場合には、疲労の蓄積が生じ、これが血管病変等をその自然経過を超えて著しく増悪させ、その結果、脳・心臓疾患を発症させることがある。このことから、発症との関連性において、業務の過重性を評価するに当たっては、発症前の一定期間の就労実態等を考察し、発症時における疲労の蓄積がどの程度であったかという観点から判断することとする。

| ピタリ | 平成18.3.3基発0331042号 |

通常伴う危険

「通勤による」とは通勤と相当因果関係のあること、つまり、通勤に通常伴う危険が具体化したことをいう。具体的には、通勤の途中において、自動車にひかれた場合、電車が急停車したため転倒して受傷した場合、駅の階段から転落した場合、歩行中にビルの建設現場から落下してきた物体により負傷した場合、転倒したタンクローリーから流れ出す有害物質により急性中毒にかかった場合等、一般に通勤途中に発生した災害は通勤によるものと認められる。

業務災害に該当するかどうかは、業務起因性（業務に内在している危険有害性が現実化したと経験法則上認められること）が認められなければならず、業務起因性が認められ業務上の傷病等であるとされるためには、その前提条件として、業務遂行性（労働者が労働契約に基づいて事業主の支配下にある状態で、命じられた業務に従事しようとする意思行動性）が認められなければなりません。

第3章　労働者災害補償保険法

問題 5

業務従事中に行った▢▢が**事業主の命令**によるものでなく、かつ、同僚労働者等の**救護**、事業場施設の**防護**など当該業務に従事している労働者として行うべきものでなくても、次の3つの要件をすべて満たす場合は、**業務**として取り扱われる。

(1) 労働者が▢▢を行った（行おうとした）際に発生した災害が、労働者が使用されている事業の業務に従事している際に被災する**蓋然性が高い**災害、例えば運送事業の場合の交通事故等に当たること。

(2) 当該災害に係る救出行為等の▢▢を行うことが、業界団体等の行う講習の内容等から、**職務上要請**されていることが明らかであること。

(3) ▢▢を行う者が付近に存在していないこと、災害が重篤であり、人の命に関わりかねない**一刻を争う**ものであったこと、**被災者から救助**を求められたこと等▢▢が必要とされると認められる状況であったこと。

選択肢
① 緊急行為　　② 恣意行為
③ 合理的行為　　④ 私的行為

作問者思考　**パターンE** 重要なキーワードを問う問題

事業主の命令がない場合でも、当該業務従事中の労働者の行為が業務として取り扱われるのは、どんなときでしょうか。

解答 ① **緊急行為**　　　根拠：平成21.7.23基発0723第14号

NG 昭和50.12.25基収1724号

私的行為／恣意行為

事業場施設内における業務に就くための出勤又は業務を終えた後の退勤で**業務と接続**しているものは、業務行為そのものではないが、業務に通常付随する**準備後始末行為**と認められる。したがって、その行為中の災害については、労働者の積極的な**私的行為**又は**恣意行為**によるものと認められないものは、業務災害であると認められる。

NG 昭和49.10.25基収2950号

合理的行為

天災地変その他業務と関連する**突発的事情**によって臨機応変に行われる**避難行為**については、当該行為の**合理性ないし必要性**の有無を考慮し、その是非を判断する必要があり、一般的に**業務行為**中に事業場施設に危険な事態が生じた場合において当該労働者が業務行為の継続が困難と判断しその危難を避けるために、当該施設より避難するという行為は、**合理的行為**として認められるものである。したがって、係る**合理的行為**（業務行為）を行うに際して被った災害は、一般的に**業務起因性**が認められるものであるが、当該災害の原因がもっぱら天災地変による場合、**私的行為**、**恣意行為**による場合には、**業務起因性**が認められないことはいうまでもない。

会社で緊急の事態が発生したり近所の事業場で火災が起きた場合に行った労働者の緊急行為については、それが事業主の命令であれば、業務従事中に行ったか否かにかかわらず、私的行為ではなく、業務として取り扱われます。

第3章　労働者災害補償保険法

業務上疾病として労働基準法上の災害補償又は労災保険の保険給付の対象となる疾病は、業務と疾病との間に**相当因果関係**の認められるものであるという点については、労働基準法施行規則別表第1に具体的に列挙された疾病と同別表第1の業務に起因することの明らかな疾病との間には、**本質的な差異**はない。しかしながら、例示された疾病（具体的に列挙された疾病）については一般的に業務との**相当因果関係**が**推定**されるのに対し、例示されていない疾病（同別表第1の業務に起因することの明らかな疾病）については業務との**相当因果関係**が確立していないものもあり、一般的な形での業務との**相当因果関係**を**推定**することはできない。このため、労働基準法上の災害補償又は労災保険の保険給付においては、請求人による**相当因果関係**の十分な☐を要する。

- 選択肢 -
① 主張　　② 疎明　　③ 立証　　④ 究明

作問者思考　パターンB　似たような語句を問う問題
労災の場合に、労働者が業務起因性をどうしないといけませんか。

心理的負荷による精神障害の業務起因性を判断する要件としては、対象疾病の発病の有無、発病の時期及び疾患名について明確な**医学的判断**があることに加え、当該対象疾病の発病の前**おおむね6か月**の間に業務による強い**心理的負荷**が認められることを掲げている。この場合の強い**心理的負荷**とは、精神障害を発病した労働者がその出来事及び出来事後の状況が持続する程度を**主観的**にどう受け止めたかではなく、☐が**一般的**にどう受け止めるかという観点から評価されるものである。

- 選択肢 -
① 他の労働者　　② 被害者
③ 同種の労働者　　④ 平均的な労働者

作問者思考　パターンB　似たような語句を問う問題
精神障害認定基準において、環境由来の心理的負荷はどのような観点から評価されるでしょうか。

③ 立証

根拠：昭和53.3.30基発186号

NG	昭和53.3.30基発186号
疎明	労災保険給付については、例示されていない疾病について、請求人がその従事していた業務の内容、り患している疾病の状態等の疎明を行うべき点は例示された疾病と同様であるが、そのほか、労働基準監督署が行う相当因果関係の究明等の調査に対する協力等の負担が課せられることとなる。
究明	

「立証」とは証拠をあげて事実を証明することで、「疎明」とは確信ではなく、確からしいという推測を生じさせることをいいます。

---

③ 同種の労働者

根拠：令和2.8.21基発0821第4号

NG	平成28.8.2雇児発0802第2号
平均的な労働者	環境型セクシュアルハラスメントとは、「労働者の就業環境が不快なものとなったため、能力の発揮に重大な悪影響が生じる等当該労働者が就業する上で看過できない程度の支障が生じること」をいうが、「労働者の意に反する性的な言動」及び「就業環境を害される」の判断に当たっては、労働者の主観を重視しつつも、事業主の防止のための措置義務の対象となることを考えると一定の客観性が必要である。具体的には、セクシュアルハラスメントが、男女の認識の違いにより生じている面があることを考慮すると、被害を受けた労働者が女性である場合には平均的な女性労働者の感じ方を基準とし、被害を受けた労働者が男性である場合には平均的な男性労働者の感じ方を基準とすることが適当である。

精神障害認定基準においての対象疾病の発病に至る原因の考え方は、環境由来の心理的負荷（ストレス）と、個体側の反応性、脆弱性との関係で精神的破綻が生じるかどうかで決まり、心理的負荷が非常に強ければ、個体側の脆弱性が小さくても精神的破綻が起こるし、逆に脆弱性が大きければ、心理的負荷が小さくても破綻が生ずるとする「ストレス-脆弱性理論」に依拠しています。

問題8

労災保険法第7条第2項第3号の住居間移動における帰省先住居から赴任先住居への移動の場合であるが、**実態**等を踏まえ、業務に就く当日又は＿＿＿に行われた場合は、**就業**との関連性を認めて差し支えない。ただし、**前々日以前**に行われた場合は、交通機関の状況等の**合理的理由**があるときに限り、**就業**との関連性が認められる。

- 選択肢
  ① その翌日　　② 前日
  ③ その翌日及び前日　　④ 指定された日

作問者思考　**パターンA** 根本的な理解を問う問題
住居と就業の場所との間の往復に先行し、又は後続する住居間の移動を具体的に考えられますか。

 問題9

労災保険法第8条の2第1項第2号（スライド改定）の規定により改定した額（以下「**改定日額**」という。）を休業補償給付、複数事業労働者休業給付又は休業給付（以下「休業補償給付等」という）の額の算定の基礎として用いる給付基礎日額（以下「休業給付基礎日額」という。）とすることとする場合の休業給付基礎日額の改定については、次に定めるところによる。
1月から3月まで、4月から6月まで、7月から9月まで及び10月から12月までの各区分による期間（以下「四半期」という。）ごとの平均給与額が、当該**改定日額**を休業補償給付等の算定の基礎として用いるべき最初の四半期の＿＿＿の**平均給与額**の**100分の110**を超え、又は**100分の90**を下るに至った場合において、その上昇し、又は低下するに至った四半期の**翌々四半期**に属する最初の日以後に支給すべき事由が生じた休業補償給付等については、その上昇し、又は低下した比率を基準として**厚生労働大臣**が定める率を当該**改定日額**に乗じて得た額を休業給付基礎日額とする。

- 選択肢
  ① 翌々四半期　　② 翌四半期
  ③ 前々四半期　　④ 前四半期

作問者思考　**パターンA** 根本的な理解を問う問題
休業給付基礎日額のスライドの再改定の場合を具体的に押さえていますか。

解　答　② **前日**　　　根拠：平成18.3.31基発0331042号

NG　その翌日　平成18.3.31基発0331042号

労災保険法7条2項3号の住居間移動における赴任先住居から帰省先住居への移動の場合であるが、実態等を踏まえて、業務に従事した当日又はその翌日に行われた場合は、就業との関連性を認めて差し支えない。ただし、翌々日以後に行われた場合は、交通機関の状況等の合理的理由があるときに限り、就業との関連性が認められる。

> 本問のような「住居と就業の場所との間の往復に先行し、又は後続する住居間の移動」が通勤と認められる場合は、「厚生労働省令で定める要件に該当するもの」に限られていますが、この「厚生労働省令で定める要件」も確認しておきましょう。

解　答　③ **前々四半期**　　　根拠：法8条の2,1項

NG　翌々四半期　法8条の2,1項2号カッコ書

四半期ごとの平均給与額が、算定事由発生日の属する四半期の平均給与額の100分の110を超え、又は100分の90を下るに至った場合において、その上昇し、又は低下するに至った四半期の翌々四半期に属する最初の日以後に支給すべき事由が生じた休業補償給付等については、その上昇し、又は低下した比率を基準として厚生労働大臣が定める率を労災保険法8条の規定により給付基礎日額として算定した額に乗じて得た額を休業給付基礎日額とする。

> 一度スライド改定が行われた後は、「当該改定日額を最初に適用した四半期の前々四半期の平均給与額」とその後の「四半期ごとの平均給与額」を比較して、休業給付基礎日額のスライドが行われるということです。

年金たる保険給付の額の算定の基礎として用いる給付基礎日額(以下「年金給付基礎日額」という。)については、次に定めるところによる。
算定事由発生日の属する年度の**翌々年度の7月**以前の分として支給する年金たる保険給付については、労災保険法第8条の規定により給付基礎日額として算定した額を年金給付基礎日額とする。
算定事由発生日の属する年度の☐以後の分として支給する年金たる保険給付については、労災保険法第8条の規定により給付基礎日額として算定した額に当該年金たる保険給付を支給すべき月の属する年度の前年度(**当該月が4月から7月までの月に該当する場合にあっては、前々年度**)の平均給与額を算定事由発生日の属する**年度**の平均給与額で除して得た率を基準として**厚生労働大臣**が定める率を乗じて得た額を年金給付基礎日額とする。

―選択肢―
① 翌年度の4月   ② 翌年度の8月
③ 翌々年度の4月 ④ 翌々年度の8月

作問者思考 **パターンB** 似たような語句を問う問題
年金給付基礎日額のスライドと自動変更対象額の変更の表現を混乱していませんか。

 休業給付基礎日額については、**療養を開始した日**から起算して**1年6箇月**を経過した日以後のものについて、**年齢階層**ごとに定められた最低・最高限度額が適用される。この最低・最高限度額は、☐をもとに設定され、その年の**8月**から翌年**7月**まで用いる限度額が毎年**7月31日**までに**告示**されることになっている。

―選択肢―
① 毎月勤労統計   ② 賃金構造基本統計
③ 就労条件総合調査   ④ 労働力調査

作問者思考 **パターンB** 似たような語句を問う問題
年齢階層別の最低・最高限度額の設定に用いられるデータ名を正確に押さえていますか。

解　答

④ **翌々年度の8月**　　　　根拠：法8条の3,1項

比較認識法

NG	則9条2項
翌年度の8月	厚生労働大臣は、**年度**の平均給与額が、直近の自動変更対象額が変更された年度の**前年度**の平均給与額を超え、又は下るに至った場合においては、その上昇し、又は低下した比率に応じて、その**翌年度の8月**1日以後の自動変更対象額を変更しなければならない。

> 年金給付基礎日額のスライド改定は、休業給付基礎日額のスライド改定と異なり、常に算定事由発生日の属する年度の平均給与額と比較します。

 解　答

② **賃金構造基本統計**　　　根拠：法8条の2,2項、則9条の4,7項

比較認識法

NG	則9条の2
毎月勤労統計	休業給付基礎日額のスライド制に係る「平均給与額」は、**毎月勤労統計**における労働者1人当たりの毎月きまって支給する給与の**四半期**の1箇月平均額をいう。

NG	則9条の5,1項
毎月勤労統計	年金給付基礎日額に係る「平均給与額」とは、**毎月勤労統計**における労働者1人当たりの毎月きまって支給する給与の額（**平均定期給与額**）の**4月**分から翌年**3月**分までの各月分の合計額をいう。

> 本問の選択肢に出てくるデータはすべて、具体的にどのような統計・調査なのかを確認しておきましょう。

第3章　労働者災害補償保険法

93

問題12

複数業務要因災害は原則として**脳・心臓疾患**及び**精神障害**を想定しているが、複数業務要因災害として認定される場合については、どの事業場においても業務と疾病等との間に**相当因果関係が認められない**ものであることから、業務災害又は通勤災害の場合と異なり、遅発性疾病等の診断が確定した場合において**いずれかの事業場に使用されている**場合は、当該事業場について当該診断確定日（賃金の締切日がある場合は直前の賃金締切日をいう。）以前3か月に支払われた賃金により平均賃金相当額を算定する。この場合、☐☐☐から3か月前の日を**始期**として、☐☐☐までの間に他の事業場から賃金を受けている場合は、当該事業場の平均賃金相当額について、直前の賃金締切日以前3か月間において支払われた賃金により算定することとし、☐☐☐から3か月前の日を**始期**として、☐☐☐までの間に他の事業場から賃金を受けていない場合は、複数事業労働者に類する者として傷病等の**原因又は要因となる事由が生じた**時点において事業主が同一でない2以上の事業に同時に使用されていた者であっても、複数事業労働者に係る平均賃金相当額を算定する必要はない。

選択肢

① 災害発生事業場等を離職した日
② 非災害発生事業場等を離職した日
③ 遅発性疾病等の診断が確定した日
④ 遅発性疾病等の診断が確定した日から直近の離職日

パターンA 根本的な理解を問う問題

複数業務要因災害の遅発性疾病等における給付基礎日額の算定方法を押さえていますか。

解　答

③ 遅発性疾病等の診断が確定した日

根拠：令和2.8.21基発0821第2号

NG　令和２.８.21基発0821第２号

災害発生事業場等を離職した日

複数事業労働者について、遅発性疾病等が業務災害又は通勤災害によるものである場合で、遅発性疾病等の診断が確定した日において、業務災害又は通勤災害に係る事業場（以下「災害発生事業場等」という。）を離職している場合の当該事業場に係る平均賃金相当額の算定については、災害発生事業場等を離職した日を基準に、その日（賃金の締切日がある場合は直前の賃金締切日をいう。）以前３か月間に災害発生事業場等において支払われた賃金を基礎として、所定の方法により算定する。また、災害発生事業場等を離職している場合の、非災害発生事業場又は通勤災害に係る事業場以外の事業場（以下「非災害発生事業場等」という。）に係る平均賃金相当額については、算定事由発生日に当該事業場を離職しているか否かにかかわらず、遅発性疾病等の診断が確定した日ではなく災害発生事業場等を離職した日から３か月前の日を始期として、災害発生事業場等における離職日までの期間中に、非災害発生事業場等から賃金を受けている場合は、災害発生事業場等を離職した日の直前の賃金締切日以前３か月間に非災害発生事業場等において支払われた賃金を基礎として、所定の方法により算定する。

NG　令和２.８.21基発0821第２号

遅発性疾病等の診断が確定した日から直近の離職日

複数業務要因災害の遅発性疾病等の診断が確定した日において全ての事業場を離職している場合は、遅発性疾病等の診断が確定した日から直近の離職日（以下「最終離職日」という。）を基準に、その日（賃金の締切日がある場合は直前の賃金締切日をいう。）以前３か月間に支払われた賃金により算定し当該金額を基礎として、所定の方法により算定する。この場合、最終離職日に係る事業場（以下「最終離職事業場」という。）以外の事業場については、最終離職日から３か月前の日を始期として、最終離職日までの間に他の事業場から賃金を受けている場合は当該事業場の平均賃金相当額について、最終離職日から直前の賃金締切日以前３か月間に当該最終離職事業場以外の事業場において支払われた賃金により算定することとし、最終離職日から３か月前の日を始期として、最終離職日までの間に他の事業場から賃金を受けていない場合は複数事業労働者に類する者として傷病等の原因又は要因となる事由が生じた時点において事業主が同一人でない２以上の事業に同時に使用されていた者であっても、複数事業労働者に係る平均賃金相当額を算定する必要はない。

政府は、次の(1)～(4)のものを除き、**療養給付**を受ける労働者から、**200円**を超えない範囲内で厚生労働省令で定める額を一部負担金として徴収する。
(1) **第三者の行為**によって生じた事故により**療養給付**を受ける者
(2) 療養の開始後☐☐☐☐以内に死亡した者その他**休業給付**を受けない者
(3) 同一の通勤災害に係る**療養給付**について既に一部負担金を納付した者
(4) **特別加入者**

- 選択肢 -
① 2日　② 3日　③ 4日　④ 7日

作問者思考　**パターンA** 根本的な理解を問う問題
療養給付の一部負担金がどのように徴収されるかを押さえていますか。

 最高裁判所の判例では、「労災保険法12条の8第1項1号の☐☐☐☐を受ける労働者は、**解雇制限**に関する労働基準法19条1項の適用に関しては、同項ただし書が**打切補償**の根拠規定として掲げる同法81条にいう同法75条の規定によって補償を受ける労働者に**含まれるもの**とみるのが相当である。したがって、労災保険法12条の8第1項1号の☐☐☐☐を受ける労働者が、療養開始後**3年**を経過しても疾病等が治らない場合には、労働基準法75条による**療養補償**を受ける労働者が上記の状況にある場合と同様に、使用者は、当該労働者につき、同法81条の規定による**打切補償**の支払をすることにより、**解雇制限**の除外事由を定める同法19条1項ただし書の適用を受けることが**できるもの**と解するのが相当である。」としている。

- 選択肢 -
① 休業補償給付　② 療養給付
③ 傷病補償年金　④ 療養補償給付

作問者思考　**パターンA** 根本的な理解を問う問題
労基法75条の療養補償に対応する保険給付は何ですか。

解 答 ② **3日**　　　根拠：法31条2項、則44条の2,1項

NG	法22条の2,1項、2項
4日	休業給付は、労働者が**通勤**による負傷又は疾病に係る療養のため労働することができないために賃金を受けない日の第**4日**目から支給するものとする（休業給付の支給要件）。

> 一部負担金は、当該労働者に最初に支払うべき休業給付の額から当該一部負担金の額に相当する額を控除するので、休業給付が支払われない場合には、一部負担金は徴収されないことになります。

解 答 ④ **療養補償給付**
根拠：最二小平成27.6.8　専修大学事件、平成27.6.9基発0609第4号

NG	法19条
傷病補償年金	業務上負傷し、又は疾病にかかった労働者が、当該負傷又は疾病に係る療養の開始後**3年**を経過した日において**傷病補償年金**を受けている場合又は同日後において**傷病補償年金**を受けることとなった場合には、労働基準法19条1項の規定の適用においては、当該使用者は、それぞれ、当該**3年**を経過した日又は**傷病補償年金**を受けることとなった日において、同法81条の規定により**打切補償を支払ったものとみなす**。

> 本問の判例において、解雇制限が解除される場合であっても、解雇の有効性には、労働契約法16条「解雇は、客観的に合理的な理由を欠き、社会通念上相当であると認められない場合は、その権利を濫用したものとして、無効とする。」に該当するか否かで判断すべきとされています。

問題15

休業補償給付の額は、1日につき給付基礎日額の **100分の60** に相当する額とする。

ただし、労働者が業務上の負傷又は疾病による療養のため所定労働時間のうちその **一部分** についてのみ労働する日若しくは賃金が支払われる休暇（以下「**部分算定日**」という。）又は複数事業労働者の **部分算定日** に係る休業補償給付の額は、給付基礎日額（[＿＿＿]を給付基礎日額とすることとされている場合にあっては、[＿＿＿]**の適用がな**いものとした場合における給付基礎日額）から **部分算定日** に対して支払われる賃金の額を控除して得た額（当該控除して得た額が[＿＿＿]を超える場合にあって[＿＿＿]に相当する額）の **100分の60** に相当する額とする。

選択肢

① 最高限度額　　② 最低限度額
③ 自動変更対象額　　④ 平均給与額

 パターンA 根本的な理解を問う問題

部分算定日である場合の休業（補償）等給付の支給額を計算する場合において、その例外の算定方法を正確に押さえていますか。

解答

① **最高限度額**　　　　　　　　　　　根拠：法14条1項

NG　法8条の2, 2項1号

最低限度額

休業補償給付等を支給すべき事由が生じた日が当該休業補償給付等に係る**療養を開始した日から起算して1年6箇月を経過した日**以後の日である場合において、休業給付基礎日額として算定した額が、**年齢階層**ごとに休業給付基礎日額の**最低限度額**として厚生労働大臣が定める額のうち、当該休業補償給付等を受けるべき労働者の基準日における年齢の属する**年齢階層**に係る額に満たない場合に該当するときは、当該**年齢階層**に係る額を休業給付基礎日額とする。

ピタリ　法8条の2, 2項2号

最高限度額

休業補償給付等を支給すべき事由が生じた日が当該休業補償給付等に係る**療養を開始した日から起算して1年6箇月を経過した日**以後の日である場合において、休業給付基礎日額として算定した額が、**年齢階層**ごとに休業給付基礎日額の**最高限度額**として厚生労働大臣が定める額のうち、当該休業補償給付等を受けるべき労働者の基準日における年齢の属する**年齢階層**に係る額を超える場合に該当するときは、当該**年齢階層**に係る額を休業給付基礎日額とする。

本問のカッコ書にある「最高限度額が適用される場合」の休業（補償）等給付の支給額の計算もできるように準備しておきましょう。

問題16

障害補償年金は一定の支払期月ごとに支払われることとされているが、障害の残った労働者が**社会復帰**するには一時的にまとまった資金が必要となる場合がある。そこで、政府は、当分の間、障害補償年金を受ける権利を有する者に対し、その請求に基づき、保険給付として ☐ を支給することとしている。

☐ が支給される場合には、当該労働者の障害に係る障害補償年金は、**各月に支給されるべき額**の合計額が厚生労働省令で定める算定方法に従い当該 ☐ の額に達するまでの間、その**支給が停止**される。

- 選択肢 -
① 障害補償年金差額一時金　② 介護補償給付
③ 葬祭料　　　　　　　　　④ 障害補償年金前払一時金

作問者思考　**パターンA** 根本的な理解を問う問題
本文の趣旨から保険給付を考えてみてください。

 問題17

介護補償給付は、**障害補償年金**又は**傷病補償年金**を受ける権利を有する労働者が、その受ける権利を有する**障害補償年金**又は**傷病補償年金**の支給事由となる障害であって厚生労働省令で定める程度のものにより、☐ 介護を要する状態にあり、かつ、☐ 介護を受けているときに、当該介護を受けている間（一定の施設等に入所等している間を**除く**。）、当該**労働者**に対し、その請求に基づいて行う。

- 選択肢 -
① 継続的に　　② 常時
③ 常時又は随時　　④ 反復して

作問者思考　**パターンE** 重要なキーワードを問う問題
介護（補償）等給付はどのような状態の場合に支給されるのでしょうか。

解　答

④ **障害補償年金前払一時金**　　根拠：法附則59条1項、3項

NG ピタリ　法附則58条1項

障害補償年金前払一時金	政府は、当分の間、障害補償年金を受ける権利を有する者が死亡した場合において、その者に支給された当該障害補償年金の額及び当該障害補償年金に係る**障害補償年金前払一時金**の額の合計額が、当該障害補償年金に係る障害等級に応じ、一定の額に満たないときは、その者の**遺族**に対し、その請求に基づき、保険給付として、その差額に相当する額の**障害補償年金差額一時金**を支給する。
障害補償年金差額一時金	

 前払一時金の請求が年金の請求と同時でない場合、当該一時金は、1月、3月、5月、7月、9月又は11月のうち前払一時金の請求が行われた月後の最初の月に支給されます。

 解　答

③ **常時又は随時**　　根拠：法12条の8, 4項

NG　則8条5号

継続的に	要介護状態（負傷、疾病又は身体上若しくは精神上の障害により、**2週間**以上の期間にわたり**常時**介護を必要とする状態をいう。）にある配偶者、子、父母、**配偶者の父母**並びに孫、祖父母及び**兄弟姉妹**の介護（**継続的に**又は**反復して**行われるものに限る。）は、労災保険法7条3項に規定する**日常生活上必要な行為**に該当する（通勤において、日常生活上必要な行為とされる逸脱又は中断のひとつ）。
常　時	
反復して	

 介護（補償）等給付は、障害等級又は傷病等級が第3級以下の者には支給されません。

問題18

遺族補償年金を受ける権利を有する者の所在が**1年**以上明らかでない場合には、当該遺族補償年金は、**同順位者**があるときは**同順位者**の、同順位者がないときは**次順位者**の申請によって、_____、その支給を停止する。この場合において、**同順位者**がないときは、その間、**次順位者**を**先順位者**とする。

- 選択肢
  ① 申請のあった月の翌月から　② その所在が明らかでない間
  ③ 将来に向かって
  ④ その該当するに至った月の翌月から

作問者思考　**パターンA** 根本的な理解を問う問題
所在不明による支給停止は、いつから行われるでしょうか。

問題19

(1) 二次健康診断等給付のうち、「特定保健指導」とは、二次健康診断の結果に基づき、**脳血管疾患及び心臓疾患**の発生の予防を図るため、面接により行われる**医師又は保健師**による保健指導（_____に限る。）をいう。

(2) 政府は、二次健康診断の結果その他の事情により既に**脳血管疾患又は心臓疾患**の症状を有すると認められる労働者については、当該二次健康診断に係る**特定保健指導**を行わないものとする。

- 選択肢
  ① 二次健康診断ごとに1回　② 1年につき1回
  ③ 1年度につき1回　　　　④ 一次健康診断ごとに1回

作問者思考　**パターンB** 似たような語句を問う問題
特定保健指導が行われる頻度を正確に押さえていますか。

解答 ② **その所在が明らかでない間**　　根拠：法16条の5

NG	法16条の2, 2項
将来に向かって	労働者の死亡の当時胎児であった子が出生したときは、労災保険法16条の2, 1項（遺族補償年金の受給者の範囲）の規定の適用については、将来に向かって、その子は、労働者の死亡の当時その収入によって生計を維持していた子とみなす。

NG	法16条の3, 4項
その該当するに至った月の翌月から	遺族補償年金を受ける権利を有する遺族が妻であり、かつ、当該妻と生計を同じくしている遺族補償年金を受けることができる遺族がない場合において、当該妻が次の(1)(2)のいずれかに該当するに至ったときは、その該当するに至った月の翌月から、遺族補償年金の額を改定する。 (1) 55歳に達したとき（厚生労働省令で定める障害の状態にあるときを除く。）。 (2) 厚生労働省令で定める障害の状態になり、又はその事情がなくなったとき（55歳以上であるときを除く。）。

解答 ① **二次健康診断ごとに1回**　　根拠：法26条2項、3項

NG	法26条2項
1年度につき1回	二次健康診断等給付のうち、「二次健康診断」とは、脳血管及び心臓の状態を把握するために必要な検査（労災保険法26条1項に規定する検査を除く。）であって厚生労働省令で定めるものを行う医師による健康診断（1年度につき1回に限る。）をいう。

二次健康診断等給付の請求は、原則として、一次健康診断を受けた日から3箇月以内に行わなければなりません。

(1) 二次健康診断等給付は、□□□において行う。
(2) **都道府県労働局長**は、二次健康診断等給付を行う病院若しくは診療所を**指定**し、又はその**指定**を取り消すときは、当該病院又は診療所の名称及び所在地を**公告**しなければならない。
(3) (1)の**都道府県労働局長**の指定を受けた病院又は診療所は、それぞれ様式第5号又は第6号による**標札**を見やすい場所に掲げなければならない。

─ 選択肢 ─
① 社会復帰促進等事業として設置された病院若しくは診療所又は都道府県労働局長の指定する病院若しくは診療所
② 社会復帰促進等事業として設置された病院若しくは診療所又は都道府県労働局長の指定する病院若しくは診療所、薬局若しくは訪問看護事業者
③ 厚生労働大臣又は都道府県労働局長の指定する病院若しくは診療所
④ 厚生労働大臣又は都道府県労働局長の指定する病院若しくは診療所、薬局若しくは訪問看護事業者

作問者思考 **パターンB** 似たような語句を問う問題
二次健康診断等給付が行われる「健診給付病院等」の定義を正確に押さえていますか。

一般に、自殺は故意によるものであり、本来労災保険給付の対象にはならない。
ただし、業務上の**精神障害**によって、正常の認識、**行為選択能力**が著しく阻害され、又は自殺行為を思いとどまる精神的な**抑制力**が著しく阻害されている状態で自殺が行われたと認められる場合には、□□□を意図した故意には該当しない取扱いとする。

─ 選択肢 ─
① 重大な過失　　② 犯罪行為
③ 保険給付の受給　④ 結果の発生

作問者思考 **パターンE** 重要なキーワードを問う問題
保険給付の支給制限に係る「故意」の定義を押さえていますか。

① **社会復帰促進等事業として設置された病院若しくは診療所又は都道府県労働局長の指定する病院若しくは診療所**

根拠：則11条の3

NG 則11条1項

社会復帰促進等事業として設置された病院若しくは診療所又は都道府県労働局長の指定する病院若しくは診療所、薬局若しくは訪問看護事業者

療養の給付は、社会復帰促進等事業として設置された病院若しくは診療所又は都道府県労働局長の指定する病院若しくは診療所、薬局若しくは訪問看護事業者において行う（「指定病院等」の定義）。

> 一次健康診断の結果その他の事情により既に脳血管疾患又は心臓疾患の症状を有すると認められる者については、二次健康診断等給付の対象とはなりません。また、二次健康診断の結果その他の事情により既に脳血管疾患又は心臓疾患の症状を有すると認められる労働者については、当該二次健康診断に係る特定保健指導は行われません。

④ **結果の発生**

根拠：平成11.9.14基発545号

NG 法12条の2の2, 2項

重大な過失

労働者が故意の犯罪行為又は重大な過失により、負傷、疾病、障害若しくは死亡若しくはこれらの原因となった事故を生じさせ、又は負傷、疾病若しくは障害の程度を増進させ、若しくはその回復を妨げたときは、政府は、保険給付の全部又は一部を行わないことができる。

NG 昭和40.7.31基発901号

犯罪行為

「故意の犯罪行為」とは、事故の発生を意図した故意はないがその原因となる犯罪行為が故意によるものであることをいう。

第3章 労働者災害補償保険法

105

行政機関から労災保険に係る保険関係成立届の提出について**指導**等を受けたにもかかわらず、□□□以内にその提出を行っていない期間中に生じた事故については、事業主が**故意**に保険関係成立の届出をしていないものと認定して、政府は、保険給付に要した費用の額の**100%**相当額を当該事業主から**徴収する取扱いとする**。

- 選択肢
  - ① 10日
  - ② 1年
  - ③ 2年
  - ④ 3年

作問者思考 ｜ **パターンC** 数字の違いを問う問題
費用徴収の徴収額の具体的な内容を正確に押さえていますか。

政府は、労働者災害補償保険の適用事業に係る労働者及びその遺族について、社会復帰促進等事業として、**療養**に関する施設及び**リハビリテーション**に関する施設の設置及び運営その他業務災害、複数業務要因災害及び通勤災害を被った労働者の□□□を促進するために必要な事業を行うことができる。

- 選択肢
  - ① 療養生活の援護
  - ② 心身の回復
  - ③ 安全及び衛生の確保
  - ④ 円滑な社会復帰

作問者思考 ｜ **パターンB** 似たような語句を問う問題
「社会復帰促進事業」の定義を押さえていますか。

解　答　① **10日**　根拠：法31条1項、則44条、平成17.9.22基発0922001号

NG	法31条1項、則44条、平成17.9.22基発0922001号
1 年	行政機関から労災保険に係る保険関係成立届の提出について**指導**等を受けた事実はないが、保険関係の成立の日以降**1年**を経過してもなおその提出を行っていない期間中に生じた事故については、事業主が**重大な過失により**保険関係成立の届出をしていないものと認定して、政府は、保険給付に要した費用の額の**40％**相当額を当該事業主から**徴収する取扱いとする**。

費用徴収の対象となるのは、療養開始日（即死の場合は事故発生日）の翌日から起算して3年以内に支給事由が生じたもの（年金給付については、この期間に支給事由が生じ、かつ、この期間に支給すべきものに限る。）に限られます。

第3章　労働者災害補償保険法

解　答　④ **円滑な社会復帰**　　　　　　　　　　根拠：法29条1項

NG	法29条1項
療養生活の援護	被災労働者等援護事業は、被災労働者の**療養生活の援護**、被災労働者の受ける**介護**の援護、その遺族の**就学**の援護、被災労働者及びその遺族が必要とする**資金の貸付け**による援護その他被災労働者及びその遺族の援護を図るために必要な事業である。
安全及び衛生の確保	安全衛生確保等事業は、**業務災害の防止**に関する活動に対する援助、**健康診断**に関する施設の設置及び運営その他労働者の**安全及び衛生の確保**、保険給付の**適切な実施**の確保並びに賃金の支払の確保を図るために必要な事業である。

社会復帰促進等事業には、本問の「社会復帰促進事業」以外に、NGの「被災労働者等援護事業」と「安全衛生確保等事業」の3つの事業があります。具体的な事業（ex.労災病院等の設置・運営、特別支給金、未払賃金の立替払事業等）が3つの事業のうち、どの事業に該当するかを仕分けできるようにしておきましょう。

特別給与を算定基礎とする特別支給金の額の算定に用いる算定基礎年額は、原則として、負傷又は発病の日以前1年間（雇入後**1年**に満たない者については、雇入後の期間）に当該労働者に対して支払われた特別給与（**3箇月**を超える期間ごとに支払われる賃金をいう。）の総額であるが、その上限は当該労働者に係る給付基礎日額に**365**を乗じて得た額の**100分の20**に相当する額又は＿＿＿のいずれか**低い**額とする。

---選択肢---
① 100万円　② 150万円　③ 250万円　④ 300万円

作問者思考 **パターンC** 数字の違いを問う問題
特別給与を算定基礎とする特別支給金の算定に用いる算定基礎年額を正確に押さえていますか。

中小事業主等の特別加入者の事故が徴収法第10条第2項第2号の第1種特別加入保険料が滞納されている期間（**督促状に指定する期限後**の期間に限る。）中に生じたものであるときは、政府は、当該事故に係る保険給付及び特別支給金の＿＿＿。これらの者の業務災害の原因である事故が第33条第1号の事業主［中小事業主］の**故意又は重大な過失**によって生じたものであるときも、同様とする。

---選択肢---
① 全部又は一部を事業主から徴収することができる
② 全部を行わないことができる
③ 全部又は一部を行わないことができる
④ 支払を一時差し止めることができる

作問者思考 **パターンA** 根本的な理解を問う問題
「支給制限」と「費用徴収」の文言上の違いを押さえていますか。

解 答 ② **150万円**　　　根拠：支給金則６条１項、２項、４項

NG	支給金則５条の２,１項、同則別表第１の２
100万円	傷病等級第３級の傷病特別支給金の額は、100万円とする。

NG	支給金則５条３項
300万円	遺族特別支給金の額は、300万円（当該遺族特別支給金の支給を受ける遺族が２人以上ある場合には、300万円をその人数で除して得た額）とする。

 算定基礎日額は、算定基礎年額を365で除して得た額（１円未満の端数があるときは、これを１円に切り上げる。）です。

解 答 ③ **全部又は一部を行わないことができる**
　　　根拠：法34条１項４号、支給金則16条４号

NG	法31条１項
全部又は一部を事業主から徴収することができる	政府は、事業主が徴収法10条２項１号の一般保険料を納付しない期間（督促状に指定する期限後の期間に限る。）中に生じた事故又は事業主が故意又は重大な過失により生じさせた業務災害の原因である事故について保険給付を行ったときは、業務災害に関する保険給付にあっては労働基準法の規定による災害補償の価額の限度又は船員法の規定による災害補償のうち労働基準法の規定による災害補償に相当する災害補償の価額の限度で、複数業務要因災害に関する保険給付にあっては複数業務要因災害を業務災害とみなした場合に支給されるべき業務災害に関する保険給付に相当する同法の規定による災害補償の価額（当該複数業務要因災害に係る事業ごとに算定した額に限る。）の限度で、通勤災害に関する保険給付にあっては通勤災害を業務災害とみなした場合に支給されるべき業務災害に関する保険給付に相当する同法の規定による災害補償の価額の限度で、その保険給付に要した費用に相当する金額の全部又は一部を事業主から徴収することができる。

NG	法47条の３
支払を一時差し止めることができる	政府は、保険給付を受ける権利を有する者が、正当な理由がなくて、法12条の７［保険給付に関する届出等］の規定による届出をせず、若しくは書類その他の物件の提出をしないとき、又は前２条［労働者及び受給者の報告、出頭等及び受信命令］の規定による命令に従わないときは、保険給付の支払を一時差し止めることができる。

 特別加入者には、「費用徴収」が行われることはなく、「支給制限」となります。

問題26

一人親方及びその事業に従事する者又は特定作業従事者が特別加入するためには、その者の行う事業又は作業が**特定**の事業又は**特定**の作業に該当していることの他に以下の要件を満たしていなければならない。

(1) 加入しようとする一人親方等が、☐いること。
(2) **同種**の事業又は**同種**の作業について重ねて特別加入するもの**ではない**こと。

― 選択肢 ―
① 有期事業ではない事業又は作業に従事して
② 団体の構成員となって
③ 労働保険事務の処理を労働保険事務組合に委託して
④ 他の事業又は他の作業に従事して

パターンA　根本的な理解を問う問題
第2種特別加入者の特別加入の要件を押さえていますか。

問題27
H29-C

(1) 保険給付に関する決定に不服のある者は、**労働者災害補償保険審査官**に対して審査請求をし、その決定に不服のある者は、**労働保険審査会**に対して再審査請求をすることができる。
(2) (1)の審査請求をしている者は、審査請求をした日から☐を経過しても審査請求についての決定がないときは、労働者災害補償保険審査官が審査請求を**棄却したものとみなす**ことができる。
(3) (1)に規定する処分の取消しの訴えは、当該処分についての審査請求に対する**労働者災害補償保険審査官**の**決定**を経た後でなければ、提起することができない。

― 選択肢 ―
① 1年　② 2箇月　③ 3箇月　④ 2年

パターンC　数字の違いを問う問題
労働保険と社会保険の数字の違いを正確に押さえていますか。

解 答 ② **団体の構成員となって**　　根拠：平成13.3.30基発233号

NG	平成13.3.30基発233号、平成15.5.20基発0520002号
労働保険事務の処理を労働保険事務組合に委託して	中小事業主等が特別加入するためには、その者の行う事業が中小企業に該当していることの他に以下の要件を満たしていなければならない。 (1) その事業について労災保険に係る**保険関係が成立**していること。 (2) **労働保険事務の処理を労働保険事務組合に委託**していること。 (3) 中小事業主及びその者が行う事業に従事する者を**包括して加入**すること（**就業の実態**のない中小事業主については、当該事業主を包括加入の対象から**除外**することができる。）。

 第2種特別加入者は必ず団体を通じて特別加入をしているので、当該団体が解散したときは、その解散の日の翌日に特別加入者たる地位は消滅します。

解 答 ③ **3箇月**　　根拠：法38条、法40条

NG	労審法38条
2箇月	労災保険法38条1項の規定による再審査請求は、労働者災害補償保険審査官の**決定書の謄本が送付された日**の翌日から起算して**2月**を経過したときは、することができない。

NG	健保法189条2項、国年法101条2項、厚年法90条3項
2箇月	社会保険審査官に対して審査請求をした日から**2月**以内に決定がないときは、審査請求人は、社会保険審査官が審査請求を**棄却したものとみなす**ことができる。

ピタリ	労審法8条1項
3箇月	労災保険法38条1項の規定による審査請求は、審査請求人が**原処分のあったことを知った日**の翌日から起算して**3月**を経過したときは、することができない。

問題28

最高裁判所の判例では、「被害者が**不法行為**によって死亡した場合において、その損害賠償請求権を取得した相続人が労働者災害補償保険法に基づく遺族補償年金の支給を受け、又は支給を受けることが確定したときは、損害賠償額を算定するに当たり、上記の遺族補償年金につき、その填補の対象となる**被扶養利益の喪失**による損害と**同性質**であり、かつ、**相互補完性**を有する逸失利益等の**消極損害**の元本との間で、[____]を行うべきものと解するのが相当である。」としている。

― 選択肢 ―
① 充当　　　　　　　② 調整相殺的な調整
③ 過失割合による減額　④ 損益相殺的な調整

パターンE ▶ 重要なキーワードを問う問題

事業主が労働者に対して民事損害賠償を負う場合に、損害金の元本から遺族補償年金を控除することを判例では、どう表現しましたか。

解答

④ 損益相殺的な調整
根拠：最大判平成27.3.4　フォーカスシステムズ労災遺族年金事件

NG　最三小平成元.4.11　高田建設事件

過失割合による減額

> 労働者災害補償保険法に基づく保険給付の原因となった事故が第三者の行為により惹起され、第三者が右行為によって生じた損害につき賠償責任を負う場合において、右事故により被害を受けた労働者に過失があるため損害賠償額を定めるにつきこれを一定の割合で斟酌すべきときは、保険給付の原因となった事由と同一の事由による損害の賠償額を算定するには、右損害の額から過失割合による減額をし、その残額から右保険給付の価額を控除する方法によるのが相当である。

ピタリ　最大判平成27.3.4　フォーカスシステムズ労災遺族年金事件

損益相殺的な調整

> 被害者が不法行為によって死亡した場合において、その損害賠償請求権を取得した相続人が労働者災害補償保険法に基づく遺族補償年金の支給を受け、又は支給を受けることが確定したときは、制度の予定するところと異なってその支給が著しく遅滞するなどの特段の事情のない限り、その填補の対象となる損害は不法行為の時に填補されたものと法的に評価して損益相殺的な調整をすることが公平の見地からみて相当であるというべきである。

本問の判例は、既に支払われた遺族補償年金と損害賠償を調整する際に、損害賠償額の元本と利息（遅延損害金）のどちらから差し引くのかについて争われた事件において、元本との調整を認める判断をしました。

第3章　労働者災害補償保険法

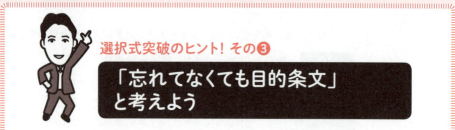

選択式突破のヒント！ その❸

「忘れてなくても目的条文」と考えよう

　選択式特有の対策が必要となる知識の最たるものが、各法律の「目的条文」です。社労士の試験範囲となる法律は、一般常識の法律を含めると30以上ありますが、そのすべての目的条文が選択式本試験で出題される可能性があると考えていいでしょう。

　以下に、過去10年間の選択式本試験での目的条文の出題実績を書き出してみました。

年度	出題科目
H24（2012）	安衛、労一（最低賃金法）
H25（2013）	出題なし
H26（2014）	出題なし
H27（2015）	社一（社会保険労務士法、児童手当法、介護保険法）
H28（2016）	雇用、国年
H29（2017）	社一（国民健康保険法）
H30（2018）	出題なし
R元（2019）	安衛
R2（2020）	出題なし
R3（2021）	出題なし（ただし、社一の択一式で目的条文の出題あり）

　ご覧のとおり、目的条文が毎年必ずというわけではありませんが、かなりコンスタントに出題されているのがおわかりいただけると思います。

　この傾向は、平成23年度以前も同様ですから、最近、目的条文が問われていないのなら、なおさらその出題が高まっていると考えた方が賢明ですし、去年出題があったからといって、「今年は出ない」と決めつけるのも危険です。

　そこで、社労士受験界の昔からの格言である「忘れた頃に目的条文」をさらに強調して、私のクラスの受講生には「忘れてなくても目的条文」と毎年伝えるようにしています。

　別に、目的条文の全文を丸暗記する必要はありません。もし、選択式本試験で出題された場合は最低3点は確保できるように、その目的条文の特徴的なキーワードだけでも覚えておきましょう。

第4章

雇用保険法

27問

本試験傾向ズバリ!!

　基本的な事項から出題されることが多い科目です。基本的な定義や各制度の確実な理解があれば、5点満点を目指せる科目です。各失業等給付及び育児休業給付から偏りなく出題されていますが、最新の改正点がよく出題されるという特徴もあります。

過去5年間の選択式試験　出題内容

平成29年	・未支給の基本手当の請求手続 ・日雇労働被保険者の定義 ・雇用保険二事業
平成30年	・被保険者期間 ・高年齢再就職給付金
令和元年	・待期 ・育児休業給付金
令和2年	・被保険者及び適用除外 ・資格喪失届
令和3年	・算定対象期間の延長 ・求職活動実績の確認

雇用保険は、**政府**が管掌するが、**能力開発事業**のうち**職業能力開発促進法**に規定する計画に基づく職業訓練を行う事業主及び職業訓練の推進のための活動を行う**認定職業訓練**を実施する事業主等（**中央職業能力開発協会**を除く。）に対する**助成**の事業の実施に関する事務は、☐☐☐が行うこととすることができる。

― 選択肢 ―
① 厚生労働大臣　　② 公共職業安定所長
③ 都道府県労働局長　④ 都道府県知事

作問者思考　**パターンD** 見慣れない語句を問う問題
雇用保険の事務の一部は、誰が行うでしょうか。

 雇用保険を**適用しない**漁船に乗り組む船員とは、船員法第1条に規定する船員（船員職業安定法第92条第1項の規定により船員法第2条第2項に規定する**予備船員**とみなされる者及び船員の雇用の促進に関する特別措置法第14条第1項の規定により船員法第2条第2項に規定する**予備船員**とみなされる者を**含む**。）であって、漁船（**政令で定めるものに限る。**）に乗り組むため雇用される者（☐☐☐船員として適用事業に雇用される場合を**除く**。）である。

― 選択肢 ―
① 季節的に　　　② 1年を通じて
③ 日々雇用される　④ 継続して31日以上

作問者思考　**パターンA** 根本的な理解を問う問題
雇用保険が適用される船員を押さえていますか。

解答 ④ **都道府県知事** 根拠：法2条、令1条1項

NG 法72条

厚生労働大臣
(1) 厚生労働大臣は、雇用保険法の施行に関する重要事項について決定しようとするときは、あらかじめ、労働政策審議会の意見を聴かなければならない。
(2) 労働政策審議会は、厚生労働大臣の諮問に応ずるほか、必要に応じ、雇用保険事業の運営に関し、関係行政庁に建議し、又はその報告を求めることができる。

NG 法81条

公共職業安定所長
都道府県労働局長

(1) 雇用保険法に定める厚生労働大臣の権限は、厚生労働省令で定めるところにより、その一部を都道府県労働局長に委任することができる。
(2) (1)の規定により都道府県労働局長に委任された権限は、厚生労働省令で定めるところにより、公共職業安定所長に委任することができる。

船員法1条に規定する船員が失業した場合は、公共職業安定所のほか、地方運輸局（運輸管理部並びに厚生労働大臣が国土交通大臣に協議して指定する運輸支局及び地方運輸局、運輸管理部又は運輸支局の事務所を含む。）も給付に関する事務を行います。

解答 ② **1年を通じて** 根拠：法6条

R2-B

NG 法6条

継続して31日以上

同一の事業主の適用事業に継続して31日以上雇用されることが見込まれない者〔前2月の各月において18日以上同一の事業主の適用事業に雇用された者及び日雇労働者であって法43条1項各号（日雇労働被保険者となる要件）のいずれかに該当するものに該当することとなる者を除く。〕については、雇用保険は適用しない。

本問の政令で定める漁船とは、「特定漁船以外の漁船」のことです。すなわち、漁業に関する試験、調査、指導、練習又は取締業務に従事する漁船等の特定漁船に乗り組むために雇用される船員については、1年間を通じて稼働するものとして雇用保険が適用されますし、特定漁船以外の漁船に乗り組む船員であっても、1年を通じて船員として雇用される場合は雇用保険が適用されます。

問題 3

被保険者である日雇労働者であって、次の(1)～(4)のいずれかに該当するものを日雇労働被保険者という。

(1) **特別区**若しくは**公共職業安定所**の所在する市町村の区域（**厚生労働大臣が指定する区域**を除く。）又はこれらに隣接する市町村の全部又は一部の区域であって、厚生労働大臣が指定するもの（以下「____」という。）に居住し、適用事業に雇用される者

(2) ____外の地域に居住し、____内にある適用事業に雇用される者

(3) ____外の地域に居住し、____外の地域にある適用事業であって、日雇労働の**労働市場**の状況その他の事情に基づいて厚生労働大臣が**指定**したものに雇用される者

(4) (1)～(3)に掲げる者のほか、厚生労働省令で定めるところにより**公共職業安定所長の認可**を受けた者

―選択肢―
① 適用区域　② 広範囲の地域
③ 指定区域　④ 特別区域

パターンE　重要なキーワードを問う問題

日雇労働者が、日雇労働被保険者となるための区域要件を示す語句を正確に押さえていますか。

解 答

① 適用区域

根拠：法43条1項

NG 則96条

広範囲の地域

広域求職活動費は、受給資格者等が公共職業安定所の紹介により広範囲の地域にわたる求職活動（「広域求職活動」という。）をする場合であって、一定の要件に該当するときに支給するものとする。

NG 法25条1項、4項、令6条3項

広範囲の地域

厚生労働大臣は、その地域における雇用に関する状況等から判断して、その地域内に居住する求職者がその地域において職業に就くことが困難であると認める地域について、求職者が他の地域において職業に就くことを促進するための計画を作成し、関係都道府県労働局長及び公共職業安定所長に、当該計画に基づく広範囲の地域にわたる職業紹介活動（「広域職業紹介活動」という。）を行わせた場合において、当該広域職業紹介活動に係る地域について、政令で定める基準に照らして必要があると認めるときは、その指定する期間内に限り、公共職業安定所長が当該地域に係る当該広域職業紹介活動により職業のあっせんを受けることが適当であると認定する受給資格者について、所定の受給期間に90日を加えた期間内の失業している日について、90日を限度として、所定給付日数を超えて基本手当を支給する措置を決定することができる（広域延長給付）。

第4章 雇用保険法

「適用区域」とは、東京都の特別区、公共職業安定所の所在する市町村の区域（厚生労働大臣が指定する交通の不便な区域を除く。）及びこれらに隣接する市町村の全部又は一部の区域（厚生労働大臣の指定する交通の便利な区域に限る。）をいいます。

問題 4

事業主は、その雇用する被保険者（**短期雇用特例被保険者**及び**日雇労働被保険者**を除く。以下同じ。）がその**小学校就学の始期**に達するまでの子を養育するための休業若しくは**対象家族**を介護するための休業をした場合又はその雇用する被保険者のうちその**小学校就学の始期**に達するまでの子を養育する被保険者若しくは**対象家族**を介護する被保険者に関して所定労働時間の短縮を行った場合であって、当該被保険者が離職し、**特定理由離職者又は特定受給資格者**として受給資格の決定を受けることとなるときは、当該被保険者が当該**離職したことにより被保険者でなくなった日の翌日から起算して10日**以内に、□□□□□を その**事業所の所在地を管轄**する公共職業安定所の長に提出しなければならない。

選択肢

① 雇用保険被保険者休業開始時賃金証明書
② 雇用保険被保険者休業・所定労働時間短縮開始時賃金証明書
③ 育児休業給付金支給申請書又は介護休業給付金支給申請書
④ 育児休業申出書又は介護休業申出書

パターンB 似たような語句を問う問題

被保険者が離職し、特定理由離職者又は特定受給資格者として受給資格の決定を受けるときに、事業主が提出すべき書類は何ですか。

解答

② 雇用保険被保険者休業・所定労働時間短縮開始時賃金証明書
　　　　　　　　　　　　　　　　根拠：則14条の4,1項

	NG　則14条の3	
雇用保険被保険者休業開始時賃金証明書	事業主は、その雇用する被保険者（**短期雇用特例被保険者**及び**日雇労働被保険者**を除く。以下同じ。）が育児休業給付金に係る育児休業を開始したときは、当該被保険者が育児休業給付受給資格確認票・(初回) **育児休業給付金支給申請書**の提出をする日までに、介護休業給付金に係る介護休業を開始したときは、当該被保険者が**介護休業給付金支給申請書**の提出をする日までに、**雇用保険被保険者休業開始時賃金証明書**に所定の書類を添えてその**事業所の所在地を管轄**する公共職業安定所の長に提出しなければならない。	
育児休業給付金支給申請書		
介護休業給付金支給申請書		

	ピタリ　則14条の4, 3項
雇用保険被保険者休業・所定労働時間短縮開始時賃金証明書	公共職業安定所長は、**雇用保険被保険者休業・所定労働時間短縮開始時賃金証明書**の提出を受けたときは、当該**雇用保険被保険者休業・所定労働時間短縮開始時賃金証明書**に基づいて作成した**雇用保険被保険者休業・所定労働時間短縮開始時賃金証明票**を当該被保険者に**交付**しなければならない。

本問の賃金証明書の提出を事業主に求めているのは、当該離職した被保険者であった者が、「育児・介護休業等に係る賃金日額算定の特例」を受けるためです。

問題 5

受給資格を有する者（以下「受給資格者」という。）は、失業の認定を受けようとするときは、失業の認定日に、**管轄**公共職業安定所に出頭し、**失業認定申告書**に**受給資格者証**を添えて提出した上、☐☐☐を求めなければならない。

管轄公共職業安定所の長は、受給資格者に対して失業の認定を行ったときは、その処分に関する事項を**受給資格者証**に記載した上、**返付**しなければならない。

選択肢
① 職業の紹介　　② 出頭
③ 確認　　　　　④ 求職の申込み

パターンA 根本的な理解を問う問題

管轄公共職業安定所に受給資格者証を持参して何を求めなければならないのでしょうか。

解　答

① **職業の紹介**　　　　　　　　　　　　　　　　根拠：則22条

NG　法15条3項、則23条1項

出頭

厚生労働大臣は、次に掲げる受給資格者に係る失業の認定について別段の定めをすることができる。
(1) 職業に就くためその他やむを得ない理由のため失業の認定日に管轄公共職業安定所に出頭することができない者であって、その旨を管轄公共職業安定所の長に申し出たもの
(2) 管轄公共職業安定所の長が、行政機関の休日に関する法律に規定する行政機関の休日、労働市場の状況その他の事情を勘案して、失業の認定日を変更することが適当であると認める者

NG　法15条5項

確認

失業の認定は、厚生労働省令で定めるところにより、受給資格者が求人者に面接したこと、公共職業安定所その他の職業安定機関若しくは職業紹介事業者等から職業を紹介され、又は職業指導を受けたことその他求職活動を行ったことを確認して行うものとする。

NG　法15条1項、2項

出頭

求職の申込み

基本手当は、受給資格者が失業している日（失業していることについての認定を受けた日に限る。）について支給する。
失業していることについての認定を受けようとする受給資格者は、離職後、厚生労働省令で定めるところにより、公共職業安定所に出頭し、求職の申込みをしなければならない。

「求職の申込み」は、受給資格者があくまで最初に管轄公共職業安定所に出頭した場合に行い、それ以降の失業の認定日に出頭した場合、「職業の紹介」を求めることとなります。

第4章　雇用保険法

問題 6

被保険者が**自己の責めに帰すべき重大な理由**によって解雇され、又は**正当な理由がなく**自己の都合によって退職した場合における給付制限期間（給付制限期間が**1か月**となる場合を除く。）満了後の**初回支給認定日**については、当該給付制限期間と**初回支給認定日**に係る給付制限満了後の認定対象期間をあわせた期間に求職活動を原則3回以上（給付制限期間が**2か月**の場合は原則＿＿以上）行った実績を確認できた場合に、失業の認定が行われる。

── 選択肢 ──
① 1回　② 2回　③ 3回　④ 4回

パターンA 根本的な理解を問う問題
失業の認定における求職活動実績の確認の回数の違いを押さえていますか。

解 答　② **2回**　　　　根拠：行政手引51254

R3-CDE 比較認識法

NG 行政手引50151、51254

1回

被保険者が**自己の責めに帰すべき重大な理由**によって解雇され、又は**正当な理由がなく**自己の都合によって退職した場合における給付制限期間（給付制限期間が**1か月**となる場合を除く。）満了後の**初回支給認定日**（基本手当の支給に係る最初の失業の認定日をいう。）以外の認定日について、例えば、次のいずれかに該当する場合には、認定対象期間中に求職活動を行った実績が**1回**以上あれば、当該認定対象期間に属する、他に不認定となる事由がある日以外の各日について失業の認定が行われる。

イ　雇用保険法第22条第2項に規定する厚生労働省令で定める理由により**就職が困難な**者である場合
ロ　認定対象期間の日数が**14日**未満となる場合
ハ　**求人への応募を行った場合**
ニ　**巡回職業相談所**における失業の認定及び市町村長の取次ぎによる失業の認定を行う場合

比較認識法

NG ピタリ　則28条の2，1項、行政手引51254

2回

1回

管轄公共職業安定所長は、失業の認定に当たっては、**失業認定申告書**に記載された求職活動の内容を確認するものとされており、基本手当に係る失業の認定日において、原則として認定対象期間に、求職活動を行った実績（求職活動実績）が原則**2回**（初回支給認定日は**1回**で足りる）以上であることを確認できることが必要である。

単なる、職業紹介機関への登録、知人への紹介依頼、公共職業安定所・新聞・インターネット等での求人情報の閲覧等だけでは求職活動実績には該当しません。

第4章　雇用保険法

125

問題 7

賃金日額は、算定対象期間において**被保険者期間**として計算された□に支払われた賃金（**臨時に支払われる賃金及び3箇月を超える期間ごとに支払われる賃金**を除く。）の総額を**180**で除して得た額とする。

---選択肢---
① 継続する6箇月　　② 通算して6箇月
③ 最後の6箇月間　　④ 最初の6箇月間

パターンB 似たような語句を問う問題
賃金日額の定義を正確に押さえていますか。

解 答　③ 最後の6箇月間　　　　　　　　　　　　　根拠：法17条1項

NG　法53条

継続する6箇月

日雇労働被保険者が失業した場合において、次の(1)から(3)のいずれにも該当するときは、その者は、公共職業安定所長に申し出て、法54条に定める特例給付による日雇労働求職者給付金の支給を受けることができる。
(1) 継続する6月間に当該日雇労働被保険者について印紙保険料が各月11日分以上、かつ、通算して78日分以上納付されていること。
(2) (1)に規定する継続する6月間（「基礎期間」という。）のうち後の5月間に法45条［普通給付］の規定による日雇労働求職者給付金の支給を受けていないこと。
(3) 基礎期間の最後の月の翌月以後2月間（申出をした日が当該2月の期間内にあるときは、同日までの間）に法45条［普通給付］の規定による日雇労働求職者給付金の支給を受けていないこと。

NG　法13条2項

通算して6箇月

特定理由離職者及び法23条2項各号のいずれかに該当する者（雇用保険法13条1項の規定により基本手当の支給を受けることができる資格を有することとなる者を除く。）に対する基本手当は、被保険者が失業した場合において、算定対象期間に、被保険者期間が通算して6箇月以上であったときに、支給する（受給資格要件の特例）。

賃金日額の最低限度額が最低賃金日額（自動変更対象額が適用される年度の4月1日に効力を有する地域別最低賃金の額について、一定の地域ごとの額を労働者の人数により加重平均して算定した額に20を乗じて得た額を7で除して得た額）を下回る場合には、当該最低賃金日額が賃金日額とされます。

問題8

基本手当は、雇用保険法に別段の定めがある場合を除き、受給資格者の区分に応じ、定められた期間（受給期間）内の失業している日について、**所定給付日数**に相当する日数分を限度として支給する。

通常の受給資格者の受給期間は、当該基本手当の受給資格に係る離職の日（以下「基準日」という。）の翌日から起算して**1年**であるが、基準日において＿＿＿であって算定基礎期間が**1年**以上の**就職が困難**な受給資格者の受給期間は、基準日の翌日から起算して1年に**60日**を加えた期間である。

- 選択肢
  - ① 45歳以上60歳未満
  - ② 45歳以上65歳未満
  - ③ 40歳以上60歳未満
  - ④ 40歳以上65歳未満

作問者思考 **パターンC** 数字の違いを問う問題
受給期間が1年に60日を加えた期間となる受給資格者を正確に押さえていますか。

 問題9

特定理由離職者とは、離職した者のうち、法第23条第2項各号のいずれかに該当する者（**倒産・解雇等離職者**）以外の者であって、次のいずれかに該当する者をいう。

(1) **期間の定めのある**労働契約の期間が満了し、かつ、当該労働契約の更新がないこと（その者が当該更新を**希望した**にもかかわらず、当該更新についての**合意が成立**するに至らなかった場合**に限る**。）により離職した者

(2) 法33条1項（離職理由による給付制限）の＿＿＿理由により離職した者

- 選択肢
  - ① 就職が困難な
  - ② 社会通念上相当な
  - ③ 正当な
  - ④ やむを得ない

作問者思考 **パターンE** 重要なキーワードを問う問題
自己都合退職をした者でも特定理由離職者となれるキーワードは何ですか。

② 45歳以上65歳未満　　　　根拠：法20条1項

NG	法20条1項
45歳以上 60歳未満	基準日において**45歳以上60歳未満**であって算定基礎期間が**20年**以上の特定受給資格者（所定給付日数330日） …基準日の翌日から起算して1年に**30日**を加えた期間

受給期間が1年以上となる場合は、所定給付日数が300日を超える場合であって、300日を超える日数を1年に加えた期間が受給期間となります。よって、本問の受給期間が1年に60日を加えた期間となる受給資格者の所定給付日数は360日です。

③ 正当な　　　　根拠：法13条3項、則19条の2

NG	則32条
就職が困難な	**就職が困難な**者とは、次のとおりとする（就職困難者である受給資格者の所定給付日数の対象者）。 ① 障害者の雇用の促進等に関する法律に規定する身体障害者、知的障害者、**精神障害者** ② 売春防止法の規定により**保護観察**に付された者及び更生保護法48条各号又は85条1項各号に掲げる者であって、その者の職業のあっせんに関し保護観察所長から公共職業安定所長に連絡のあったもの ③ **社会的事情**により就職が著しく阻害されている者

特定理由離職者のうち、正当な理由により離職した者の具体的な内容まで、しっかりと押さえておきましょう。

問題10

算定基礎期間は、受給資格者が**基準日**まで引き続いて同一の事業主の適用事業に被保険者として雇用された期間（当該雇用された期間に係る被保険者となった日前に被保険者であったことがある者については、当該雇用された期間と当該被保険者であった期間を**通算した期間**）とし、当該雇用された期間又は当該被保険者であった期間に □□□ の支給に係る休業の期間があるときは、当該休業の期間を**除いて**算定した期間とする。

― 選択肢 ―
① 育児休業給付金
② 介護休業給付金
③ 介護休業給付金又は育児休業給付金
④ 介護休業給付金及び育児休業給付金

パターンA　根本的な理解を問う問題
算定基礎期間の通算が認められない休業期間を押さえていますか。

問題11

受給資格に係る離職の日が**令和４年３月31日**以前である受給資格者〔就職困難者以外の受給資格者のうち**特定理由離職者**（**希望に反して契約更新がなかったことにより離職した者**に限る。）である者及び**特定受給資格者**に限る。〕であって、厚生労働省令で定める基準に照らして**雇用機会**が不足していると認められる地域として厚生労働大臣が指定する地域内に居住し、かつ、公共職業安定所長が指導基準に照らして再就職を促進するために必要な職業指導を行うことが適当であると認めたもの（**個別延長給付**を受けることができる者を除く。）は、受給期間内の失業している日について、**60日**（受給資格に係る離職の日において □□□ で、かつ、算定基礎期間**20年以上**である者にあっては**30日**）を限度として、所定給付日数を超えて基本手当を支給することができる。

― 選択肢 ―
① 35歳以上60歳未満　　② 30歳以上45歳未満
③ 35歳以上65歳未満　　④ 45歳以上60歳未満

パターンC　数字の違いを問う問題
地域延長給付の支給対象者のうち、30日を限度として支給される場合を正確に押さえていますか。

130

【解答】

① **育児休業給付金**　　　　　　　　根拠：法22条3項

比較認識法

NG　法61条2項

介護休業給付金又は育児休業給付金

高年齢雇用継続基本給付金の「支給対象月」とは、被保険者が60歳に達した日の属する**月**から65歳に達する日の属する**月**までの期間内にある月（その月の初日から末日まで引き続いて、**被保険者**であり、かつ、**介護休業給付金又は育児休業給付金**の支給を受けることができる休業を**しなかった**月に限る。）をいう。

本問以外にも、一の被保険者であった期間に関し、被保険者となった日が被保険者となったことの確認があった日の2年前の日であるときは、その2年前の日より前である期間についても、原則として、算定基礎期間の通算が認められません。

【解答】

① **35歳以上60歳未満**　　　根拠：法附則5条、則附則19条

比較認識法

NG　法61条の7, 4項

30歳以上45歳未満

育児休業給付金の額は、当分の間、一支給単位期間について、育児休業給付金の支給を受けることができる被保険者を受給資格者と、当該被保険者が当該育児休業給付金の支給に係る休業を開始した日の前日を受給資格に係る**離職の日**とみなして賃金日額の規定を適用した場合に算定されることとなる賃金日額に相当する額（「休業開始時賃金日額」という。）を乗じて得た額の**100分の50**（一定の場合は100分の67）に相当する額とする。
この場合における休業開始時賃金日額が、**30歳以上45歳未満**の者に係る賃金日額の上限額を超えるときは、その額を賃金日額とする。

介護休業給付金の休業開始時賃金日額の上限額は、上記の育児休業給付金と異なり、45歳以上60歳未満の者に係る賃金日額の上限額となっていますので、注意しましょう。

問題12

傷病手当は、受給資格者が、離職後公共職業安定所に出頭し、**求職の申込み**をした後において、疾病又は負傷のために職業に就くことができない場合に、基本手当の受給期間内の当該疾病又は負傷のために基本手当の支給を受けることができない日（　　　）について、**所定給付日数に相当する日数分**を限度として支給する。

選択肢

① 2年を超えるものを除く。
② 継続して15日未満であるときに限る。
③ 失業の認定を受けることができない日に限る。
④ 疾病又は負傷のために基本手当の支給を受けることができないことについての認定を受けた日に限る。

作問者思考 **パターンB** 似たような語句を問う問題
傷病手当の支給対象日を正確に押さえていますか。

解答

④ **疾病又は負傷のために基本手当の支給を受けることができないことについての認定を受けた日に限る。**

根拠：法37条1項

NG 法36条2項、法24条1項、令4条1項

2年を超えるものを除く。

寄宿手当は、受給資格者が、公共職業安定所長の指示した公共職業訓練等（2年を超えるものを除く。）を受けるため、その者により生計を維持されている同居の親族（婚姻の届出をしていないが、事実上その者と婚姻関係と同様の事情にある者を含む。）と別居して寄宿する場合に、その寄宿する期間について支給する。

NG 法15条4項

継続して15日未満であるときに限る。

受給資格者は、疾病又は負傷のために公共職業安定所に出頭することができなかった場合において、その期間が継続して15日未満であるときは、厚生労働省令で定めるところにより、公共職業安定所に出頭することができなかった理由を記載した証明書を提出することによって、失業の認定を受けることができる。

ピタリ 法37条7項

疾病又は負傷のために基本手当の支給を受けることができないことについての認定を受けた日に限る。

傷病手当は、厚生労働省令で定めるところにより、疾病又は負傷のために基本手当の支給を受けることができないことについての認定を受けた日分を、当該職業に就くことができない理由がやんだ後最初に基本手当を支給すべき日（当該職業に就くことができない理由がやんだ後において基本手当を支給すべき日がない場合には、公共職業安定所長の定める日）に支給する。

傷病手当は、基本手当と同時に支給されることはありませんが、基本手当がもともと支給されない日については支給されることはありません。

第4章 雇用保険法

問題13

当分の間、短期雇用特例被保険者に係る被保険者期間は□□□で計算され、月の途中で**就職**した場合には、その月の**初日**から資格を取得したものとみなし、月の途中で**離職**した場合には、その月の**末日**まで雇用されたものとみなすこととし、この1□□□中に賃金支払基礎日数が**11日**以上あるものを被保険者期間1**箇**月として計算する。

- 選択肢
  ① 支給要件期間
  ② 支給対象月
  ③ 支給単位期間
  ④ 暦月

作問者思考 **パターンA** ▶ **根本的な理解を問う問題**
短期雇用特例被保険者の被保険者期間の計算の特例を押さえていますか。

 問題14

就業手当を支給したときは、雇用保険法の規定（第10条の4［不正受給者に対する返還・納付命令］及び第34条［不正受給者に対する基本手当の給付制限］の規定を**除く**。）の適用については、当該就業手当を□□□日数分の基本手当を支給したものとみなす。

- 選択肢
  ① 基本手当日額で除して得た日数に相当する
  ② 賃金日額で除して得た日数に相当する
  ③ 支給した日数に相当する
  ④ 基本手当日額に支給残日数に相当する

作問者思考 **パターンA** ▶ **根本的な理解を問う問題**
就業手当の支給の効果を押さえていますか。

解　答　④ 暦月

根拠：行政手引55103

NG 法60条の2, 2項前段

支給要件期間

法60条の2, 1項の<u>支給要件期間</u>は、教育訓練給付対象者が<u>基準日</u>までの間に<u>同一の事業主</u>の適用事業に引き続いて被保険者として雇用された期間（当該雇用された期間に係る被保険者となった日前に被保険者であったことがある者については、当該雇用された期間と当該被保険者であった期間を<u>通算した期間</u>）とする。

NG 法61条の7, 3項

支給単位期間

育児休業給付金に係る<u>支給単位期間</u>とは、法61条の4, 1項及び6項に規定する育児休業をした期間を、当該休業を<u>開始</u>した日又は各月においてその日に応当し、かつ、当該休業をした期間内にある日（その日に応当する日がない月においては、その月の<u>末日</u>。以下「休業開始応当日」という。）から各翌月の休業開始応当日の<u>前日</u>（当該休業を終了した日の属する月にあっては、当該休業を終了した日）までの各期間に<u>区分</u>した場合における当該<u>区分</u>による一の期間をいう。

> 短期雇用特例被保険者の被保険者期間が、2分の1箇月となることはありません。

第4章　雇用保険法

解　答　③ 支給した日数に相当する

根拠：法56条の3, 4項、則82条の5, 1項

NG 法56条の3, 5項、行政手引57264

基本手当日額で除して得た日数に相当する

再就職手当及び就業促進定着手当を支給したときは、再就職手当及び就業促進定着手当の額を<u>基本手当日額で除して得た日数に相当する</u>日数分の基本手当を支給したものとみなす。

> 常用就職支度手当を支給したときについては、就業手当、再就職手当及び就業促進定着手当と異なり、基本手当の支給があったものとみなされることはありません。

135

常用就職支度手当の額は、基本手当日額等に**90**〔当該受給資格者（受給資格に基づく所定給付日数が**270**日以上である者を除く。）に係る基本手当の支給残日数が**90**日未満である場合には、支給残日数（その数が**45**を下回る場合にあっては、**45**）〕に▭を乗じて得た数を乗じて得た額とする。

- 選択肢
  - ① 10分の3
  - ② 10分の6
  - ③ 10分の4
  - ④ 10分の7

作問者思考 **パターンC** **数字の違いを問う問題**
常用就職支度手当の支給額を正確に押さえていますか。

求職活動支援費は、**受給資格者等**が求職活動に伴い次の(1)〜(3)のいずれかに該当する行為をする場合において、公共職業安定所長が厚生労働大臣の定める基準に従って**必要がある**と認めたときに、支給する。

(1) 公共職業安定所の**紹介**による**広範囲の地域**にわたる求職活動（広域求職活動費）
(2) 公共職業安定所の▭に従って行う職業に関する**教育訓練の受講**その他の活動（短期訓練受講費）
(3) 求職活動を**容易**にするための**役務の利用**（求職活動関係役務利用費）

- 選択肢
  - ① 職業指導
  - ② 再就職の促進
  - ③ 面接等
  - ④ 指示

作問者思考 **パターンB** **似たような語句を問う問題**
求職活動支援費のうち、「短期訓練受講費」の定義を正確に押さえていますか。

③ **10分の4**　　根拠：法56条の3,3項3号、則83条の6

NG	法56条の3,3項2号
10分の6 10分の7	再就職手当の額は、<mark>基本手当日額に支給残日数に相当する</mark>日数に<mark>10分の6</mark>（その職業に就いた日の前日における基本手当の支給残日数が当該受給資格に基づく所定給付日数の<mark>3分の2以上</mark>であるもの（「早期再就職者」という。）にあっては、<mark>10分の7</mark>）を乗じて得た数を乗じて得た額とする。

> 常用就職支度手当の支給要件に、そもそも支給残日数は関係ないことも再確認しておきましょう。

---

 ① **職業指導**　　根拠：法59条、則95条の2

NG	則100条の2
再就職の促進	短期訓練受講費は、<mark>受給資格者等</mark>が公共職業安定所の<mark>職業指導</mark>により<mark>再就職の促進</mark>を図るために必要な職業に関する教育訓練を受け、当該教育訓練を修了した場合（<mark>待期期間経過後</mark>に当該教育訓練を開始した場合に限る。）において、当該教育訓練の受講のために支払った費用〔<mark>入学料</mark>（受講の開始に際し納付する料金をいう。）<mark>及び受講料</mark>に限る。〕について<mark>教育訓練給付金</mark>の支給を受けていないときに、厚生労働大臣の定める基準に従って、支給するものとする。

NG	則100条の6
面接等	求職活動関係役務利用費は、<mark>受給資格者等</mark>が求人者との<mark>面接等</mark>をし、又は法60条の2,1項の<mark>教育訓練給付金</mark>の支給に係る教育訓練若しくは<mark>短期訓練受講費</mark>の支給に係る教育訓練、公共職業訓練等若しくは求職者支援法に規定する<mark>認定職業訓練</mark>（「求職活動関係役務利用費対象訓練」という。）を受講するため、その<mark>子</mark>に関して、次の(1)～(3)に掲げる役務（「保育等サービス」という。）を利用する場合（待期期間経過後に保育等サービスを利用する場合に限る。）に支給するものとする。 (1) <mark>保育所</mark>、<mark>認定こども園</mark>又は<mark>家庭的保育事業等</mark>における保育 (2) <mark>子ども・子育て支援法</mark>に規定する一定の事業における役務 (3) (1)(2)に掲げる役務に準ずるものとして<mark>職業安定局長</mark>が定めるもの

問題17

求職活動関係役務利用費は、具体的には、**受給資格者等**が求人者との面接等をするため、又は**求職活動関係役務利用費対象訓練**を受講するため、その子に関して保育等サービスを**待期期間経過**後に利用した場合に、その利用のために負担した費用の額（1日当たり＿＿＿を限度とする。）に100分の80を乗じて得た額を、求人者との面接等をした日については**15日**、求職活動関係役務利用費対象訓練を受講した日については**60日**を限度として支給される。

― 選択肢 ―
① 4,000円　② 7,500円
③ 8,000円　④ 8,700円

パターンC　数字の違いを問う問題
求職活動関係役務利用費の額を正確に押さえていますか。

解　答　③ 8,000円　　根拠：則100条の6、則100条の7

比較認識法

NG 4,000円　法60条の2,5項、則101条の2の9

一般教育訓練に係る教育訓練給付金、特定一般教育訓練に係る教育訓練給付金又は**専門実践教育訓練給付金**の額として算定された額が**4,000円**を超えないときは、教育訓練給付金は支給されない。

比較認識法

NG 7,500円　法48条、行政手引90551

前2月間に通算して**26日**分以上納付された印紙保険料のうち、第1級印紙保険料が**24日**分以上納付されている場合には、第1級給付金として、日額**7,500円**の日雇労働求職者給付金が支給される。

比較認識法

NG 8,700円　則98条2項

広域求職活動費のうち、宿泊料は**8,700円**（一定の地域については**7,800円**）とし、この額に鉄道賃の額の計算の基礎となる距離及び**訪問事業所の数**に応じて定められた宿泊数を乗じて得た額が支給される。

求職活動関係役務利用費の支給を受けようとするときは、受給資格者等は、求職活動支援費（求職活動関係役務利用費）支給申請書に、原則として受給資格者証等を添えて管轄公共職業安定所の長に提出しなければなりません。

第4章　雇用保険法

教育訓練給付金は、教育訓練給付対象者が、厚生労働省令で定めるところにより、雇用の安定及び就職の促進を図るために必要な職業に関する教育訓練として厚生労働大臣が指定する教育訓練を受け、当該教育訓練を修了した場合（専門実践教育訓練を受けている場合であって当該専門実践教育訓練の受講状況が適切であると認められるときを含み、当該教育訓練に係る指定教育訓練実施者により厚生労働省令で定める証明がされた場合に限る。）において、支給要件期間が3年（当該教育訓練を開始した日前に◯◯◯◯ことがない者については、当分の間、1年）以上であるときに、支給する。

- 選択肢
  ① 基本手当の支給を受けた
  ② 教育訓練給付金の支給を受けた
  ③ 基本手当及び教育訓練給付金の支給を受けた
  ④ 基本手当又は特例一時金の支給を受けた

作問者思考　パターンA　根本的な理解を問う問題
教育訓練給付金の支給要件期間が1年以上となる場合を押さえていますか。

教育訓練給付金の支給要件期間は、教育訓練給付対象者が基準日（教育訓練を開始した日）までの間に同一の事業主の適用事業に引き続いて被保険者として雇用された期間（当該雇用された期間に係る被保険者となった日前に被保険者であったことがある者については、当該雇用された期間と当該被保険者であった期間を通算した期間）とする。ただし、当該期間に次の(1)(2)に掲げる期間が含まれているときは、当該(1)(2)に掲げる期間に該当する全ての期間を除いて算定した期間とする。
(1) 当該雇用された期間又は当該被保険者であった期間に係る被保険者となった日の直前の被保険者でなくなった日が当該被保険者となった日前◯◯◯◯の期間内にないときは、当該直前の被保険者でなくなった日前の被保険者であった期間
(2) 当該基準日前に教育訓練給付金の支給を受けたことがあるときは、当該給付金に係る基準日前の被保険者であった期間

- 選択肢
  ① 6箇月　② 1年　③ 2年　④ 4年

作問者思考　パターンC　数字の違いを問う問題
教育訓練給付金の支給要件期間の通算ができる場合を押さえていますか。

【解　答】

② **教育訓練給付金の支給を受けた**

　　　　根拠：法60条の2,1項、法附則11条、則101条の2の3

	NG　法61条の2,1項
比較認識法 基本手当の支給を受けた	高年齢再就職給付金の支給を受けることができる受給資格者は、その受給資格に係る離職の日における法22条3項の規定による算定基礎期間が **5年** 以上あり、かつ、当該受給資格に基づく **基本手当の支給を受けた** ことがある者に限る。

	NG　法22条3項
比較認識法 基本手当又は特例一時金の支給を受けた	基本手当における **算定基礎期間** の算定に当たって、被保険者として雇用された期間に係る被保険者となった日前に **基本手当又は特例一時金の支給を受けた** ことがある者については、これらの給付の受給資格又は特例受給資格に係る離職の日以前の被保険者であった **期間を除いて** 算定した期間とする。

初めて専門実践教育訓練（長期専門実践教育訓練を含む。）を受給する場合は、支給要件期間は2年以上必要です。

【解　答】

② **1年**

　　　　根拠：法60条の2,2項

	NG　法60条の2,3項
比較認識法 2 年	一の被保険者であった期間に関し、被保険者となった日が法9条の規定による被保険者となったことの確認があった日の **2年** 前の日より前であるときは、当該確認のあった日の **2年** 前の日に当該被保険者となったものとみなして、教育訓練給付金の **支給要件期間** の算定を行うものとする。

	ピタリ　法22条3項
比較認識法 1 年	基本手当における **算定基礎期間** の算定に当たって、被保険者として雇用された期間又は被保険者であった期間に係る被保険者となった日の直前の被保険者でなくなった日が当該被保険者となった日前 **1年** の期間内にないときは、当該直前の被保険者でなくなった日前の被保険者であった期間 **を除いて** 算定した期間とする。

妊娠、出産、育児、疾病、負傷等の理由により引き続き30日以上教育訓練を開始することができないことによる適用対象期間の延長については、延長後の期間は、一般被保険者又は高年齢被保険者でなくなった日から最大20年間とされています。

問題20

教育訓練支援給付金は、教育訓練給付対象者（教育訓練給付金の支給を受けたことがない者のうち、専門実践教育訓練に係る教育訓練給付金の支給要件に該当する者であって、厚生労働省令で定めるものに限る。）であって、厚生労働省令で定めるところにより、令和4年3月31日以前に教育訓練であって厚生労働省令で定めるものを開始したもの（当該教育訓練を開始した日における年齢が_____であるものに限る。）が、当該教育訓練を受けている日（当該教育訓練に係る指定教育訓練実施者によりその旨の証明がされた日に限る。）のうち失業している日（失業していることについての認定を受けた日に限る。）について支給する。

- 選択肢 -
① 40歳以上　② 40歳未満
③ 45歳以上　④ 45歳未満

パターンC　数字の違いを問う問題
教育訓練支援給付金の支給対象者を押さえていますか。

問題21

高年齢再就職給付金の支給を受けることができる者が、同一の就職につき_____の支給を受けることができる場合において、その者が_____の支給を受けたときは高年齢再就職給付金を支給せず、高年齢再就職給付金の支給を受けたときは_____を支給しない。

- 選択肢 -
① 高年齢雇用継続基本給付金　② 再就職手当
③ 高年齢求職者給付金　　　　④ 就職促進給付

パターンA　根本的な理解を問う問題
高年齢再求職給付金と支給調整される失業等給付を押さえていますか。

④ 45歳未満

根拠：法附則11条の2,1項、則附則25条

NG 則82条の3,2項

45歳以上

就職日において**45歳以上**の受給資格者であって、雇用対策法の規定による認定を受けた**再就職援助計画**に係る援助対象労働者又は高年齢者雇用安定法に規定する**求職活動支援書**等の対象となる者は、常用就職支度手当の支給対象である**身体障害者その他の就職が困難な者**に該当する（常用就職支度手当の対象者である就職困難者の要件の一つ）。

教育訓練支援給付金に係る「支給単位期間」とは、原則として、専門実践教育訓練を受けている期間を、当該専門実践教育訓練を開始した日から起算して２箇月を経過した日又は当該専門実践教育訓練を受講している期間において２箇月ごとにその日に応当し、かつ、当該専門実践教育訓練を受けている期間内にある日からそれぞれ２箇月後の訓練開始応当日の前日までの各期間に区分した場合における当該区分による一の期間をいいます。

---

② 再就職手当

根拠：法61条の2,4項

NG 法61条の3

就職促進給付

偽りその他不正の行為により**高年齢再就職給付金**又は当該給付金に係る受給資格に基づく**求職者給付**若しくは**就職促進給付**の支給を受け、又は受けようとした者には、当該給付の支給を受け、又は受けようとした日以後、**高年齢再就職給付金**を支給しない。

「高年齢再就職給付金」は雇用継続給付、「再就職手当」は就職促進給付であり、異なる失業等給付ですが、本問のように支給調整が行われます。例外的な支給調整であると考えておいてください。

問題22

日雇労働求職者給付金の支給を受けることができる者が、**偽りその他不正の行為**により求職者給付又は就職促進給付の支給を受け、又は受けようとしたときは、その支給を受け、又は受けようとした月□□□は、日雇労働求職者給付金を支給しない。ただし、**やむを得ない理由**がある場合には、日雇労働求職者給付金の全部又は一部を支給することができる。

- 選択肢
  ① 及びその月の翌月から3箇月間
  ② の翌月以後4月の期間
  ③ から起算して1箇月間
  ④ から起算して7日間

作問者思考 **パターンD** 見慣れない語句を問う問題
偽りその他不正の行為による日雇労働求職者給付金の給付制限を正確に押さえていますか。

 問題23

被保険者が**自己の責めに帰すべき重大な理由**によって解雇され、又は**正当な理由がなく**自己の都合によって退職した場合には、法21条の規定による期間［待期期間］満了後□□□で公共職業安定所長の定める期間は、基本手当を支給しない。ただし、公共職業安定所長の指示した**公共職業訓練等**を受ける期間及び当該**公共職業訓練等**を受け終わった日後の期間については、この限りでない。

- 選択肢
  ① 1箇月以内　　　　② 1箇月以上3箇月以内の間
  ③ 1箇月を超えない範囲内　　④ 7日を超え30日以下の範囲内

作問者思考 **パターンB** 似たような語句を問う問題
離職理由による給付制限期間の条文上の表現を押さえていますか。

解 答 ① **及びその月の翌月から3箇月間**　　根拠：法52条3項

NG 法54条1号

比較認識法 **の翌月以後4月の期間**

特例給付による日雇労働求職者給付金の支給を受けることができる期間及び日数は、基礎期間の最後の月の**翌月以後4月の期間**内の失業している日（**失業していることについての認定を受けた日**に限る。）について、通算して**60日**分を限度とする。

NG 法52条1項

比較認識法 **から起算して7日間**

日雇労働求職者給付金の支給を受けることができる者が、**正当な理由**がなく、公共職業安定所の紹介する**業務に就く**ことを拒んだときは、その拒んだ日**から起算して7日間**は、日雇労働求職者給付金を支給しない。

本問の日雇労働求職者給付金の給付制限は、実質4か月間給付制限を受けますが、珍しい表現を使っていますので注意しましょう。

解 答 ② **1箇月以上3箇月以内の間**　　根拠：法33条1項

NG 法33条3項、則48条の2

比較認識法 **7日を超え30日以下の範囲内**

基本手当の受給資格に係る離職について法33条1項の**離職理由による給付制限**の規定により基本手当を支給しないこととされる場合において、当該基本手当を支給しないこととされる期間に**7日を超え30日以下の範囲内**で厚生労働省令で定める日数（**21日**）及び当該受給資格に係る**所定給付日数**に相当する日数を加えた期間が1年（所定給付日数が**360日**である受給資格者にあっては、1年に**60日**を加えた期間）を超えるときは、当該受給資格者の受給期間は、法20条1項及び2項の規定にかかわらず、これらの規定による期間に当該**超える期間**を加えた期間とする。

離職理由による給付制限のうち、正当な理由がなく自己の都合によって離職した者については、5年間のうち2回目の離職まで（離職日を基準とする。）は給付制限期間が2箇月とされ、3回目以降の給付制限期間は、原則として3箇月となります（**問題6**参照）。

問題24

政府は、被保険者等に関し、**失業の予防**、_____、**雇用機会の増大**その他雇用の安定を図るため、雇用安定事業として、一定の事業を行うことができる。

- 選択肢 -
① 再就職の援助　　② 再就職の促進
③ 雇用状態の是正　④ 就業の機会の確保

作問者思考 **パターンB** 似たような語句を問う問題
雇用安定事業の定義を正確に押さえていますか。

問題25

政府は、被保険者等に関し、_____を通じて、これらの者の能力を**開発**し、及び**向上**させることを促進するため、能力開発事業として、一定の事業を行うことができる。

- 選択肢 -
① 労働生産性の向上　② 職業生活設計
③ 職業の選択　　　　④ 職業生活の全期間

作問者思考 **パターンB** 似たような語句を問う問題
能力開発事業の定義を正確に押さえていますか。

解答 ③ **雇用状態の是正** 根拠：法62条1項

比較認識法

NG 派遣法29条の2

就業の機会の確保

労働者派遣の役務の提供を受ける者は、その者の都合による労働者派遣契約の解除に当たっては、当該労働者派遣に係る派遣労働者の新たな就業の機会の確保、労働者派遣をする事業主による当該派遣労働者に対する休業手当等の支払に要する費用を確保するための当該費用の負担その他の当該派遣労働者の雇用の安定を図るために必要な措置を講じなければならない。

比較認識法

ピタリ 法1条

雇用状態の是正

雇用保険法は、労働者が失業した場合及び労働者について雇用の継続が困難となる事由が生じた場合に必要な給付を行うほか、労働者が自ら職業に関する教育訓練を受けた場合及び労働者が子を養育するための休業をした場合に必要な給付を行うことにより、労働者の生活及び雇用の安定を図るとともに、求職活動を容易にする等その就職を促進し、あわせて、労働者の職業の安定に資するため、失業の予防、雇用状態の是正及び雇用機会の増大、労働者の能力の開発及び向上その他労働者の福祉の増進を図ることを目的とする。

解答 ④ **職業生活の全期間** 根拠：法63条1項

H29-E

比較認識法

NG 法64条の2

労働生産性の向上

雇用安定事業及び能力開発事業は、被保険者等の職業の安定を図るため、労働生産性の向上に資するものとなるよう留意しつつ、行われるものとする。

比較認識法

NG 職業能力開発促進法15条の4

職業生活設計

国は、労働者の職業生活設計に即した自発的な職業能力の開発及び向上を促進するため、労働者の職務の経歴、職業能力その他の労働者の職業能力の開発及び向上に関する事項を明らかにする書面（職務経歴等記録書）の様式を定め、その普及に努めなければならない。

比較認識法

ピタリ 派遣法25条

職業生活の全期間

厚生労働大臣は、労働者派遣事業に係る労働者派遣法の規定の運用に当たっては、労働者の職業生活の全期間にわたるその能力の有効な発揮及びその雇用の安定に資すると認められる雇用慣行並びに派遣就業は臨時的かつ一時的なものであることを原則とするとの考え方を考慮するとともに、労働者派遣事業による労働力の需給の調整が職業安定法に定める他の労働力の需給の調整に関する制度に基づくものとの調和の下に行われるように配慮しなければならない。

第4章 雇用保険法

147

問題26

国庫は、求職者給付（**高年齢求職者給付金**を除く。）及び雇用継続給付（**介護休業給付金**に限る。）、**育児休業給付**並びに第64条に規定する☐☐☐の支給に要する費用の一部を負担する。
このうち☐☐☐の支給については、当該☐☐☐に要する費用の**2分の1**を負担する。

- 選択肢 -
① 就職促進給付　　② 教育訓練給付金
③ 職業訓練受講給付金　　④ 広域延長給付

作問者思考　**パターンA** 根本的な理解を問う問題
国庫負担される給付をすべて押さえていますか。

 問題27

事業主及び労働保険事務組合は、雇用保険に関する書類（雇用安定事業又は能力開発事業に関する書類及び徴収法又は徴収法施行規則による書類を**除く**。）をその完結の日から☐☐☐（**被保険者に関する書類**にあっては、**4年間**）保管しなければならない。

- 選択肢 -
① 1年間　　② 2年間　　③ 3年間　　④ 5年間

作問者思考　**パターンC** 数字の違いを問う問題
雇用保険に関する書類の原則的な保存期間を押さえていますか。

解答 ③ **職業訓練受講給付金** 根拠：法66条1項、法附則13条1項

NG 法67条、法附則13条1項

広域延長給付

法25条1項の**広域延長給付**の措置が決定された場合には、法66条1項1号の規定にかかわらず、国庫は、**広域延長給付**を受ける者に係る求職者給付に要する費用の**3分の1**。

ピタリ 法66条6項

職業訓練受講給付金

国庫は、前各項（法66条1項〜5項）に規定するもののほか、**毎年度**、予算の範囲内において、法64条に規定する事業（「就職支援法事業」という。）に要する費用（**職業訓練受講給付金**に要する費用を**除く**。）及び雇用保険事業の**事務の執行**に要する経費を負担する。

> 職業訓練受講給付金は、雇用保険の能力開発事業として、特定求職者が、公共職業安定所長の指示を受けて認定職業訓練等を受講する場合に支給されます。

解答 ② **2年間** 根拠：則143条

NG 徴収則72条

3年間

事業主若しくは事業主であった者又は労働保険事務組合若しくは労働保険事務組合であった団体は、徴収法又は徴収法施行規則による書類を、その完結の日から**3年間**（**雇用保険被保険者関係届出事務等処理簿**にあっては、**4年間**）保存しなければならない。

> 労働関係法規のうち、雇用保険の書類の原則的な保存期間は2年間であることについて、注意しましょう。

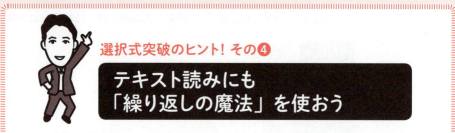

選択式突破のヒント！その❹
テキスト読みにも「繰り返しの魔法」を使おう

　本書のガイダンスでもお伝えしましたが、私の考えるベストな選択式対策は「テキストに万遍なく目を通すこと」です。

　こんなことをいうと、「そんなことはわかっているけど、テキストを万遍なく読むのは、膨大な時間がかかるから難しいんだ」と思われる社労士受験生が大半だと思います。そんな受験生には、ぜひ「繰り返しの魔法」をテキスト読みにも応用してほしいです（「繰り返しの魔法」については、『合格革命　社労士　×問式問題集　比較認識法®で択一対策』の中の「一発合格へのヒント！❻」を参考にしてください。）。

　通常、社労士の１つの科目のテキストの記述を最初から最後まで丁寧に目を通すためには、８～10時間くらいかかるのではないでしょうか。そうなると、１日の勉強時間内（たとえば２時間）で１科目を最後まで目を通すことは難しく、数日かけて１冊のテキストを読んでみても、なかなか体系的な理解まで深まらず、学習効果があまり期待できません。

　そこで、「繰り返しの魔法」の要領で、１日の勉強時間内で、１冊のテキストの最初のページから最後のページまで、とにかく目を通してみるのです。その際、速読などの特別なスキルを必要とするわけではありません。テキストの中で、どこを中心に読むか（たとえば、１回目は書き込みだけとか、２回目は蛍光ペンで色をつけている記述だけとか）を事前に決めて、その部分を中心に目を通していくのです。

　何度もテキストを最初のページから最後のページまで目を通していくと、自分の中で、その法律の体系が自然と身につき、吸収できる知識がどんどん細かくなっていくのを実感されると思います。これが「繰り返しの魔法」の学習効果といえます。

　このため、私のクラスの受講生には、「８時間かけて１冊のテキストを読むよりも、２時間で４回繰り返した方が学習効果はずっと高い」と指導しています。テキスト読みにも「繰り返しの魔法」を実践している受験生は、選択式の試験中も頭の中でテキストをめくっているような感覚で、「正解語句」を見つけることができるようになるでしょう。

第5章

健康保険法

27問

本試験傾向ズバリ!!

「標準報酬」・「費用の負担」と「保険給付」からの出題が多いのが特徴です。また、選択語句が数字で問われることが多いので、数字まで正確に覚える必要があります。協会健保と組合健保もバランスよく出題されていますので、過去の選択式本試験の出題もしっかりと確認しておきましょう。

過去5年間の選択式試験　出題内容

平成29年	・協会管掌健康保険における財政の調整 ・指定訪問看護事業者 ・健康保険組合の設立
平成30年	・基本的理念 ・出産手当金
令和元年	・任意継続被保険者の標準報酬月額 ・傷病手当金の支給期間 ・全国健康保険協会の準備金
令和2年	・保険医療機関等 ・70歳以上の一部負担金 ・高額療養費 ・届出先 ・協会の業務
令和3年	・特定保険料率 ・等級区分の改定

問題1

健康保険制度については、これが医療保険制度の基本をなすものであることにかんがみ、高齢化の進展、**疾病構造の変化**、社会経済情勢の変化等に対応し、その他の医療保険制度及び**後期高齢者医療制度**並びにこれらに密接に関連する制度と併せてその**在り方**に関して常に**検討**が加えられ、その結果に基づき、医療保険の運営の効率化、◯◯◯◯◯及び**費用の負担の適正化**並びに国民が受ける**医療の質の向上**を総合的に図りつつ、実施されなければならない。

- 選択肢 -
  ① 保険料
  ② 保険料の効果的な徴収
  ③ 医療保険の保険給付の範囲
  ④ 給付の内容

> **作問者思考** パターンB ▶ **似たような語句を問う問題**
> 健康保険法の基本的理念を押さえていますか。

 問題2

健康保険法第5条第2項では、「全国健康保険協会(以下「協会」という。)が管掌する健康保険の事業に関する業務のうち、◯◯◯◯◯、**標準報酬月額及び標準賞与額の決定**並びに**保険料の徴収**(**任意継続被保険者**に係るものを除く。)並びにこれらに附帯する業務は、**厚生労働大臣**が行う。」と規定されている。

- 選択肢 -
  ① 日雇特例被保険者手帳の交付
  ② 日雇拠出金の徴収
  ③ 被保険者の資格の取得及び喪失の確認
  ④ 事業及び財産の状況に関する報告

> **作問者思考** パターンA ▶ **根本的な理解を問う問題**
> 協会が管掌する健康保険の事業に関する業務のうち、厚生労働大臣が行う業務を正確に押さえていますか。

【解答】 ④ 給付の内容　　　　　　　　根拠：法2条

NG (27)法附則2条1項

医療保険の保険給付の範囲

政府は、持続可能な医療保険制度を構築するための国民健康保険法等の一部を改正する法律の公布後において、持続可能な医療保険制度を構築する観点から、医療に要する費用の適正化、医療保険の保険給付の範囲及び加入者等の負担能力に応じた医療に要する費用の負担の在り方等について検討を加え、その結果に基づいて必要な措置を講ずるものとする。

> 健康保険法は、大正11年4月に制定され、昭和2年1月1日に施行された日本で最初の社会保険に関する法律です。

【解答】 ③ 被保険者の資格の取得及び喪失の確認　　　根拠：法5条2項

NG 法123条

日雇特例被保険者手帳の交付

日雇拠出金の徴収

日雇特例被保険者の保険の保険者は、協会とする。ただし、日雇特例被保険者の保険の保険者の業務のうち、日雇特例被保険者手帳の交付、日雇特例被保険者に係る保険料の徴収及び日雇拠出金の徴収並びにこれらに附帯する業務は、厚生労働大臣が行う。

NG 法7条の38, 1項

事業及び財産の状況に関する報告

厚生労働大臣は、協会について、必要があると認めるときは、その事業及び財産の状況に関する報告を徴し、又は当該職員をして協会の事務所に立ち入って関係者に質問させ、若しくは実地にその状況を検査させることができる。

> 法5条2項は、法5条1項の「協会は、健康保険組合の組合員でない被保険者（日雇特例被保険者を除く。〈中略〉以下本則において同じ。）の保険を管掌する。」の規定を前提としたものですので、日雇特例被保険者について厚生労働大臣が行う業務は法123条で別に定めています。

問題 3

健康保険組合には、議決機関として組合会が置かれており、組合会は、当該組合の**理事長**が招集する。組合会議員の定数の**3分の1**以上の者が会議に付議すべき事項及び招集の理由を記載した書面を**理事長**に提出して組合会の招集を請求したときは、**理事長**は、その請求のあった日から_____以内に組合会を招集しなければならない。

- 選択肢 -
① 20日　② 5日　③ 10日　④ 30日

作問者思考 **パターンC** 数字の違いを問う問題
健康保険組合の組合会の招集手続を押さえていますか。

問題 4

健康保険組合は、**毎事業年度末**において、当該_____内において行った保険給付に要した費用の額（被保険者又はその被扶養者が法第63条第3項第3号に掲げる病院若しくは診療所又は薬局から受けた療養に係る保険給付に要した費用の額を除く。）の1事業年度当たりの平均額の**12分の3**（当分の間は**12分の2**）に相当する額と当該_____内において行った前期高齢者納付金等、後期高齢者支援金等及び**日雇拠出金**並びに**介護納付金**の納付に要した費用の額（前期高齢者交付金がある場合には、これを控除した額）の1事業年度当たりの平均額の**12分の1**に相当する額とを合算した額に達するまでは、当該事業年度の剰余金の額を**準備金**として積み立てなければならない。

- 選択肢 -
① 翌事業年度以降の5年間
② 事業年度及びその直前の2事業年度
③ 2事業年度
④ 3箇年間

作問者思考 **パターンC** 数字の違いを問う問題
健康保険組合の準備金を積み立てる要件を押さえていますか。

解 答

① 20日

根拠：令7条1項

NG 令8条

比較認識法

5 日

組合会の招集は、緊急を要する場合を除き、開会の日の前日から起算して前5日目に当たる日が終わるまでに、会議に付議すべき事項、日時及び場所を示し、規約で定める方法に従ってしなければならない。

ピタリ 国保法28条2項

比較認識法

20 日

国民健康保険組合（以下「組合」という。）において、組合会議員が、その定数の3分の1以上の同意を得て、会議の目的である事項及び招集の理由を記載した書面を組合に提出して組合会の招集を請求したときは、理事は、その請求があった日から起算して20日以内に、臨時組合会を招集しなければならない。

解 答

② 事業年度及びその直前の2事業年度

根拠：令46条2項、令附則5条

NG 法160条5項

比較認識法

翌事業年度以降の5年間

協会は、2年ごとに、翌事業年度以降の5年間についての協会が管掌する健康保険の被保険者数及び総報酬額の見通し並びに保険給付に要する費用の額、保険料の額（各事業年度において財政の均衡を保つことができる保険料率の水準を含む。）その他の健康保険事業の収支の見通しを作成し、公表するものとする。

NG 令30条1項

比較認識法

3箇年間

指定健康保険組合の健全化計画は、厚生労働大臣の指定の日の属する年度の翌年度を初年度とする3箇年間の計画とする。

ピタリ 令46条1項

R元-D

比較認識法

事業年度及びその直前の2事業年度

協会は、毎事業年度末において、当該事業年度及びその直前の2事業年度内において行った保険給付に要した費用の額〔前期高齢者納付金等、後期高齢者支援金等及び日雇拠出金並びに介護納付金の納付に要した費用の額（前期高齢者交付金がある場合には、これを控除した額）を含み、法153条及び法154条の規定による国庫補助の額を除く。〕の1事業年度当たりの平均額の12分の1に相当する額に達するまでは、当該事業年度の剰余金の額を準備金として積み立てなければならない。

第5章 健康保険法

155

問題5

特定適用事業所である適用事業所が、特定適用事業所に該当しなくなったときは、当該適用事業所に使用される特定4分の3未満短時間労働者については、(24)法附則46条1項の規定は適用しない。ただし、当該適用事業所の事業主が、次の(1)(2)に掲げる場合に応じ、当該(1)(2)に定める同意を得て、保険者等に当該4分の3未満短時間労働者について(24)法附則46条1項の規定の適用を受ける旨の申出（特定適用事業所の不該当の申出）をした場合は、この限りでない。

(1) 当該事業主の1又は2以上の適用事業所に使用される□□□□の4分の3以上で組織する労働組合があるとき…当該労働組合の同意

(2) (1)に規定する労働組合がないとき…イ又はロに掲げる同意

　　イ　当該事業主の1又は2以上の適用事業所に使用される□□□□の4分の3以上を代表する者の同意

　　ロ　当該事業主の1又は2以上の適用事業所に使用される□□□□の4分の3以上の同意

　　※「特定4分の3未満短時間労働者」とは、特定適用事業所以外の適用事業所（国又は地方公共団体の当該適用事業所を除く。）に使用される(1)又は(2)に掲げる者であって健康保険法3条1項各号（適用除外）のいずれにも該当しないものをいう。

　　　(1) その1週間の所定労働時間が同一の事業所に使用される通常の労働者の1週間の所定労働時間の4分の3未満である短時間労働者

　　　(2) その1月間の所定労働日数が同一の事業所に使用される通常の労働者の1月間の所定労働日数の4分の3未満である短時間労働者

┌─ 選択肢 ──────────────────────────┐

① 特定労働者の総数が常時500人を超えるもの

② 特定労働者の総数が常時1,000人を超えるもの

③ 4分の3以上同意対象者

④ 2分の1以上同意対象者

└────────────────────────────────┘

作問者思考　**パターンA** 根本的な理解を問う問題

特定適用事業所である適用事業所が、特定適用事業所に該当しなくなった場合における、特定適用事業所の不該当の申出の手続について正確に押さえていますか。

解答

③ 4分の3以上同意対象者　　根拠：(24)法附則46条2項

NG　(24)法附則46条12項

特定労働者の総数が常時500人を超えるもの

特定適用事業所とは、事業主が同一である1又は2以上の適用事業所であって、当該1又は2以上の適用事業所に使用される特定労働者の総数が常時500人を超えるものの各適用事業所をいう。

NG　(24)法附則46条5項

2分の1以上同意対象者

特定適用事業所以外の適用事業所の事業主は、次の(1)(2)に掲げる場合に応じ、当該(1)(2)に定める同意を得て、保険者等に当該事業主の1又は2以上の適用事業所に使用される特定4分の3未満短時間労働者について、(24)法附則46条1項の規定の適用を受けない旨の申出（任意特定適用事業所の申出）をすることができる。

(1) 当該事業主の1又は2以上の適用事業所に使用される2分の1以上同意対象者の過半数で組織する労働組合があるとき…当該労働組合の同意
(2) (1)に規定する労働組合がないとき…イ又はロに掲げる同意
　イ　当該事業主の1又は2以上の適用事業所に使用される2分の1以上同意対象者の過半数を代表する者の同意
　ロ　当該事業主の1又は2以上の適用事業所に使用される2分の1以上同意対象者の2分の1以上の同意

ピタリ　(24)法附則46条8項

4分の3以上同意対象者

任意特定適用事業所の申出をした事業主は、次の(1)(2)に掲げる場合に応じ、当該(1)(2)に定める同意を得て、保険者等に当該事業主の1又は2以上の適用事業所に使用される特定4分の3未満短時間労働者について(24)法附則46条1項の規定の適用を受ける旨の申出（任意特定適用事業所の取消しの申出）をすることができる。ただし、当該事業主の適用事業所が特定適用事業所に該当する場合は、この限りでない。

(1) 当該事業主の1又は2以上の適用事業所に使用される4分の3以上同意対象者の4分の3以上で組織する労働組合があるとき…当該労働組合の同意
(2) (1)に規定する労働組合がないとき…イ又はロに掲げる同意
　イ　当該事業主の1又は2以上の適用事業所に使用される4分の3以上同意対象者の4分の3以上を代表する者の同意
　ロ　当該事業主の1又は2以上の適用事業所に使用される4分の3以上同意対象者の4分の3以上の同意

特定適用事業所である適用事業所が、特定適用事業所に該当しなくなった場合は、当該事業所に使用される特定4分の3未満短時間労働者の被保険者資格については、喪失することなく、引き続き被保険者となるのが原則です。ただし、本問における労使の合意に基づき「特定適用事業所の不該当の申出」を行った場合には、その申出が受理された日の翌日に、当該特定4分の3未満短時間労働者は、その被保険者資格を喪失します。

二以上の適用事業所の**事業主が同一**である場合には、当該事業主は、厚生労働大臣の◯◯◯を受けて、当該二以上の事業所を一の適用事業所とすることができる。この◯◯◯があったときは、当該二以上の適用事業所は、**適用事業所でなくなった**ものとみなす。

- 選択肢
① 認可　　② 承認　　③ 許可　　④ 認定

作問者思考　**パターンB** 似たような語句を問う問題
一括適用事業所の手続を押さえていますか。

健康保険法では、被扶養者に係る「主としてその被保険者により生計を維持する者」の認定において、認定対象者が被保険者と同一世帯に**属している**場合は、認定対象者の年間収入が**130万円**（認定対象者が**60歳**以上の者である場合又は一定の**障害者**である場合は◯◯◯）未満であって、かつ、被保険者の年間収入の**2分の1未満**である場合は、原則として被扶養者に該当するものとする。

- 選択肢
① 180万円　　② 850万円　　③ 140万円　　④ 103万円

作問者思考　**パターンC** 数字の違いを問う問題
認定対象者が被保険者と同一世帯に属している場合の生計維持関係の認定の要件を正確に押さえていますか。

解　答 ② 承認　　　　　　　　　　　　　根拠：法34条

NG	法31条
認　可	適用事業所以外の事業所の事業主は、厚生労働大臣の**認可**を受けて、当該事業所を適用事業所とすることができる。この認可を受けようとするときは、当該事業所の事業主は、当該事業所に使用される者（**被保険者となるべき者**に限る。）の**2分の1以上**の同意を得て、厚生労働大臣に申請しなければならない。

 一括適用事業所の手続は、厚生年金保険でも同様です。

 解　答 ① 180万円　　　　　　　　　　　根拠：平成5.3.5保発15号他

NG	国年令6条、平成23.3.23年発0323第1号
850万円	遺族基礎年金の受給権者に係る被保険者又は被保険者であった者の死亡の当時**その者によって生計を維持していた**配偶者又は子は、当該被保険者又は被保険者であった者の死亡の当時**その者と生計を同じくしていた**者であって厚生労働大臣の定める金額（年額**850万円**）以上の収入を**将来にわたって有する**と認められる者以外のものその他これに準ずる者として厚生労働大臣が定める者とする。

 本問の要件に該当しなくても、当該認定対象者の年間収入が130万円（認定対象者が60歳以上の者である場合又は一定の障害者である場合は180万円）未満であって、かつ、被保険者の年間収入を上回らない場合には、当該被保険者がその世帯の生計維持の中心的役割を果たしていると認められるときは、被扶養者となれます。

問題 8

標準報酬月額の定時決定は、**6月1日から7月1日**までの間に被保険者の資格を取得した者及び第43条［随時改定］、第43条の2［育児休業等終了時改定］又は第43条の3［産前産後休業終了時改定］の規定により□□□までのいずれかの月から標準報酬月額を改定され、又は改定されるべき被保険者については、**その年に限り**適用しない。

- 選択肢 -
① 1月から3月　② 1月から6月
③ 7月から9月　④ 7月から12月

パターンC 数字の違いを問う問題
定時決定の対象とされない者を正確に押さえていますか。

> 解　答　　③　**7月から9月**　　　　　　　　根拠：法41条3項

NG　法附則3条4項

1月から3月

特例退職被保険者の標準報酬月額については、[定時決定、資格取得時決定、随時改定、育児休業等終了時改定、産前産後休業終了時改定及び保険者等算定]の規定にかかわらず、当該特定健康保険組合が管掌する前年（**1月から3月までの標準報酬月額については、前々年**）の**9月30日**における**特例退職被保険者以外の全被保険者の同月の標準報酬月額を平均した額の範囲内**においてその規約で定めた額を標準報酬月額の基礎となる報酬月額とみなしたときの標準報酬月額とする。

NG　法43条

7月から12月

随時改定によって改定された標準報酬月額は、**その著しく高低を生じた月の翌月**からその年の8月（**7月から12月**までのいずれかの月から改定されたものについては、**翌年の8月**）までの各月の標準報酬月額とする。

NG　法43条の2,2項

7月から12月

育児休業等終了時改定によって改定された標準報酬月額は、育児休業等終了日の翌日から起算して**2月を経過した日の属する月の翌月**からその年の8月（当該翌月が**7月から12月**までのいずれかの月である場合は、**翌年の8月**）までの各月の標準報酬月額とする。

NG　法43条の3,2項

7月から12月

産前産後休業終了時改定によって改定された標準報酬月額は、産前産後休業終了日の翌日から起算して**2月を経過した日の属する月の翌月**からその年の8月（当該翌月が**7月から12月**までのいずれかの月である場合は、**翌年の8月**）までの各月の標準報酬月額とする。

随時改定と育児休業等終了時改定及び産前産後休業終了時改定は、改定時期の表現が全く異なりますが、有効期間が3つとも共通です。

第5章　健康保険法

問題 9

健康保険法第43条第1項では、「保険者等は、被保険者が現に使用される事業所において**継続した3月間**（各月とも、報酬支払の基礎となった日数が、**17日**（厚生労働省令で定める者※にあっては、**11日**）以上でなければならない。）に受けた報酬の総額を☐☐☐が、その者の標準報酬月額の基礎となった報酬月額に比べて、**著しく高低**を生じた場合において、必要があると認めるときは、その額を報酬月額として、その**著しく高低を生じた月の翌月**から、標準報酬月額を改定することができる。」と規定されている。

選択肢
① 保険者等が定めた月数
② その期間の月数で除して得た額
③ 3で除して得た額
④ 暦月数で除して得た額

※ 厚生労働省令で定める者とは、被保険者であって、1週間の所定労働時間が同一の事業所に使用される通常の労働者の所定労働時間の4分の3未満である短時間労働者又はその1月間の所定労働日数が同一の事業所に使用される通常の労働者の1月間の所定労働日数の4分の3未満である短時間労働者をいう。

 パターンA 根本的な理解を問う問題
随時改定の要件を正確に押さえていますか。

解　答

③　3で除して得た額

根拠：法43条1項

NG　法43条の2，1項

その期間の月数で除して得た額

保険者等は、育児休業等を終了した**被保険者**が、当該育児休業等終了日に当該**育児休業等に係る3歳に満たない子**を養育する場合において、その使用される事業所の事業主を経由して保険者等に**申出**をしたときは、法41条［定時決定］の規定にかかわらず、育児休業等終了日の翌日が属する月以後3月間（育児休業等終了日の翌日において使用される事業所で継続して使用された期間に限り、かつ、報酬支払の基礎となった日数が**17日**（厚生労働省令で定める者[※]にあっては、**11日**）未満である月があるときは、その月を除く。）に受けた報酬の総額を**その期間の月数で除して得た額**を報酬月額として、標準報酬月額を改定する（育児休業等終了時改定）。

NG　法43条の3，1項

その期間の月数で除して得た額

保険者等は、産前産後休業を終了した**被保険者**が、当該産前産後休業終了日に当該**産前産後休業に係る子**を養育する場合において、その使用される事業所の事業主を経由して保険者等に**申出**をしたときは、法41条［定時決定］の規定にかかわらず、産前産後休業終了日の翌日が属する月以後3月間（産前産後休業終了日の翌日において使用される事業所で継続して使用された期間に限り、かつ、報酬支払の基礎となった日数が**17日**（厚生労働省令で定める者[※]にあっては、**11日**）未満である月があるときは、その月を除く。）に受けた報酬の総額を**その期間の月数で除して得た額**を報酬月額として、標準報酬月額を改定する（産前産後休業終了時改定）。

随時改定の場合だけ、「変動月以降継続した3月間のいずれの月も報酬支払基礎日数が17日（厚生労働省令で定める者[※]にあっては、11日）以上あること」が要件にあるため、必ず「3で除して得た額」となるのです。

協会は、支部被保険者及びその被扶養者の**年齢階級別の分布状況**と協会が管掌する健康保険の被保険者及びその被扶養者の**年齢階級別の分布状況**との差異によって生ずる療養の給付等に要する費用の額の**負担の不均衡**並びに支部被保険者の**総報酬額の平均額**と協会が管掌する健康保険の被保険者の**総報酬額の平均額**との差異によって生ずる[　　　]を是正するため、政令で定めるところにより、支部被保険者を単位とする健康保険の**財政の調整**を行うものとする。

― 選択肢 ―
① 財源の不均衡　　② 運営能力の不均衡
③ 保険給付の不均衡　④ 財政力の不均衡

作問者思考　パターンB　似たような語句を問う問題
協会が決定する都道府県単位保険料率のいわゆる年齢調整と所得調整の文言上の表現を正確に押さえていますか。

介護保険料率は、各年度において保険者が納付すべき**介護納付金**（**日雇特例被保険者**に係るものを除く。）の額（協会が管掌する健康保険においては、その額から法153条2項［介護納付金に対する補助］の規定による国庫補助額を控除した額）を当該年度における当該保険者が管掌する[　　　]の**総報酬額の総額の見込額**で除して得た率を基準として、保険者が定める。

― 選択肢 ―
① 介護保険の被保険者
② 介護保険第2号被保険者である被保険者
③ 70歳以上の被保険者
④ 被保険者

作問者思考　パターンA　根本的な理解を問う問題
健康保険が徴収する介護保険料は、誰の介護保険料ですか。

【解　答】　④　財政力の不均衡
　　　　　　　　　　　　　　　　　　　　　根拠：法160条4項

NG　法附則2条1項

比較認識法

財源の不均衡

健康保険組合が管掌する健康保険の医療に関する給付、**保健事業及び福祉事業**の実施又は健康保険組合に係る前期高齢者納付金等、後期高齢者支援金等、日雇拠出金若しくは介護納付金の納付に要する費用の**財源の不均衡**を調整するため、**健康保険組合連合会**は、健康保険組合に対する**交付金の交付**の事業を行うものとする（健康保険組合の財政調整）。

協会が都道府県単位保険料率を変更しようとするときは、あらかじめ、理事長が当該変更に係る都道府県に所在する支部の支部長の意見を聴いた上で、運営委員会の議を経なければなりません。

【解　答】　②　介護保険第2号被保険者である被保険者
　　　　　　　　　　　　　　　　　　　　　根拠：法160条16項

NG　法160条14項

R3-ABC　比較認識法

被保険者

特定保険料率は、各年度において保険者が納付すべき**前期高齢者納付金**等の額及び**後期高齢者支援金**等の額（協会が管掌する健康保険及び日雇特例被保険者の保険においては、その額から**国庫補助額**を控除した額）の合算額（**前期高齢者交付金**がある場合には、これを控除した額）を当該年度における当該保険者が管掌する被保険者の**総報酬額の総額**の見込額で除して得た率を基準として、保険者が定める。

協会は、基本保険料率及び特定保険料率又は介護保険料率を定めたときは、遅滞なく、その旨を厚生労働大臣に通知しなければなりません。

問題12

地域型健康保険組合（合併により設立された健康保険組合又は合併後存続する健康保険組合のうち次のいずれの要件にも該当する合併に係るもの）は、当該合併が行われた日の属する年度及びこれに続く5箇年度に限り、〔　　〕までの範囲内において、不均一の一般保険料率を決定することができる。

(1) 合併前の健康保険組合の設立事業所がいずれも同一都道府県の区域にあること
(2) 当該合併が指定健康保険組合、被保険者の数が健康保険組合の設立に必要な数に満たなくなった健康保険組合その他事業運営基盤の安定が必要と認められる健康保険組合として厚生労働省令で定めるものを含むこと

---選択肢---
① 1000分の30から1000分の120
② 1000分の30から1000分の130
③ 1000分の130から1000分の200
④ 1000分の130から1000分の250

パターンC　数字の違いを問う問題

地域型健康保険組合の不均一の一般保険料率の範囲を押さえていますか。

解 答

② **1000分の30から1000分の130**

根拠：法附則3条の2,1項

NG 法153条1項

1000分の130から1000分の200

国庫は、**事務費**の負担に規定する費用のほか、**協会**が管掌する健康保険の事業の執行に要する費用のうち、被保険者に係る療養の給付並びに入院時食事療養費、入院時生活療養費、保険外併用療養費、療養費、訪問看護療養費、移送費、傷病手当金、**出産手当金**、家族療養費、家族訪問看護療養費、家族移送費、高額療養費及び高額介護合算療養費の支給に要する費用（療養の給付については、**一部負担金**に相当する額を控除するものとする。）の額並びに前期高齢者納付金の納付に要する費用の額に**給付費割合**を乗じて得た額の合算額（前期高齢者交付金がある場合には、当該合算額から当該前期高齢者交付金の額に**給付費割合**を乗じて得た額を控除した額）に**1000分の130から1000分の200**までの範囲内において政令で定める割合を乗じて得た額を補助する。

ピタリ 法160条1項

1000分の30から1000分の130

協会が管掌する健康保険の被保険者に関する一般保険料率は、**1000分の30から1000分の130**までの範囲内において、支部被保険者（各支部の**都道府県に所在する適用事業所**に使用される被保険者及び当該**都道府県の区域内に住所又は居所を有する**任意継続被保険者をいう。）を単位として協会が決定するものとする。

ピタリ 法160条1項、13項

1000分の30から1000分の130

健康保険組合が管掌する健康保険の一般保険料率は、**1000分の30から1000分の130**までの範囲内において、決定するものとする。

地域型健康保険組合は、不均一の一般保険料率に係る厚生労働大臣の認可を受けようとするときは、当該組合の組合会において組合会議員の定数の3分の2以上の多数により議決しなければなりません。

第5章 健康保険法

市町村は、納付義務者で督促を受けた者が**指定の期限**までに保険料等を納付しない場合等において保険者等から**滞納処分**の請求を受けたときは、**市町村税の例**によってこれを処分することができる。この場合においては、**保険者**は、徴収金の_____に相当する額を当該市町村に交付しなければならない。

― 選択肢 ―
① 14.6%　　② 100分の3
③ 100分の4　④ 7.3%

作問者思考　**パターンC** 数字の違いを問う問題
市町村に滞納処分を請求した場合の手数料を押さえていますか。

解答 ③ 100分の4　　　　　　　　　根拠：法180条6項

NG 法181条1項

14.6%

7.3%

法180条1項の規定によって督促をしたときは、保険者等は、徴収金額に、納期限の翌日から徴収金完納又は財産差押えの日の前日までの期間の日数に応じ、年14.6%（当該督促が保険料に係るものであるときは、当該納期限の翌日から3月を経過する日までの期間については、年7.3%）の割合を乗じて計算した延滞金を徴収する。

ピタリ 国年法96条5項

100分の4

市町村は、法96条4項の規定による処分（市町村による滞納処分）の請求を受けたときは、市町村税の例によってこれを処分することができる。この場合においては、厚生労働大臣は、徴収金の100分の4に相当する額を当該市町村に交付しなければならない。

ピタリ 厚年法86条6項

100分の4

市町村は、法86条5項の規定による処分（市町村による滞納処分）の請求を受けたときは、市町村税の例によってこれを処分することができる。この場合においては、厚生労働大臣は、徴収金の100分の4に相当する額を当該市町村に交付しなければならない。

協会又は健康保険組合が国税滞納処分の例により処分を行う場合においては、厚生労働大臣の認可を受けなければなりません。

問題14

保険医療機関又は保険薬局の**指定**の申請があった場合において、当該申請に係る病院若しくは診療所又は薬局の＿＿＿＿が、社会保険各法の定めるところにより納付義務を負う**社会保険料**について、当該申請をした**日の前日**までに、これらの法律の規定に基づく滞納処分を受け、かつ、当該処分を受けた日から正当な理由なく**3月以上**の期間にわたり、当該処分を受けた日以降に納期限の到来した**社会保険料**のすべて（当該処分を受けた者が、当該処分に係る納付義務を負う**社会保険料**に限る。）を引き続き**滞納**している者であるときは、厚生労働大臣は、その**指定をしないことができる**。

選択肢

① 開設者
② 開設者又は管理者
③ 医師若しくは歯科医師又は薬剤師
④ 従業者

パターンB 似たような語句を問う問題

保険医療機関等の指定の拒否事由の対象者を押さえていますか。

解 答

② 開設者又は管理者

根拠：法65条3項

比較認識法

NG 法65条1項

開設者

保険医療機関又は保険薬局の**指定**は、政令で定めるところにより、病院若しくは診療所又は薬局の**開設者**の申請により行う。

比較認識法

NG 法71条1項

医師若しくは歯科医師又は薬剤師

保険医又は保険薬剤師の**登録**は、**医師若しくは歯科医師又は薬剤師**の申請により行う。

比較認識法

NG 法92条

従業者

指定訪問看護事業者は、当該指定に係る訪問看護事業を行う**事業所**ごとに、厚生労働省令で定める**基準**に従い厚生労働省令で定める**員数**の**看護師**その他の**従業者**を有しなければならない。

比較認識法

ピタリ 法65条4項2号

開設者又は管理者

厚生労働大臣は、病院又は病床を有する診療所から保険医療機関の指定の申請があった場合において、当該申請に係る**病床の種別**に応じ、医療法7条の2，1項に規定する地域における保険医療機関の病床数が、その指定により**医療計画**において定める**基準病床数**を勘案して厚生労働大臣が定めるところにより算定した数を超えることになると認める場合（その数を既に超えている場合を含む。）であって、当該病院又は診療所の**開設者又は管理者**が都道府県知事の**勧告**を受け、これに従わないときは、その申請に係る**病床の全部又は一部**を除いて、その**指定を行うことができる**（指定の一部拒否）。

本問と似たような規定が、社会保険労務士の登録拒否事由（社会保険労務士法14条の7）にありますが、社会保険労務士の登録拒否事由は本問のように「社会保険料」の滞納のみが対象ではなく、「労働保険料」の滞納も対象となります。

第5章 健康保険法

問題15

指定訪問看護事業者は、当該指定に係る訪問看護事業所の**名称及び所在地**その他厚生労働省令で定める事項に変更があったとき、又は当該指定訪問看護の事業を**廃止し、休止し、若しくは再開**したときは、[____]以内に、その旨を**厚生労働大臣**に届け出なければならない。

― 選択肢 ―
① 5日　② 7日　③ 1月　④ 10日

パターンC 数字の違いを問う問題

指定訪問看護事業者の変更の届出期限を押さえていますか。

解答 ④ **10日**　　　　　　　　　　　　　　　根拠：法93条

NG	則20条1項
5日	適用事業所の事業主は、廃止、休止その他の事情により適用事業所に該当しなくなったときは、健康保険法施行規則22条の規定［任意適用事業所の取消し］により申請する場合を除き、当該事実があった日から**5日**以内に、所定の事項を記載した届書を**厚生労働大臣又は健康保険組合**に提出しなければならない。

NG	介保法75条2項
1月	指定居宅サービス事業者は、当該指定居宅サービスの事業を廃止し、又は休止しようとするときは、厚生労働省令で定めるところにより、その廃止又は休止の日の**1月**前までに、その旨を**都道府県知事**に届け出なければならない。

ピタリ	介保法75条1項
10日	指定居宅サービス事業者は、当該指定に係る**事業所の名称及び所在地**その他厚生労働省令で定める事項に変更があったとき、又は休止した当該指定居宅サービスの事業を**再開**したときは、**10日**以内に、その旨を**都道府県知事**に届け出なければならない。

指定訪問看護事業者の指定又は指定の取消しの際には、保険医療機関又は保険薬局と異なり、地方社会保険医療協議会の諮問は必要ありません。

問題16

入院時食事療養費の額は、当該食事療養につき食事療養に要する平均的な費用の額を勘案して厚生労働大臣が定める基準により算定した費用の額（その額が現に当該食事療養に要した費用の額を超えるときは、当該現に食事療養に要した費用の額）から、平均的な家計における食費の状況及び介護保険法に規定する□□□を勘案して厚生労働大臣が定める額（所得の状況その他の事情をしん酌して厚生労働省令で定める者については、別に定める額。「食事療養標準負担額」という。）を控除した額とする。

選択肢

① 特定入所者の所得の状況その他の事情
② 食費の基準費用額及び居住費の基準費用額に相当する費用の額
③ 特定介護保険施設等における食事の提供に要する平均的な費用の額
④ 介護サービス利用者負担額（介護保険法の高額介護サービス費が支給される場合にあっては、当該支給額を控除して得た額）及び同法に規定する介護予防サービス利用者負担額（同法の高額介護予防サービス費が支給される場合にあっては、当該支給額を控除して得た額）

パターンB 似たような語句を問う問題
入院時食事療養費の支給額の文言上の表現を押さえていますか。

解答

③ 特定介護保険施設等における食事の提供に要する平均的な費用の額

根拠：法85条2項

NG 法85条の2,2項

食費の基準費用額及び居住費の基準費用額に相当する費用の額

入院時生活療養費の額は、当該生活療養につき生活療養に要する平均的な費用の額を勘案して厚生労働大臣が定める基準により算定した費用の額（その額が現に当該生活療養に要した費用の額を超えるときは、当該現に生活療養に要した費用の額）から、平均的な家計における食費及び光熱水費の状況並びに病院及び診療所における生活療養に要する費用について介護保険法に規定する食費の基準費用額及び居住費の基準費用額に相当する費用の額を勘案して厚生労働大臣が定める額（所得の状況、病状の程度、治療の内容その他の事情をしん酌して厚生労働省令で定める者については、別に定める額。「生活療養標準負担額」という。）を控除した額とする。

NG 法115条の2,1項

介護サービス利用者負担額（介護保険法の高額介護サービス費が支給される場合にあっては、当該支給額を控除して得た額）及び同法に規定する介護予防サービス利用者負担額（同法の高額介護予防サービス費が支給される場合にあっては、当該支給額を控除して得た額）

一部負担金等の額（高額療養費が支給される場合にあっては、当該支給額に相当する額を控除して得た額）並びに介護保険法に規定する介護サービス利用者負担額（同法の高額介護サービス費が支給される場合にあっては、当該支給額を控除して得た額）及び同法に規定する介護予防サービス利用者負担額（同法の高額介護予防サービス費が支給される場合にあっては、当該支給額を控除して得た額）の合計額が著しく高額であるときは、当該一部負担金等の額に係る療養の給付又は保険外併用療養費、療養費、訪問看護療養費、家族療養費若しくは家族訪問看護療養費の支給を受けた者に対し、高額介護合算療養費を支給する。

第5章 健康保険法

1日についての食事療養標準負担額は、3食に相当する額を限度とします。

175

問題17
被保険者が、厚生労働省令で定めるところにより、保険医療機関等のうち**自己の選定**するものから、**電子資格確認等**により、被保険者であることの確認を受け、評価療養、☐又は選定療養を受けたときは、その療養に要した費用について、**保険外併用療養費**を支給する。

- 選択肢
  - ① 食事療養、生活療養
  - ② 食事療養
  - ③ 生活療養
  - ④ 患者申出療養

> **作問者思考** パターンE ▶ 重要なキーワードを問う問題
> 保険外併用療養費の対象となる療養は何ですか。

 問題18
患者申出療養の申出は、厚生労働大臣が定めるところにより、厚生労働大臣に対し、当該申出に係る療養を行う医療法第4条の3に規定する☐（**保険医療機関**であるものに限る。）の**開設者**の意見書その他必要な書類を添えて行うものとする。

- 選択肢
  - ① 特定機能病院
  - ② 臨床研究中核病院
  - ③ 健康保険組合である保険者が開設する病院若しくは診療所又は薬局
  - ④ 地域医療支援病院

> **作問者思考** パターンD ▶ 見慣れない語句を問う問題
> 患者申出療養の申出手続を押さえていますか。

| 解　答 | ④ **患者申出療養** | 根拠：法86条1項 |

NG	法85条1項
食事療養	被保険者（特定長期入院被保険者を除く。）が、厚生労働省令で定めるところにより、保険医療機関等である病院又は診療所のうち自己の選定するものから、電子資格確認等により、被保険者であることの確認を受け、療養の給付と併せて受けた食事療養に要した費用について、入院時食事療養費を支給する。

NG	法85条の2,1項
生活療養	特定長期入院被保険者が、厚生労働省令で定めるところにより、保険医療機関等である病院又は診療所のうち自己の選定するものから、電子資格確認等により、被保険者であることの確認を受け、療養の給付と併せて受けた生活療養に要した費用について、入院時生活療養費を支給する。

「患者申出療養」とは、高度の医療技術を用いた療養であって、当該療養を受けようとする者の申出に基づき、療養の給付の対象とすべきものであるか否かについて、適正な医療の効率的な提供を図る観点から評価を行うことが必要な療養として厚生労働大臣が定めるものをいいます。

| 解　答 | ② **臨床研究中核病院** | 根拠：法63条4項 |

NG	法70条3項
特定機能病院	保険医療機関のうち医療法に規定する特定機能病院その他の病院であって厚生労働省令で定めるものは、患者の病状その他の患者の事情に応じた適切な他の保険医療機関を当該患者に紹介することその他の保険医療機関相互間の機能の分担及び業務の連携のための措置として厚生労働省令で定める措置を講ずるものとする。

上記の保険医療機関相互間の機能の分担及び業務の連携のための措置として、高度の医療を提供する能力を有する病院として厚生労働大臣の承認を受けた特定機能病院は、紹介状を持たない初診患者から選定療養費として5,000円（歯科は3,000円）以上の金額を徴収することが義務付けられています。

問題19

保険者は、療養の給付若しくは入院時食事療養費、入院時生活療養費若しくは保険外併用療養費の支給（以下「療養の給付等」という。）を行うことが困難であると認めるとき、又は被保険者が保険医療機関等以外の病院、診療所、薬局その他の者から診療、薬剤の支給若しくは手当を受けた場合において、保険者が_____と認めるときは、療養の給付等に代えて、療養費を支給することができる。

――― 選択肢 ―――
① やむを得ないもの　② 相当の理由がある
③ 緊急　　　　　　　④ 必要

作問者思考　パターンB　似たような語句を問う問題
療養費の支給要件を正確に押さえていますか。

問題20

日雇特例被保険者の出産手当金の額は、1日につき、出産の日の属する月の前4月間の保険料が納付された日に係る当該日雇特例被保険者の標準賃金日額の各月ごとの合算額のうち最大のものの_____に相当する金額とする。

――― 選択肢 ―――
① 15分の1　② 30分の1
③ 45分の1　④ 60分の1

作問者思考　パターンC　数字の違いを問う問題
日雇特例被保険者の出産手当金の額を正確に押さえていますか。

【解　答】 ① やむを得ないもの　　　　　　　　根拠：法87条1項

NG　労災法13条3項、同則11条の2

相当の理由がある

政府は、療養の給付をすることが困難な場合その他療養の給付を受けないことについて労働者に相当の理由がある場合には、療養の給付に代えて療養の費用を支給することができる。

NG　法88条1項、2項

必　要

被保険者が、厚生労働大臣が指定する者（「指定訪問看護事業者」という。）から当該指定に係る訪問看護事業を行う事業所により行われる訪問看護（以下「指定訪問看護」という。）を受けたときは、その指定訪問看護に要した費用について、訪問看護療養費を支給する。
訪問看護療養費は、厚生労働省令で定めるところにより、保険者が必要と認める場合に限り、支給するものとする。

【解　答】 ③ 45分の1　　　　　　　　　　　　根拠：法138条

NG　法102条2項

30分の1

出産手当金の額は、1日につき、出産手当金の支給を始める日の属する月以前の直近の継続した12月間の各月の標準報酬月額（被保険者が現に属する保険者等により定められたものに限る。）を平均した額の30分の1に相当する額（その額に、5円未満の端数があるときは、これを切り捨て、5円以上10円未満の端数があるときは、これを10円に切り上げるものとする。）の3分の2に相当する金額（その金額に、50銭未満の端数があるときは、これを切り捨て、50銭以上1円未満の端数があるときは、これを1円に切り上げるものとする。）とする。

上記の標準報酬月額を平均した額の30分の1に相当する額は、四捨五入して10円単位にするのに対し、その額の3分の2に相当する額である出産手当金の額は、四捨五入して1円単位にしている点も確実に押さえておきましょう。なお、上記の出産手当金の額は、傷病手当金の額の規定を準用しています。

問題21

傷病手当金の支給を受けるべき者〔傷病手当金の**継続給付**を受けるべき者であって、第135条第1項の規定により傷病手当金の支給を受けることができる＿＿＿（＿＿＿であった者を含む。）**でない**ものに限る。〕が、国民年金法又は厚生年金保険法による**老齢**を支給事由とする年金たる給付その他の老齢又は退職を支給事由とする年金である給付であって政令で定めるもの（以下「老齢退職年金給付」という。）の支給を受けることができるときは、傷病手当金は、支給しない。ただし、その受けることができる老齢退職年金給付の額（当該老齢退職年金給付が2以上あるときは、当該2以上の老齢退職年金給付の額の合算額）を**360**で除して得た額（その額に1円未満の端数があるときは、その端数を**切り捨てた**額）が、傷病手当金の額より**少ない**ときは、その差額を支給する。

- 選択肢 -
① 日雇特例被保険者　② 特例退職被保険者
③ 任意継続被保険者　④ 共済組合の組合員

パターンB　似たような語句を問う問題

老齢退職年金給付と調整される傷病手当金の受給権者を正確に押さえていますか。

問題22

被保険者（**任意継続被保険者**を除く。）が出産したときは、出産の日（出産の日が出産の予定日後であるときは、出産の予定日）以前**42日**（多胎妊娠の場合においては、**98日**）から出産の日後**56日**までの間において＿＿＿期間、出産手当金を支給する。

- 選択肢 -
① 報酬を受けることができない
② 報酬を受けなかった
③ 労務に服さなかった
④ 労務に服することができない

パターンA　根本的な理解を問う問題

出産手当金と傷病手当金の支給期間の規定の違いを押さえていますか。

| 解　答 | ① **日雇特例被保険者** |

根拠：法108条５項、令37条、則89条２項

NG	法104条
任意継続被保険者／共済組合の組合員／特例退職被保険者	被保険者の資格を喪失した日の前日まで**引き続き１年以上**被保険者（**任意継続被保険者**又は**共済組合の組合員**である被保険者を除く。）であった者であって、その資格を喪失した際に傷病手当金の支給を受けているもの（**特例退職被保険者**となった者を除く。）は、被保険者として受けることができるはずであった期間、継続して**同一の保険者**からその給付を受けることができる。

ピタリ	法128条１項
日雇特例被保険者	**日雇特例被保険者**に係る療養の給付又は入院時食事療養費、入院時生活療養費、保険外併用療養費、療養費、訪問看護療養費、移送費、傷病手当金、埋葬料、出産育児一時金若しくは出産手当金の支給は、同一の疾病、負傷、死亡又は出産について、健康保険法第４章の規定、健康保険法以外の医療保険各法（**国民健康保険法**を除く。）の規定若しくは健康保険法55条１項に規定する法令の規定又は**介護保険法**の規定によりこれらに相当する給付を受けることができる場合には、**行わない**。

本問の老齢退職年金給付との調整は、傷病手当金の継続給付を受けるべき者に限定されていますが、障害厚生年金との調整の場合（法108条３項）はそのような制限はありません。

| 解　答 | ③ **労務に服さなかった** 根拠：法99条１項カッコ書、法102条 |

NG	法99条１項
労務に服することができない	被保険者（**任意継続被保険者**を除く。）が療養のため労務に服することができないときは、その労務に服することができなくなった日から起算して**３日**を経過した日から**労務に服することができない**期間、傷病手当金を支給する。

出産手当金と傷病手当金の両方の支給要件を満たす場合には、出産手当金が支給されますが、傷病手当金の額が出産手当金の額を超えるときは、その差額が傷病手当金として支給されます。

第５章　健康保険法

問題23

保険者は、**偽りその他不正の行為**により保険給付を受け、又は受けようとした者に対して、□□□以内の期間を定め、その者に支給すべき**傷病手当金又は出産手当金**の全部又は一部を支給しない旨の決定をすることができる。ただし、偽りその他不正の行為があった日から**1年**を経過したときは、この限りでない。

―選択肢―
① 厚生労働大臣が指定した月数　② 3月
③ 10日　　　　　　　　　　　　④ 6月

作問者思考　**パターンC** 数字の違いを問う問題
不正受給の給付制限期間を押さえていますか。

 問題24

保険者は、保険医療機関若しくは保険薬局又は指定訪問看護事業者が**偽りその他不正の行為**によって療養の給付、入院時食事療養費、入院時生活療養費、保険外併用療養費、訪問看護療養費、家族療養費又は家族訪問看護療養費に関する費用の支払を受けたときは、当該**保険医療機関若しくは保険薬局又は指定訪問看護事業者**に対し、その支払った額につき返還させるほか、その返還させる額□□□を支払わせることができる。

―選択肢―
① に100分の40を乗じて得た額
② に100分の50を乗じて得た額
③ の3倍に相当する額
④ の100分の200に相当する額

作問者思考　**パターンC** 数字の違いを問う問題
保険医療機関等の診療費等の不正受領の返還等の額を正確に押さえていますか。

解 答 ④ 6月　　　根拠：法120条

NG 船保法107条

10日

正当な理由がなくて故意に療養に関する指示に従わない者に対しては、10日以内の期間を定め、その期間、その者に支給すべき傷病手当金の一部を支給しないことができる。

ピタリ 船保法108条

6月

協会は、偽りその他不正の行為により保険給付を受け、又は受けようとした者に対して、6月以内の期間を定め、その者に支給すべき傷病手当金、出産手当金又は休業手当金の全部又は一部を支給しない旨の決定をすることができる。ただし、偽りその他の不正の行為があった日から1年を経過したときは、この限りでない。

本問の不正受給があった場合の給付制限の対象は、傷病手当金と出産手当金に限られていますが、不正利得の徴収の対象となる保険給付には制限がありません（法57条1項カッコ書、法58条）。

解 答 ① に100分の40を乗じて得た額　　　根拠：法58条3項

NG 介保法22条1項

の100分の200に相当する額

偽りその他不正の行為によって保険給付を受けた者があるときは、市町村は、その者からその給付の価額の全部又は一部を徴収することができるほか、当該偽りその他不正の行為によって受けた保険給付が特定入所者介護サービス費の支給、特例特定入所者介護サービス費の支給、特定入所者介護予防サービス費の支給又は特例特定入所者介護予防サービス費の支給であるときは、市町村は、厚生労働大臣の定める基準により、その者から当該偽りその他不正の行為によって支給を受けた額の100分の200に相当する額以下の金額を徴収することができる。

ピタリ 介保法22条3項

に100分の40を乗じて得た額

市町村は、指定居宅サービス事業者等が、偽りその他不正の行為により要介護被保険者に代わり居宅介護サービス費等の支払を受けたときは、当該指定居宅サービス事業者等から、その支払った額につき返還させるべき額を徴収するほか、その返還させるべき額に100分の40を乗じて得た額を徴収することができる。

国民健康保険法、高齢者医療確保法、船員保険法及び各種共済組合法においても、本問と同様の加算割合となります。

第5章 健康保険法

問題25

健康保険法において「**日雇特例被保険者**」とは、適用事業所に使用される日雇労働者をいう。ただし、**後期高齢者医療**の被保険者等である者又は次のいずれかに該当する者として厚生労働大臣の[　　]を受けたものは、この限りでない。
(1) 適用事業所において、引き続く**2月**間に通算して**26日**以上使用される見込みのないことが明らかであるとき。
(2) **任意継続被保険者**であるとき。
(3) その他**特別の理由**があるとき。

―選択肢―――――――――――――――――――――
① 認可　　② 承認　　③ 確認　　④ 認定
―――――――――――――――――――――――――

作問者思考　パターンB　似たような語句を問う問題
日雇特例被保険者の定義を正確に押さえていますか。

 問題26

[　　]から徴収する日雇拠出金の額は、当該年度の**概算**日雇拠出金の額とする。ただし、前年度の**概算**日雇拠出金の額が前年度の**確定**日雇拠出金の額を超えるときは、当該年度の**概算**日雇拠出金の額からその超える額を**控除**して得た額とするものとし、前年度の**概算**日雇拠出金の額が前年度の確定日雇拠出金の額に満たないときは、当該年度の**概算**日雇拠出金の額にその満たない額を**加算**して得た額とする。

―選択肢―――――――――――――――――――――
① 協会　　　　　② 健康保険組合
③ 日雇関係組合　④ 健康保険組合連合会
―――――――――――――――――――――――――

作問者思考　パターンE　重要なキーワードを問う問題
日雇拠出金は、どこから徴収するでしょうか。

| 解　答 | ② 承認 | 根拠：法3条2項 |

NG	雇用法43条2項
認　可	日雇労働被保険者が前**2月**の各月において**18日**以上同一の事業主の適用事業に雇用された場合又は同一の事業主の適用事業に**継続して31日**以上雇用された場合において、厚生労働省令で定めるところにより公共職業安定所長の**認可**を受けたときは、その者は、引き続き、**日雇労働被保険者となることができる**。

本問の「日雇特例被保険者」は、一定の場合に「厚生労働大臣の承認」を受けて日雇特例被保険者にならない場合が規定されているのに対し、雇用保険の「日雇労働被保険者」は、一定の場合に「公共職業安定所長の認可」を受けて日雇労働被保険者のままでいられる場合が規定されています（雇用法43条2項）。

| 解　答 | ③ 日雇関係組合 | 根拠：法174条 |

NG	法123条1項
協　会	日雇特例被保険者の保険の保険者は、**協会**とする。

NG	令67条
健康保険組合連合会	**調整保険料率**は、厚生労働大臣が定める基本調整保険料率に**健康保険組合連合会**が定める修正率を乗じて得た率とする。

ピタリ	法173条1項
日雇関係組合	**厚生労働大臣**は、日雇特例被保険者に係る健康保険事業に要する費用（**前期高齢者納付金**等及び**後期高齢者支援金**等並びに**介護納付金**の納付に要する費用を含む。）に充てるため、法155条〔保険料〕の規定により保険料を徴収するほか、**毎年度**、日雇特例被保険者を使用する事業主の設立する健康保険組合（「**日雇関係組合**」という。）から拠出金（「**日雇拠出金**」という。）を徴収する。

日雇拠出金は、年度単位で概算払いし、翌年度に確定精算する仕組みで納付され、その納期は9月30日と3月31日です。

問題27

保険者は、高齢者の医療の確保に関する法律の規定による**特定健康診査及び特定保健指導**（以下「特定健康診査等」という。）を行うものとするほか、特定健康診査等以外の事業であって、**健康教育**、健康相談及び**健康診査**並びに**健康管理**及び[____]に係る被保険者及びその被扶養者（以下「被保険者等」という。）の自助努力についての**支援**その他の被保険者等の**健康の保持増進**のために必要な事業を行うように努めなければならない。

選択肢
① 療養環境の向上　② 傷病の予防
③ 疾病の予防　　　④ 国民保健の向上

作問者思考　**パターンB** 似たような語句を問う問題
保健福祉事業のうち、「保健事業」と「福祉事業」の違いを押さえていますか。

【解　答】　③ 疾病の予防　　　　　　　　根拠：法150条1項

NG 法150条3項

療養環境の向上

保険者は、被保険者等の療養のために必要な費用に係る資金若しくは用具の貸付けその他の被保険者等の療養若しくは療養環境の向上又は被保険者等の出産のために必要な費用に係る資金の貸付けその他の被保険者等の福祉の増進のために必要な事業を行うことができる（福祉事業）。

NG 法150条5項、則155条

傷病の予防

厚生労働大臣は、健康保険組合に対し、以下に掲げる保健事業又は福祉事業を行うことを命ずることができる。
① 傷病の予防に関する事業
② 健康診断に関する事業
③ 療養に関する事業
④ 保養に関する事業
⑤ 健康の保持に関する事業

NG 法150条の2,1項

国民保健の向上

厚生労働大臣は、国民保健の向上に資するため、匿名診療等関連情報（診療等関連情報に係る特定の被保険者その他の厚生労働省令で定める者を識別すること及びその作成に用いる診療等関連情報を復元することができないようにするために厚生労働省令で定める基準に従い加工した診療等関連情報をいう。）を利用し、又は厚生労働省令で定めるところにより、次の①～③に掲げる者であって、匿名診療等関連情報の提供を受けて行うことについて相当の公益性を有すると認められる業務としてそれぞれ①～③に定めるものを行うものに提供することができる。
① 国の他の行政機関及び地方公共団体
　適正な保健医療サービスの提供に資する施策の企画及び立案に関する調査
② 大学その他の研究機関
　疾病の原因並びに疾病の予防、診断及び治療の方法に関する研究その他の公衆衛生の向上及び増進に関する研究
③ 民間事業者その他の厚生労働省令で定める者
　医療分野の研究開発に資する分析その他の厚生労働省令で定める業務（特定の商品又は役務の広告又は宣伝に利用するために行うものを除く。）

保険者は、本問の「保健事業」を行うに当たっては、高齢者医療確保法16条1項に規定する医療保険等関連情報を活用し、適切かつ有効に行うものとされています。

第5章　健康保険法

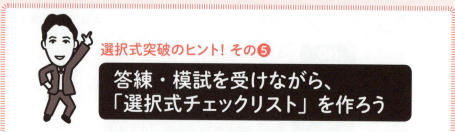

選択式突破のヒント！ その❺
答練・模試を受けながら、「選択式チェックリスト」を作ろう

　毎年、直前期の答練や模試を受けている受験生を見ていて、とても残念に思うときがあるのが、選択式の問題に対する「姿勢」です。少しでも難問に当たると、すぐに解答を諦めてしまい、考えるのをやめてしまう場合があることです。

　たしかに、選択式本試験は一発勝負で、答練や模試の結果は一切関係ありません。答練や模試で選択式の難問に当たったら、後で解答を覚えておけば、万が一本試験で同じ出題があれば対応できるでしょう。

　しかし、**本試験でも間違いなく初見の選択式の難問は出題される**ので、答練や模試のときにこそ、最大限に思考を働かせ、各問題とも基準点を超えられるように、制限時間まで必死に考え抜いてほしいのです。

　このように真剣に選択式の難問に取り組むプロセスを通して、選択式本試験に向けて、自分に最も効果のある独自のノウハウが作られてくるものだと思います。そして、そのノウハウを忘れないように、選択式の答練や模試の復習の際に「**選択式チェックリスト**」として、ノートに反省点を書き出していくのです。こんな感じです。

□ いきなり空欄Ａの正解語句を考え始めないで、まず問題文全体を見て、何が問われているのか、最初にテーマを掴むようにしよう
□ わからない空欄にあまりこだわらないで、とにかくできるだけ早くＥの空欄まで確認しよう
□ 1回目で、各問題で3点以上確保できている自信のある問題かどうかを必ずマークしておこう……

　書き出した「選択式チェックリスト」は、答練や模試で選択式を受験する前には、毎回必ず確認するようにします。

　また、**選択式の問題の復習をする際には気づいたことを、少なくとも1つ以上は見つけて、このリストに加えていくことを目標**にしましょう。

第6章

国民年金法

26問

本試験傾向ズバリ!!

老齢・障害・遺族の各給付からではなく、「費用の負担」、「財政」及び「積立金」等のテーマからの出題が多いのが特徴です。択一式でよく見る条文等ではない規定から選択式が出題されることが多いので、選択式特有の対策が特に必要な科目です。条文数は意外と少ないので、すべての条文を丁寧に確認しておきましょう。

過去5年間の選択式試験　出題内容

平成29年	・保険料の申請免除
平成30年	・厚生労働大臣による老齢基礎年金の受給権者の確認等 ・指定全額免除申請事務取扱者 ・老齢基礎年金の繰下げ
令和元年	・積立金の運用 ・指定代理納付者 ・滞納処分
令和2年	・年金額の改定 ・遺族基礎年金の要件 ・基礎年金拠出金
令和3年	・調整期間 ・公課の禁止

問題 1

第3号被保険者は、資格の取得及び喪失等の事項を**厚生労働大臣**に届け出なければならないが、この届出は**第1号厚生年金被保険者**である第2号被保険者の被扶養配偶者においては、その配偶者である第2号被保険者を使用する**事業主**を経由して行うものとする。当該第2号被保険者を使用する**事業主**は、経由に係る事務の一部を☐☐☐に**委託**することができる。

- 選択肢
  ① 市町村長（特別区の区長を含む。）
  ② 当該事業主が設立する健康保険組合
  ③ 保険料納付確認団体
  ④ 国民年金事務組合

作問者思考　**パターンD　見慣れない語句を問う問題**
第3号被保険者の届出の経由に係る事務を一部委託できるのは、どこですか。

 問題 2

第3号被保険者に該当しなかった者が**第3号被保険者**となったことに関する法12条5項から8項までの規定による届出又は**第3号被保険者**の配偶者が厚生年金保険の被保険者の資格を喪失した後引き続き厚生年金保険の被保険者となったことに関する法105条1項（同条2項において法12条6項から8項までの規定を準用する場合を含む。）の規定による届出が行われた日の属する**月前**の当該届出に係る**第3号被保険者**としての被保険者期間（当該届出が行われた日の属する☐☐☐までの**2年間**のうちにあるものを除く。）は、法5条1項の規定にかかわらず、**保険料納付済期間**に算入しない。

- 選択肢
  ① 月　　② 月の前月　　③ 月の前々月　　④ 月の翌月

作問者思考　**パターンA　根本的な理解を問う問題**
第3号被保険者の届出があった場合に、原則として保険料納付済期間に算入される期間を正確に押さえていますか。

【解答】

② 当該事業主が設立する健康保険組合

根拠：法12条5項、6項、8項

NG　法109条の3,2項

保険料納付確認団体

保険料納付確認団体は、当該団体の構成員その他これに類する者である被保険者からの委託により、当該被保険者に係る保険料が納期限までに納付されていない事実（「保険料滞納事実」という。）の有無について確認し、その結果を当該被保険者に通知する業務を行うものとする。

NG　法109条

国民年金事務組合

同種の事業又は業務に従事する被保険者を構成員とする団体その他被保険者を構成員とするこれに類する団体で政令で定めるもの（「国民年金事務組合」という。）は、当該構成員である被保険者の委託を受けて、当該被保険者に係る法12条1項［第1号被保険者の届出］の届出をすることができる。

> 日本国籍を有しない第3号被保険者の資格取得の届出及び氏名変更の届出の際には、これまで必要とされていた届書・書類に加えて、「ローマ字により氏名を表記した書類」を添えて提出することとなっています。

【解答】

③ 月の前々月

根拠：法附則7条の3,1項

NG　法11条1項

月／月の前月

被保険者期間を計算する場合には、月によるものとし、被保険者の資格を取得した日の属する月からその資格を喪失した日の属する月の前月までをこれに算入する。

NG　法附則7条の3,2項～4項

月の翌月

老齢基礎年金の受給権者が、第3号被保険者の届出を遅滞したことについてやむを得ない事由がある旨の届出を行い、当該届出に係る期間が保険料納付済期間に算入されたときは、当該届出のあった日の属する月の翌月から、年金額を改定する。

> 平成17年4月1日前の第3号被保険者の未届期間については、届出遅滞の事由を問わず、届出をすることにより、当該届出が行われた日以後、当該届出に係る期間を保険料納付済期間に算入することとされています。

問題 3

厚生労働大臣は、国民年金制度に対する**国民の理解**を増進させ、及びその**信頼を向上**させるため、厚生労働省令で定めるところにより、被保険者に対し、当該被保険者の_____に関する必要な情報を**分かりやすい形**で**通知**するものとする。

- 選択肢 -
① 資産若しくは収入の状況
② 身分関係、障害の状態
③ 保険料の納付に関する実態
④ 保険料納付の実績及び将来の給付

パターンE　重要なキーワードを問う問題

ねんきん定期便は、被保険者に何を通知していますか。

| 解 答 | ④ 保険料納付の実績及び将来の給付　根拠：法14条の5 |

NG 法106条1項

資産若しくは収入の状況

厚生労働大臣は、必要があると認めるときは、被保険者の**資格又は保険料に関する処分**に関し、被保険者に対し、国民年金手帳、**出産予定日に関する書類**、被保険者若しくは被保険者の**配偶者**若しくは**世帯主**若しくはこれらの者であった者の**資産若しくは収入の状況**に関する書類その他の物件の**提出**を命じ、又は当該職員をして被保険者に**質問**させることができる。

NG 法107条1項

身分関係、障害の状態

厚生労働大臣は、必要があると認めるときは、受給権者に対して、その者の**身分関係、障害の状態**その他**受給権の消滅**、年金額の改定若しくは**支給の停止**に係る事項に関する書類その他の物件を**提出**すべきことを命じ、又は当該職員をしてこれらの事項に関し受給権者に**質問**させることができる。

NG 法108条の3，1項

保険料の納付に関する実態

厚生労働大臣は、法1条の目的を達成するため、被保険者若しくは被保険者であった者又は受給権者に係る**保険料の納付に関する実態**その他の厚生労働省令で定める事項に関し必要な**統計調査**を行うものとする。

ピタリ 厚年法31条の2

R2-A

保険料納付の実績及び将来の給付

実施機関は、厚生年金保険制度に対する**国民の理解**を増進させ、及びその信頼を向上させるため、主務省令で定めるところにより、被保険者に対し、当該被保険者の**保険料納付の実績及び将来の給付**に関する必要な情報を**分かりやすい形**で**通知**するものとする。

ねんきん定期便は、通常の通知事項に加え、35歳、45歳及び59歳に達する日の属する年度における通知については、①被保険者の資格の取得及び喪失並びに種別の変更の履歴、②すべての第1号被保険者としての被保険者期間における保険料の納付状況並びに第2号被保険者としての被保険者期間における標準報酬月額及び標準賞与額も通知します。

問題 4

第1号被保険者（法定免除、全額免除、学生納付特例又は50歳未満納付猶予の規定により**保険料を納付することを要しないもの**とされている者、4分の3免除、半額免除又は4分の1免除の規定によりその一部の額につき保険料を納付することを要しないものとされている者及び**国民年金基金の加入員**を除く。）は、厚生労働大臣に**申し出**て、その申出をした日の属する_____以後の各月につき、第87条第3項〔保険料の額〕に定める額の保険料のほか、**400**円の保険料を納付する者となることができる。

―**選択肢**――――――――――――――――――――――
① 月の翌月　　② 月の前月　　③ 月の前々月　　④ 月

作問者思考　**パターンA**　**根本的な理解を問う問題**
付加保険料の納付は、いつから可能ですか。

解 答

④ **月**

根拠：法87条の2, 1項、(16)法附則19条4項、(26)法附則14条3項

NG 法87条の2, 3項

月の前月

付加保険料を納付する者となったものは、**いつでも**、厚生労働大臣に**申し出て**、その申出をした日の属する**月の前月**以後の各月に係る保険料〔既に納付されたもの及び法93条1項［保険料の前納］の規定により前納されたもの（**国民年金基金の加入員**となった日の属する**月以後**の各月に係るものを除く。）を除く。〕につき付加保険料を納付する者で**なくなることができる。**

NG 法90条3項、法90条の2, 4項

月の前月

国民年金法90条1項の申請による保険料の全額免除の処分を受けた被保険者が、当該処分の取消しの**申請**をしたときは、厚生労働大臣は、当該**申請**があった日の属する**月の前月**以後の各月の保険料について、当該処分を取り消すことが**できる。**

NG (60)法附則20条1項

月の前々月

初診日が**令和8年4月1日**前にある障害については、初診日の**前日**において、初診日の属する**月の前々月**までの**1年間**（当該初診日において被保険者でなかった者については、当該初診日の属する**月の前々月**以前における直近の被保険者期間に係る月までの**1年間**）のうちに保険料納付済期間及び保険料免除期間以外の被保険者期間（**滞納期間**）がなければ、保険料納付要件は満たしたものとされる。ただし、初診日において**65歳**以上である者にはこの経過措置は適用されない。

付加保険料は、保険料の追納が行われた期間については納付することができません。

第6章 国民年金法

被保険者は、出産の予定日（産前産後期間の保険料免除の届出前に出産した場合にあっては、**出産の日**）の属する月（以下、「出産予定月」という。）の**前月**（多胎妊娠の場合においては、[____]前）から出産予定月の**翌々月**までの期間に係る保険料は、納付することを要しない。

選択肢
① 3月　② 1月　③ 6月　④ 8月

作問者思考　**パターンC** 数字の違いを問う問題
産前産後の保険料免除期間を正確に押さえていますか。

H30-A

厚生労働大臣は、[____]、住民基本台帳法の規定による老齢基礎年金の受給権者に係る**機構保存本人確認情報**の提供を受け、必要な事項について確認を行うものとされ、**機構保存本人確認情報**の提供を受けるために必要と認める場合は、老齢基礎年金給付の受給権者に対し、当該受給権者に係る**個人番号**の報告を求めることができる。

選択肢
① 毎年　② 毎年度　③ 定期的に　④ 毎月

作問者思考　**パターンA** 根本的な理解を問う問題
機構保存本人確認情報が提出されている場合の年金給付の受給権者の確認頻度を押さえていますか。

| 解 答 | ① 3月 | 根拠：法88条の2、則73条の6 |

NG ピタリ	法34条2項、則33条1項、2項
3月 1月	障害基礎年金の受給権者は、障害の程度が増進したことによる障害基礎年金の額の改定の請求をするに当たっては、その請求書に、①当該請求書を提出する日前**3月**以内に作成された障害の現状に関する医師又は歯科医師の診断書等、②加算額対象者があるときは、当該請求書を提出する日前**1月**以内に作成された加算額対象者が受給権者によって生計を維持していることを明らかにすることができる書類等を添えなければならない。

NG	則73条の7,3項
6月	第1号被保険者の産前産後期間の保険料免除の届出は、**出産予定日**の**6月**前から行うことができる。

任意加入被保険者については、本問の産前産後期間の保険料免除も適用されないことに注意しましょう。

| 解 答 | ④ 毎月 | 根拠：則18条 |

NG	則18条の2,1項
毎年	厚生労働大臣は、住民基本台帳法の規定による老齢基礎年金の受給権者に係る**機構保存本人確認情報**の提供を受けることができない場合には、当該受給権者に対し、所定の事項を記載し、かつ、**自ら署名した届書**（自ら署名することが困難な受給権者にあっては、当該受給権者の代理人が署名した届書）を**毎年**厚生労働大臣が指定する日（「指定日」という。）までに提出することを求めることができる。

NG	法94条の2,1項、2項
毎年度	厚生年金保険の実施者たる政府は、**毎年度**、基礎年金の給付に要する費用に充てるため、**基礎年金拠出金**を**負担**する。 実施機関たる共済組合等は、**毎年度**、基礎年金の給付に要する費用に充てるため、**基礎年金拠出金**を**納付**する。

問題 7

基礎年金拠出金の額は、_____ に当該年度における **被保険者の総数** に対する当該年度における当該政府及び実施機関に係る被保険者〔厚生年金保険の実施者たる **政府** にあっては、第 1 号厚生年金被保険者である第 2 号被保険者及びその被扶養配偶者である第 3 号被保険者とし、実施機関たる共済組合等にあっては、当該実施機関たる共済組合等に係る被保険者（**国家公務員共済組合連合会** にあっては当該連合会を組織する共済組合に係る **第 2 号厚生年金被保険者** である第 2 号被保険者及びその被扶養配偶者である第 3 号被保険者とし、**地方公務員共済組合連合会** にあっては当該連合会を組織する **第 3 号厚生年金被保険者** である第 2 号被保険者及びその被扶養配偶者である第 3 号被保険者とし、**日本私立学校振興・共済事業団** にあっては **第 4 号厚生年金被保険者** である第 2 号被保険者及びその被扶養配偶者である第 3 号被保険者とする。）とする。〕の総数の比率に相当するものとして **毎年度** 政令で定めるところにより算定した率を **乗じて** 得た額とする。

選択肢

① 保険料・拠出金算定対象額　② 年金の現価に相当する額
③ 運用に基づく納付金　　　　④ 基礎年金の評価額

パターンD 見慣れない語句を問う問題

基礎年金拠出金の額の計算式を正確に押さえていますか。

解 答

① **保険料・拠出金算定対象額**　　根拠：法94条の3,1項

年金の現価に相当する額

NG 法137条の17,1項

国民年金基金連合会の会員である国民年金基金（以下「基金」という。）は、政令の定めるところにより、**中途脱退者**〔当該基金の加入員の資格を喪失した者（当該加入員の資格を喪失した日において当該基金が支給する年金の受給権を有する者を**除く**。）であって、政令の定めるところにより計算したその者の当該基金の加入員期間が政令で定める期間に満たないものをいう。〕の当該基金の加入員期間に係る**年金の現価に相当する額**（「現価相当額」という。）の交付を当該**国民年金基金連合会**に申し出ることができる（中途脱退者に係る措置）。

運用に基づく納付金

NG 法76条

① 積立金の運用は、厚生労働大臣が、法75条の目的に沿った**運用に基づく納付金**の納付を目的として、**年金積立金管理運用独立行政法人**に対し、積立金を**寄託**することにより行うものとする。
② 厚生労働大臣は、①の規定に基づく**寄託**をするまでの間、**財政融資資金**に積立金を**預託**することができる。

「保険料・拠出金算定対象額」とは、基礎年金の給付費から、保険料免除期間に係る老齢基礎年金及び20歳前傷病による障害基礎年金に対する特別の国庫負担額を除いた額をいいます。

問題 8

被保険者（**産前産後期間**の保険料免除及び4分の3免除、半額免除、4分の1免除の規定の適用を受ける被保険者を除く。）が次の(1)～(3)に該当するに至ったときは、☐☐☐に係る保険料は、**既に納付されたもの**を除き、納付することを要しない。

(1) **障害基礎年金**又は厚生年金保険法に基づく障害を支給事由とする年金たる給付その他の障害を支給事由とする給付であって政令で定めるものの受給権者〔最後に障害等級に該当する程度の障害の状態（以下「障害状態」という。）に該当しなくなった日から起算して障害状態に該当することなく**3年**を経過した障害基礎年金の受給権者（現に障害状態に該当しない者に限る。）その他政令で定める者を除く。〕であるとき。

(2) 生活保護法による**生活扶助**その他の援助であって厚生労働省令で定めるものを受けるとき。

(3) (1)(2)に掲げるもののほか、厚生労働省令で定める**施設に入所**しているとき。

選択肢

① 厚生労働大臣の指定する期間
② その該当するに至った日の属する月の翌月からこれに該当しなくなる日の属する月までの期間
③ その該当するに至った日の属する月からこれに該当しなくなる日の属する月までの期間
④ その該当するに至った日の属する月の前月からこれに該当しなくなる日の属する月までの期間

パターンA ▶ **根本的な理解を問う問題**
法定免除の免除期間を正確に押さえていますか。

解 答

④ **その該当するに至った日の属する月の前月からこれに該当しなくなる日の属する月までの期間**　根拠：法89条

NG	法90条1項、(16)法附則19条4項、(26)法附則14条3項、令6条の8、則76条の2、則77条の2
厚生労働大臣の指定する期間	次の①～④のいずれかに該当する被保険者等から申請があったときは、厚生労働大臣は、その指定する期間（一定の期間を除く。）に係る保険料につき、既に納付されたものを除き、これを納付することを要しないものとし、申請のあった日以後、当該保険料に係る期間を保険料全額免除期間（追納が行われた場合にあっては、当該追納に係る期間を除く。）に算入することができる。ただし、世帯主又は配偶者のいずれかが次の①～④のいずれにも該当しないときは、この限りでない（全額免除）。 ① 当該保険料を納付することを要しないものとすべき月の属する年の前年の所得（1月から6月分の保険料については、前々年の所得とする。）が、その者の扶養親族等の有無及び数に応じて、政令で定める額以下であるとき。 ② 被保険者又は被保険者の属する世帯の他の世帯員が生活保護法による生活扶助以外の扶助その他の援助であって厚生労働省令で定めるものを受けるとき。 ③ 地方税法に定める障害者、寡婦その他の同法の規定による市町村民税が課されない者として政令で定める者（地方税法292条1項10号に規定する障害者、同項11号に規定する寡婦及び12号に規定するひとり親）であって、当該保険料を納付することを要しないものとすべき月の属する年の前年の所得が135万円以下であるとき。 ④ 保険料を納付することが著しく困難である場合として天災その他の厚生労働省令で定める事由があるとき。

法定免除及び産前産後期間の保険料免除以外の免除期間は、すべて「厚生労働大臣の指定する期間」となっています。

問題 9

被保険者又は被保険者であった者から**申請**があったときは、厚生労働大臣は、その指定する期間に係る保険料につき、既に納付されたものを除き、納付することを要しないものとすることができるが、その場合の免除対象の本人及びその**世帯主又は配偶者**の所得要件は、前年の所得（**1月から6月**までの月分の保険料については、前々年の所得とする。）が、その者の所得税法に規定する同一生計配偶者及び扶養親族（「扶養親族等」という。）の数に**1**を加えた数を＿＿＿に乗じて得た額に**32万**を加算した額以下であるときとなっている。

- 選択肢 -
① 63万円　② 48万円　③ 38万円　④ 35万円

　パターンC 数字の違いを問う問題
全額免除申請の所得要件を正確に押さえていますか。

【解 答】 ④ **35万円**   根拠：法90条1項、令6条の7

比較認識法

NG 令6条の8の2
38万円
4分の3免除の適用を受ける場合の所得要件は「その者の扶養親族等がないときは**88万円**、扶養親族等があるときは88万円に当該扶養親族等1人につき原則**38万円**を加算した額」以下であるときとなっている。

比較認識法 （H29-B）

NG 令6条の9
38万円
半額免除の適用を受ける場合の所得要件は「その者の扶養親族等がないときは**128万円**、扶養親族等があるときは128万円に当該扶養親族等1人につき原則**38万円**を加算した額」以下であるときとなっている。

比較認識法

NG 令6条の9の2
38万円
4分の1免除の適用を受ける場合の所得要件は「その者の扶養親族等がないときは**168万円**、扶養親族等があるときは168万円に当該扶養親族等1人につき原則**38万円**を加算した額」以下であるときとなっている。

比較認識法

ピタリ 令6条の7
35万円
納付猶予の適用を受ける場合の所得要件は「その者の扶養親族等の数に**1**を加えた数を**35万円**に乗じて得た額に**32万**を加算した額」以下であるときとなっている。

問題文の中で、単に「納付することを要しないものとすることができる」とされているので、全額免除申請の所得要件の問題だと判断できます。

第6章 国民年金法

問題10

被保険者又は被保険者であった者は、厚生労働大臣の**承認**を受け、法定免除、全額免除、学生納付特例又は納付猶予の規定により納付することを要しないものとされた保険料及び４分の３免除、半額免除及び４分の１免除の規定によりその一部の額につき納付することを要しないものとされた保険料（**承認の日の属する月前10年以内**の期間に係るものに限る。）の全部又は一部につき追納をすることができる。当該追納が行われたときは、追納[   ]に、追納に係る月の保険料が納付されたものと**みなす**。

---選択肢---
① に係る期間の各月が経過した際
② に係る期間の各月の初日が到来したとき
③ が行われた日
④ の属する年度に属する４月１日

パターンA 根本的な理解を問う問題
追納が行われた場合に、いつ納付されたものとみなされますか。

問題11

昭和61年３月31日までに旧厚生年金保険法又は旧船員保険法による**脱退手当金**の支給を受けた者の当該**脱退手当金**の計算の基礎となった期間のうち、昭和36年４月１日以後の期間に係るものは、合算対象期間として**受給資格期間**に算入する。ただし、**昭和61年４月１日**以後[   ]に達する日の前日までに**保険料納付済期間又は保険料免除期間**を有することとなった場合に限る。

---選択肢---
① 55歳　② 60歳　③ 65歳　④ 70歳

パターンC 数字の違いを問う問題
脱退手当金の計算の基礎となった期間が合算対象期間となる場合を正確に押さえていますか。

【解　答】　③ **が行われた日**　　　　　　　　根拠：法94条1項、4項

NG　法93条1項、3項

に係る期間の各月が経過した際

被保険者は、将来の一定期間の保険料を**前納**することができる。
当該前納された保険料について保険料納付済期間又は保険料4分の3免除期間、保険料半額免除期間若しくは保険料4分の1免除期間を計算する場合においては、前納**に係る期間の各月が経過した際**に、それぞれその月の保険料が納付されたものとみなす。

NG　健保法165条3項

に係る期間の各月の初日が到来したとき

（任意継続被保険者又は特例退職被保険者の）前納された保険料については、前納**に係る期間の各月の初日が到来したとき**に、それぞれその月の保険料が納付されたものとみなす。

NG　法94条3項、令10条1項

の属する年度に属する4月1日

保険料の追納額の加算は、保険料を納付することを要しないものとされた月（「免除月という。」）**の属する年度に属する4月1日**から起算して**3年**を経過した日以後に追納する場合に行われるが、免除月が**3月**であって、当該免除月の属する年の**翌々年**の**4月**に追納する場合には、当該加算は行われない。

老齢基礎年金の受給権者は追納することはできません。

【解　答】　③ **65歳**　　　　　　　　根拠：(60)法附則8条5項7号

NG　（元）法附則4条

60歳

昭和36年4月1日から**平成3年3月31日**までの被用者年金制度未加入期間については、**昼間学生であった期間**のうち国民年金に任意加入しなかった20歳以上**60歳**未満の期間が合算対象期間とされる。

本問のように、脱退手当金の計算の基礎となった期間が合算対象期間となることがありますが、脱退一時金の計算の基礎となった期間が合算対象期間となることはありません。

問題12

厚生年金保険等において支給される加給年金額は、加算の対象となる配偶者が**65歳**に到達すると原則として打ち切られるが、かつて国民年金に任意加入とされていた厚生年金保険の被保険者等の配偶者が任意加入していなかった場合、老齢基礎年金が低くなる可能性があるため、**大正15年4月2日**から◯◯◯◯までの間に生まれた老齢基礎年金の受給権者が一定の要件を満たした場合、その老齢基礎年金に**振替加算**が行われる。

───選択肢───
① 昭和41年4月1日　② 昭和40年4月1日
③ 昭和61年3月31日　④ 昭和56年12月31日

作問者思考　パターンC　数字の違いを問う問題
振替加算の対象者の生年月日を正確に押さえていますか。

 問題13

保険料納付済期間又は保険料免除期間（**学生納付特例及び納付猶予**の規定により納付することを要しないものとされた保険料に係るものを除く。）を有する者であって、**60歳以上65歳未満**であるもの（◯◯◯◯でないものに限るものとし、法附則第9条の2の2第1項に規定する**老齢基礎年金の一部の支給繰上げの請求**をすることができるものを除く。）は、当分の間、65歳に達する前に、厚生労働大臣に老齢基礎年金の支給繰上げの**請求**をすることができる。ただし、その者が、その請求があった日の**前日**において、保険料納付済期間と保険料免除期間とを合算した期間が**10年**に満たないときは、この限りでない。

───選択肢───
① 付加保険料を納付する者
② 他の年金たる給付の受給権者
③ 任意加入被保険者
④ 寡婦年金の受給権者

作問者思考　パターンA　根本的な理解を問う問題
老齢基礎年金の支給の繰上げを請求できない者を押さえていますか。

解　答　① **昭和41年4月1日**　　　根拠：(60)法附則14条

NG　(6)法附則11条1項、(16)法附則23条1項

昭和40年4月1日

昭和40年4月1日以前に生まれた者であって、次の①②のいずれかに該当するものは、厚生労働大臣に**申し出て**、国民年金の被保険者となることができる（特例による任意加入被保険者）。
① 日本国内に住所を有する**65歳以上70歳未満**の者
② **日本国籍を有する者**であって、日本国内に住所を有しない**65歳以上70歳未満**のもの

振替加算の額は、224,700円に改定率を乗じて得た額（100円未満の端数は四捨五入した額）に老齢基礎年金の受給権者の生年月日に応じて定める率（1.000〜0.067）を乗じて得た額となります。

 解　答　③ **任意加入被保険者**　　　根拠：法附則9条の2,1項

NG　法28条1項

他の年金たる給付の受給権者

老齢基礎年金の受給権を有する者であって**66歳**に達する前に当該老齢基礎年金を請求していなかったものは、厚生労働大臣に当該老齢基礎年金の支給の繰下げの**申出**をすることができる。ただし、その者が65歳に達したときに、他の年金たる給付（他の年金給付（**付加年金**を除く。）又は厚生年金保険法による年金たる保険給付（**老齢**を支給事由とするものを除く。）をいう。以下同じ。）の受給権者であったとき、又は65歳に達した日から66歳に達した日までの間において**他の年金たる給付の受給権者**となったときは、この限りでない。

本問のように、任意加入被保険者は老齢基礎年金の支給の繰上げを請求できませんし、老齢基礎年金の支給の繰上げを請求している者は任意加入被保険者になることはできません。

問題14

疾病にかかり、又は負傷し、かつ、その傷病（以下「基準傷病」という。）に係る**初診日**において第30条第1項各号［被保険者等要件］のいずれかに該当した者であって、基準傷病以外の傷病により障害の状態にあるものが、基準傷病に係る障害認定日以後**65歳に達する日の前日**までの間において、初めて、基準傷病による障害（以下「基準障害」という。）と他の障害とを併合して障害等級に該当する程度の障害の状態に該当するに至ったとき［基準傷病の初診日が、基準傷病以外の傷病（基準傷病以外の傷病が2以上ある場合は、基準傷病以外のすべての傷病）の**初診日**以降であるときに限る。］は、_____。

---選択肢---

① 当該障害基礎年金の額の改定を請求することができる
② その者に基準障害と他の障害とを併合した障害の程度による障害基礎年金を支給することができる
③ その者は、その期間内に基準障害と他の障害とを併合した障害の程度による障害基礎年金の支給を請求することができる
④ その者に基準障害と他の障害とを併合した障害の程度による障害基礎年金を支給する

作問者思考 **パターンA** 根本的な理解を問う問題

基準障害による障害基礎年金の条文の語尾の表現を押さえていますか。

解　答

④ **その者に基準障害と他の障害とを併合した障害の程度による障害基礎年金を支給する**　根拠：法30条の3

NG　法34条4項

当該障害基礎年金の額の改定を請求することができる

障害基礎年金の受給権者であって、疾病にかかり、又は負傷し、かつ、その傷病（当該障害基礎年金の支給事由となった障害に係る傷病の初診日後に初診日があるものに限る。）に係る当該初診日において法30条1項各号［被保険者等要件］のいずれかに該当したものが、当該傷病により障害（障害等級に該当しない程度のものに限る。以下「その他障害」という。）の状態にあり、かつ、当該傷病に係る障害認定日以後65歳に達する日の前日までの間において、当該障害基礎年金の支給事由となった障害とその他障害（その他障害が2以上ある場合は、すべてのその他障害を併合した障害）とを併合した障害の程度が当該障害基礎年金の支給事由となった障害の程度より増進したときは、その者は、厚生労働大臣に対し、その期間内に当該障害基礎年金の額の改定を請求することができる（その他障害との併合による改定請求）。

NG　法30条の2

障害基礎年金の支給を請求することができる

疾病にかかり、又は負傷し、かつ、当該傷病に係る初診日において被保険者等要件のいずれかに該当した者であって、障害認定日において障害等級に該当する程度の障害の状態になかったものが、同日後65歳に達する日の前日までの間において、その傷病により障害等級に該当する程度の障害の状態に該当するに至ったときは、その者は、その期間内に障害基礎年金の支給を請求することができる（事後重症による障害基礎年金）。

請求することによって受給権が発生する請求年金の条文の語尾の表現は、「支給を請求することができる。」となっていますので、確認してみてください。

第6章　国民年金法

問題15

寡婦年金は、死亡日の**前日**において _____ までの第1号被保険者としての被保険者期間に係る保険料納付済期間と保険料免除期間とを合算した期間が**10年**以上である夫が死亡した場合において、夫の死亡の当時夫によって生計を維持し、かつ、夫との婚姻関係が**10年**以上継続した**65歳**未満の妻があるときに、その者に支給する。ただし、**老齢基礎年金又は障害基礎年金**の支給を受けたことがある夫が死亡したときは、この限りでない。

選択肢
① 死亡日の属する月
② 死亡日の属する月の前月
③ 死亡日の属する月の前々月
④ 死亡日の属する月の翌月

作問者思考　パターンB　似たような語句を問う問題
寡婦年金の支給要件を正確に押さえていますか。

解答 ② 死亡日の属する月の前月　　　根拠：法49条1項

NG　法37条

死亡日の属する月の前々月

遺族基礎年金は、被保険者又は被保険者であった者が国民年金法37条の各号のいずれかに該当する場合に、その者の**配偶者又は子**に支給する。ただし、被保険者が死亡したとき、又は被保険者であった者であって、日本国内に住所を有し、かつ、**60歳以上65歳未満**であるものが、死亡したときにあっては、死亡した者につき、死亡日の前日において、**死亡日の属する月の前々月**までに被保険者期間があり、かつ、当該被保険者期間に係る保険料納付済期間と保険料免除期間とを合算した期間が当該被保険者期間の**3分の2**に満たないときは、この限りでない。

　法52条の2, 1項

死亡日の属する月の前月

死亡一時金は、死亡日の**前日において死亡日の属する月の前月**までの第1号被保険者としての被保険者期間に係る保険料納付済期間の月数、保険料4分の1免除期間の月数の**4分の3**に相当する月数、保険料半額免除期間の月数の**2分の1**に相当する月数及び保険料4分の3免除期間の月数の**4分の1**に相当する月数を合算した月数が**36月**以上である者が死亡した場合において、その者に遺族があるときに、その遺族に支給する。ただし、**老齢基礎年金又は障害基礎年金**の支給を受けたことがある者が死亡したときは、この限りでない。

寡婦年金の額は、死亡日の属する月の前月までの第1号被保険者としての被保険者期間に係る死亡日の前日における保険料納付済期間及び保険料免除期間につき、法27条［老齢基礎年金の基本年金額］の規定の例によって計算した額の4分の3に相当する額となります。

問題16

調整期間における給付額の調整は、原則として、社会全体の**保険料負担能力の変化**と**平均余命の伸び**に伴う給付費の増加を年金改定率に反映させるという、いわゆる「**マクロ経済スライド**」により行われる。このスライドにおいては、本来のスライド率（名目手取り賃金変動率又は物価変動率）に、調整率〔の減少を反映させた率に平均的な年金受給期間（**平均余命**）の伸びを勘案した一定率を乗じた率〕に**前年度の（基準年度以後）特別調整率**を乗じて得た率を乗じた率が、実際のスライド率として用いられることとなる。

調整期間は**平成17年度**より開始されており、同年度以後の当分の間は、調整期間〔向う**100年**程度の期間（財政均衡期間）にわたって財政の均衡を保つことができるようにするために給付額を調整する期間〕とされ、**給付額**の調整が行われることになる。

- 選択肢
  - ① 扶養親族等の有無及び数
  - ② 厚生年金保険法の被保険者の数の総数
  - ③ 公的年金被保険者総数
  - ④ 年金受給者

作問者思考 | **パターンE** 重要なキーワードを問う問題
マクロ経済スライドで用いられる調整率の定義を押さえていますか。

解答

③ 公的年金被保険者総数

根拠：法27条の4,1項1号、令4条の2の2

NG	法36条の3,1項
扶養親族等の有無及び数	20歳前傷病による障害基礎年金は、受給権者の**前年**の所得が、その者の**扶養親族等の有無及び数**に応じて、政令で定める額を超えるときは、その年の**8月**から翌年の**7月**まで、政令で定めるところにより、その**全部又は2分の1**（子の加算額が加算された障害基礎年金にあっては、その額から加算する額を控除した額の**2分の1**）に相当する部分の支給を停止する。

NG ピタリ	令4条の4の3
厚生年金保険法の被保険者の数の総数 / 公的年金被保険者総数	法27条の4,1項1号（マクロ経済スライドによる調整率）に規定する**公的年金被保険者総数**は、次に掲げる数を合算した数を**12**で除して得た数とする。 ① 各年度の**各月の末日**における**第1号被保険者**（旧法による被保険者を除く。）の数の総数 ② 各年度の**各月の末日**における**厚生年金保険法の被保険者の数の総数** ③ 各年度の**各月の末日**における**第3号被保険者**の数の総数

NG	平成30年版厚生労働白書P337
年金受給者	マクロ経済スライドは、少子高齢化が進む中で、**現役世代**の負担が過重なものとならないように、**保険料**の上限を固定し、その限られた財源の範囲内で**年金の給付水準**を徐々に調整する仕組みとして導入されたものであり、**賃金・物価がプラス**の場合に限り、その伸びを抑制する形で年金額に反映させるものである。マクロ経済スライドによる調整をより早く終了することができれば、その分、**将来年金を受給する世代（将来世代）の給付水準**が高い水準で安定することになる。このため、マクロ経済スライドによる調整をできるだけ早期に実施するために、現在の**年金受給者**に配慮する観点から年金の名目額が前年度を下回らない措置（**名目下限措置**）は維持しつつ、**賃金・物価上昇**の範囲内で、**前年度**までの未調整分（キャリーオーバー分）を含めて調整することとした。

調整率を算出する際の「平均余命の伸びを勘案した一定率」は定率であり、現在0.997とされています。

第6章 国民年金法

問題17

受給権者が**65歳**に達した日の属する年度の初日の属する年の**3年**後の年の4月1日の属する年度(「基準年度」という。)以後において適用される改定率(「基準年度以後改定率」という。)の改定については、物価変動率(ときは、名目手取り賃金変動率)を基準とする。

選択肢

① 名目手取り賃金変動率が1を下回る
② 物価変動率が1を下回る
③ 名目手取り賃金変動率が物価変動率を上回る
④ 物価変動率が名目手取り賃金変動率を上回る

作問者思考　**パターンA** 根本的な理解を問う問題
既裁定者の例外的な改定率の見直し基準を正確に押さえていますか。

解答

④ **物価変動率が名目手取り賃金変動率を上回る**

根拠：法27条の3, 1項

NG 法27条の4, 1項、2項

名目手取り賃金変動率が1を下回る

調整期間における**改定率**の改定については、名目手取り賃金変動率に、調整率（当該率が1を**上回る**ときは、1。以下同じ。）に当該年度の前年度の**特別調整率**を乗じて得た率を乗じて得た率（当該率が1を**下回る**ときは、1。「算出率」という。）を基準とする。ただし、**名目手取り賃金変動率が1を下回る**場合の調整期間における改定率の改定については、**名目手取り賃金変動率**を基準とする。

NG 法27条の4, 3項

名目手取り賃金変動率が1を下回る

特別調整率については、毎年度、名目手取り賃金変動率に**調整率**を乗じて得た率を**算出率**で除して得た率（**名目手取り賃金変動率が1を下回る**ときには、**調整率**）を基準として改定する。

NG ピタリ 法27条の5, 1項、2項

物価変動率が名目手取り賃金変動率を上回る

調整期間における**基準年度以後改定率**の改定については、物価変動率（**物価変動率が名目手取り賃金変動率を上回る**ときは、名目手取り賃金変動率）に、**調整率**に当該年度の前年度の**基準年度以後特別調整率**（当該年度が基準年度である場合にあっては、当該年度の前年度の特別調整率）を乗じて得た率を乗じて得た率（当該率が1を**下回る**ときは、1。「基準年度以後算出率」という。）を基準とする。ただし、次の①又は②に掲げる場合の調整期間における**基準年度以後改定率**の改定については、当該①又は②に定める率を基準とする。

物価変動率が1を下回る

① **物価変動率が1を下回る**とき（②の場合を除く。）・・・物価変動率

名目手取り賃金変動率が1を下回る

② 物価変動率が名目手取り賃金変動率を上回り、かつ、**名目手取り賃金変動率が1を下回る**とき・・・名目手取り賃金変動率

障害基礎年金及び遺族基礎年金の子の加算額に係る改定率は、新規裁定者であるか、既裁定者であるかを問わず、新規裁定者の改定率の改定と同様な方法で改定されます。

問題18 R2-A

国民年金法第4条では、「この法律による年金の額は、[___]その他の**諸事情**に著しい変動が生じた場合には、変動後の**諸事情**に応ずるため、**速やかに**改定の措置が講ぜられなければならない。」と規定している。

- 選択肢 -
① 国民の生活水準、賃金　② 国民の生活水準
③ 必要な積立金　　　　　④ 保険料及び国庫負担の額

作問者思考 似たような語句を問う問題

国民年金の年金額の改定の規定と厚生年金保険の年金額の改定の規定の違いを押さえていますか。

解答　② 国民の生活水準　　　　　　　　　　　　　根拠：法4条

比較認識法

NG　厚年法2条の2

国民の生活水準、賃金

厚生年金保険法による年金たる保険給付の額は、国民の生活水準、賃金その他の諸事情に著しい変動が生じた場合には、変動後の諸事情に応ずるため、速やかに改定の措置が講ぜられなければならない。

R3-C　**比較認識法**

NG　法16条の2

必要な積立金

政府は、財政の現況及び見通しを作成するに当たり、国民年金事業の財政が、財政均衡期間の終了時に給付の支給に支障が生じないようにするために必要な積立金（年金特別会計の国民年金勘定の積立金をいう。）を保有しつつ当該財政均衡期間にわたってその均衡を保つことができないと見込まれる場合には、年金たる給付（付加年金を除く。）の額（以下「給付額」という。）を調整するものとし、政令で、給付額を調整する期間（「調整期間」という。）の開始年度を定めるものとする。

比較認識法

NG　法4条の3

保険料及び国庫負担の額

政府は、少なくとも5年ごとに、保険料及び国庫負担の額並びに国民年金法による給付に要する費用の額その他の国民年金事業の財政に係る収支についてその現況及び財政均衡期間における見通しを作成しなければならない（財政の現況及び見通し）。

付加年金を除く年金額については、本問の規定による法律改正を待つまでもなく、賃金・物価の変動に応じて、自動的に改定される仕組み（改定率の改定による自動スライド）が採用されています。

第6章　国民年金法

問題19

遺族基礎年金、寡婦年金又は死亡一時金は、被保険者又は被保険者であった者を**故意**に死亡させた者には、□□□。被保険者又は被保険者であった者の死亡前に、その者の死亡によって遺族基礎年金又は死亡一時金の受給権者となるべき者を**故意**に死亡させた者についても、同様とする。
遺族基礎年金の受給権は、受給権者が他の受給権者を**故意**に死亡させたときは、**消滅する**。

---選択肢---
① 支給しない
② 一時差し止めることができる
③ その支給を停止することができる
④ その全部又は一部を行わないことができる

作問者思考 **根本的な理解を問う問題**
遺族基礎年金の受給権者の絶対的給付制限の語尾の表現を押さえていますか。

解答 ① **支給しない**　　　　　　　　　　　　　　　根拠：法71条

NG 法73条

一時差し止めることができる

受給権者が、正当な理由がなくて、法105条3項［届出等］の規定による届出をせず、又は書類その他の物件を提出しないときは、年金給付の支払を一時差し止めることができる。

NG 法72条1号

その支給を停止することができる

年金給付は、受給権者が、正当な理由がなくて、法107条1項の規定（物件の提出等）による命令に従わず、又は同項の規定による当該職員の質問に応じなかったときは、その額の全部又は一部につき、その支給を停止することができる。

NG 法70条

その全部又は一部を行わないことができる

故意の犯罪行為若しくは重大な過失により、又は正当な理由がなくて療養に関する指示に従わないことにより、障害若しくはその原因となった事故を生じさせ、又は障害の程度を増進させた者の当該障害については、これを支給事由とする給付は、その全部又は一部を行わないことができる。

ピタリ 法69条

支給しない

国民年金法において、故意に障害又はその直接の原因となった事故を生じさせた者の当該障害については、これを支給事由とする障害基礎年金は、支給しない。

自殺による死亡事故については、給付制限が行われない点も押さえておいてください。

第6章 国民年金法

問題20

積立金の運用に係る行政事務に従事する**厚生労働省の職員**（「運用職員」という。）は、積立金の運用の目的に沿って、□□□、**全力を挙げて**その職務を**遂行**しなければならない。

- 選択肢
  ① 専ら国民年金の被保険者の利益のために
  ② 給付の支給に支障が生じないようにするために
  ③ 安全かつ効率的に行うことにより
  ④ 慎重かつ細心の注意を払い

作問者思考　パターンB　似たような語句を問う問題
運用職員の責務を正確に押さえていますか。

 問題21

国民年金基金（以下「基金」という。）は、加入員又は加入員であった者に対し、**年金**の支給を行ない、あわせて加入員又は加入員であった者の**死亡**に関し、**一時金**の支給を行なうものとする。
基金は、加入員及び加入員であった者の**福祉を増進**するため、□□□をすることができる。

- 選択肢
  ① 啓発活動及び広報活動　　② 相談その他の援助
  ③ 電子情報処理組織の運用　　④ 必要な施設

作問者思考　パターンD　見慣れない語句を問う問題
国民年金基金の業務を押さえていますか。

【解答】 ④ **慎重かつ細心の注意を払い**　　根拠：法77条

比較認識法

NG	法75条
専ら国民年金の被保険者の利益のために 安全かつ効率的に行うことにより	積立金の運用は、積立金が国民年金の被保険者から徴収された保険料の一部であり、かつ、将来の給付の貴重な財源となるものであることに特に留意し、専ら国民年金の被保険者の利益のために、長期的な観点から、安全かつ効率的に行うことにより、将来にわたって、国民年金事業の運営の安定に資することを目的として行うものとする。

比較認識法

ピタリ	厚年法79条の10
慎重かつ細心の注意を払い	積立金の運用に係る行政事務に従事する厚生労働省、財務省、総務省及び文部科学省の職員（政令で定める者に限る。「運用職員」という。）は、積立金の運用の目的に沿って、慎重かつ細心の注意を払い、全力を挙げてその職務を遂行しなければならない。

【解答】 ④ **必要な施設**　　根拠：法128条1項、2項

比較認識法

NG	法137条の15,2項
啓発活動及び広報活動	国民年金基金連合会は、次に掲げる事業を行うことができる。ただし、①に掲げる事業を行う場合には、厚生労働大臣の認可を受けなければならない。 ① 基金が支給する年金及び一時金につき一定額が確保されるよう、基金の拠出金等を原資として、基金の積立金の額を付加する事業 ② 法128条5項（問題22参照）の規定による委託を受けて基金の業務の一部を行う事業 ③ 基金への助言又は指導を行う事業その他の基金の行う事業の健全な発展を図るものとして政令で定める事業 ④ 国民年金基金制度についての啓発活動及び広報活動を行う事業

比較認識法

NG	法74条2項
電子情報処理組織の運用	政府は、国民年金事業の実施に必要な事務を円滑に処理し、被保険者等の利便の向上に資するため、電子情報処理組織の運用を行うものとする。

国民年金基金は、加入員の障害や脱退に関する給付は行わないので、注意しましょう。

第6章　国民年金法

問題22

基金は、政令で定めるところにより、厚生労働大臣の**認可**を受けて、その業務（加入員又は加入員であった者に年金又は一時金の支給を行うために必要となるその者に関する情報の**収集、整理又は分析**を含む。）の**一部**を信託会社、信託業務を営む金融機関、生命保険会社、農業協同組合連合会、共済水産業協同組合連合会、**国民年金基金連合会**その他の法人に**委託**することができる。
銀行その他の政令で定める金融機関は、他の法律の規定にかかわらず、基金の業務のうち、☐☐☐に関する業務を**受託**することができる。

― 選択肢 ―
① 保険料を立て替えて納付する事務
② 事務の遂行
③ 基金の加入員となる旨の申出の受理
④ 納付事務

パターンA ▶ 根本的な理解を問う問題
銀行その他の政令で定める金融機関が行う国民年金基金の業務を押さえていますか。

解答

③ 基金の加入員となる旨の申出の受理

根拠：法128条5項、6項

NG 法92条の2の2, 1項

保険料を立て替えて納付する事務

被保険者は、厚生労働大臣に対し、被保険者の**保険料を立て替えて納付する事務**を**適正かつ確実に**実施することができると認められる者であって、政令で定める要件に該当する者として厚生労働大臣が指定するもの（**指定代理納付者**）から付与される**番号**、**記号**その他の**符号**を**通知**することにより、当該**指定代理納付者**をして当該被保険者の保険料を立て替えて納付させることを希望する旨の**申出**をすることができる（クレジットカードによる納付）。

NG 法108条の4、令11条の6の2

事務の遂行

市町村長は、政府管掌年金事業の運営に関する事務又は当該事業に関連する**事務の遂行**のため必要がある場合を除き、**何人**に対しても、その者又はその者以外の者に係る**基礎年金番号**を**告知**することを求めてはならない。

厚生労働大臣及び日本年金機構は、政府管掌年金事業の運営に関する事務又は当該事業に関連する**事務の遂行**のため必要がある場合を除き、**何人**に対しても、その者又はその者以外の者に係る**基礎年金番号**を**告知**することを求めてはならない。

NG 法92条の3, 1項

納付事務

国民年金基金又は国民年金基金連合会は、被保険者（**国民年金基金の加入員**に限る。）の**委託**を受けて、保険料の納付に関する事務（**納付事務**）を行うことができる。

任意加入被保険者については、「日本国内に住所を有する60歳以上65歳未満の者」のみならず、「日本国籍を有する者その他政令で定める者であって、日本国内に住所を有しない20歳以上65歳未満の者」も、国民年金基金に加入できます。

問題23

国民年金基金は、厚生労働大臣の**認可**を受けて、他の基金と吸収**合併**（基金が他の基金とする**合併**であって、**合併**により消滅する基金の権利義務の**全部**を**合併**後存続する基金に承継させるものをいう。）をすることができる。ただし、地域型基金と職能型基金との吸収合併については、その地区が**全国**である**地域型**基金が□□□となる場合を除き、これをすることができない。

選択肢

① 吸収分割基金　　　② 吸収分割承継基金

③ 吸収合併存続基金　④ 吸収合併消滅基金

 パターンA 根本的な理解を問う問題

地域型基金と職能型基金との吸収合併ができる場合を正確に押さえていますか。

解 答

③ **吸収合併存続基金**　　　　　　　根拠：法137条の3,1項

比較認識法

NG　法137条の3の7,1項

吸収分割承継基金

基金は、職能型基金が、その事業に関して有する権利義務であって吸収分割承継基金となる地域型基金の地区に係るものを当該地域型基金に承継させる場合に限り、厚生労働大臣の認可を受けて、吸収分割（基金がその事業に関して有する権利義務の全部又は一部を分割後他の基金に承継させることをいう。）をすることができる。

比較認識法

NG　法137条の3の12、法137条の3の15,2項

吸収分割承継基金

吸収分割基金

吸収分割承継基金は、吸収分割契約の定めに従い、厚生労働大臣の認可を受けた日に、吸収分割基金の権利義務を承継する。なお、吸収分割承継基金が、当該規定により権利義務を承継したときは、吸収分割承継基金に年金の支給に関する義務が承継された者の吸収分割基金の加入員期間は、吸収分割承継基金の加入期間とみなす。

比較認識法

NG ピタリ　法137条の3の6、法137条の3の15,1項

吸収合併消滅基金

吸収合併存続基金

吸収合併存続基金は、厚生労働大臣の認可を受けた日に、吸収合併消滅基金の権利義務を承継する。なお、吸収合併存続基金が、当該規定により権利義務を承継したときは、吸収合併存続基金に年金の支給に関する義務が承継された者の吸収合併消滅基金の加入期間は、吸収合併存続基金の加入員期間とみなす。

合併をする基金は、吸収合併契約を締結しなければならず、当該吸収合併契約について代議員会において代議員の定数の3分の2以上の多数により議決しなければなりません。

第6章 国民年金法

問題24

厚生労働大臣は、平成19年７月６日（施行日）において**国民年金法による給付**（これに相当する給付を含む。以下同じ。）を受ける権利を有する者又は施行日前において当該権利を有していた者（▢▢▢▢を請求する権利を有する者を含む。）について、国民年金原簿に記録した事項の訂正がなされた上で当該給付を受ける権利に係る裁定（**裁定の訂正**を含む。以下同じ。）が行われた場合においては、その裁定による当該記録した事項の訂正に係る給付を受ける権利に基づき**支払期月**ごとに又は**一時金**として支払うものとされる給付の支給を受ける権利について当該裁定の日までに**消滅時効が完成**した場合においても、当該権利に基づく**給付**を支払うものとする。

選択肢
① 未支給の年金の支給　　② 国民年金原簿の訂正
③ 未支給の保険給付の支給　　④ 審査

パターンA　根本的な理解を問う問題
年金時効特例法の内容を押さえていますか。

解答

① 未支給の年金の支給　　　　根拠：年金時効特例法2条

NG 法14条の2,1項

国民年金原簿の訂正

被保険者又は被保険者であった者は、国民年金原簿に記録された自己に係る特定国民年金原簿記録（被保険者の資格の取得及び喪失、種別の変更、保険料の納付状況その他厚生労働省令で定める事項の内容をいう。以下同じ。）が事実でない、又は国民年金原簿に自己に係る特定国民年金原簿記録が記録されていないと思料するときは、厚生労働大臣に対し、国民年金原簿の訂正を請求することができる。

NG 年金時効特例法1条

未支給の保険給付の支給

厚生労働大臣は、平成19年7月6日（施行日）において厚生年金保険法による保険給付（これに相当する給付を含む。以下同じ。）を受ける権利を有する者又は施行日前において当該権利を有していた者（未支給の保険給付の支給を請求する権利を有する者を含む。）について、被保険者に関する原簿に記録した事項の訂正がなされた上で当該保険給付を受ける権利に係る裁定（裁定の訂正を含む。以下同じ。）が行われた場合においては、その裁定による当該記録した事項の訂正に係る保険給付を受ける権利に基づき支払期月ごとに又は一時金として支払うものとされる保険給付の支給を受ける権利について当該裁定の日までに消滅時効が完成した場合においても、当該権利に基づく保険給付を支払うものとする。

年金時効特例法1条は厚生年金保険の「保険給付」について、同法2条は国民年金の「給付」についての規定となっています。

第6章 国民年金法

問題25

厚生労働大臣は、被保険者の資格又は保険料に関し必要があると認めるときは、被保険者等の氏名及び住所、☐☐☐☐（行政手続における**特定の個人**を識別するための番号の利用等に関する法律第2条第5項に規定する☐☐☐☐をいう。）、資格の取得及び喪失の**年月日**、保険料若しくは掛金の**納付状況**その他の事項につき、官公署、**国民年金事務組合**、**国民年金基金**、**国民年金基金連合会**、**独立行政法人農業者年金基金**、共済組合等、健康保険組合若しくは**国民健康保険組合**に対し必要な書類の閲覧若しくは資料の提供を求め、又は銀行、信託会社その他の機関若しくは被保険者等の**配偶者**若しくは**世帯主**その他の**関係人**に**報告**を求めることができる。

選択肢

① 基礎年金番号 　② 個人番号
③ 記号及び番号 　④ 国民年金手帳

作問者思考　パターンE　重要なキーワードを問う問題
厚生労働大臣が各機関に対して、被保険者等の資格又は保険料に関し必要な書類の閲覧又は資料の提供を求めることができる事項を正確に押さえていますか。

 問題26

国民年金法において、「**偽りその他不正な手段**により給付を受けた者は、☐☐☐☐に処する。ただし、刑法に正条があるときは、刑法による」と定められている。

選択肢

① 10万円以下の過料
② 6月以下の懲役又は30万円以下の罰金
③ 1年以下の懲役又は30万円以下の罰金
④ 3年以下の懲役又は100万円以下の罰金

作問者思考　パターンC　数字の違いを問う問題
不正受給に関する罰則を正確に押さえていますか。

【解答】 ② **個人番号**　　　　　　　　　　　　根拠：法108条1項

NG	法14条
基礎年金番号	厚生労働大臣は、国民年金原簿を備え、これに被保険者の氏名、資格の取得及び喪失、種別の変更、保険料の納付状況、基礎年金番号（政府管掌年金事業の運営に関する事務その他当該事業に関連する事務であって厚生労働省令で定めるものを遂行するために用いる記号及び番号であって厚生労働省令で定めるものをいう。）その他厚生労働省令で定める事項を記録するものとする。
記号及び番号	

これまで、新たに国民年金第1～3号被保険者となった者（20歳到達者、20歳前に厚生年金被保険者となった者等）に対する資格取得のお知らせとして、国民年金手帳が交付されていましたが、令和4年4月から、「基礎年金番号通知書」の送付に切り替えられています。

【解答】 ④ **3年以下の懲役又は100万円以下の罰金**
　　　　　　　　　　　　　　　　　　　　根拠：法111条

NG	法112条
6月以下の懲役又は30万円以下の罰金	第1号被保険者による資格の取得及び喪失、種別の変更、氏名及び住所の変更の届出又は第3号被保険者による資格の取得及び喪失、種別の変更、氏名及び住所の変更の届出の規定に違反して虚偽の届出をした被保険者は、6月以下の懲役又は30万円以下の罰金に処する。

国民年金法で最も重い罰則が適用されるのは、本問だけですので、確実に押さえておきましょう。

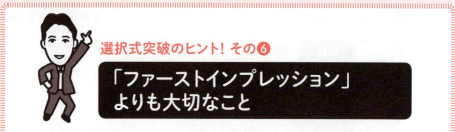

選択式突破のヒント！その❻
「ファーストインプレッション」よりも大切なこと

　社労士受験界には、昔から選択式本試験について、「不思議な格言」がいくつか存在します。

　その1つに、「わからない問題ならば、ファーストインプレッションで思いついた語句を選択し、後から変えない方がいい」というものがあります。その理由は「後から語句を変えて間違えると、後悔するから」ということです。しかし、私は「後からじっくり考えると、正しい選択ができたかもしれないのに、ファーストインプレッションで目についた語句をそのまま選んで間違えてしまう方がよっぽど後悔する」と思うのです。

　事実、「最後の最後に語句を変えて合格した」という合格者をたくさん見てきていますし、私自身もどちらかというと、最後の最後に語句を変えて合格できました。

　誤解しないでほしいのは、「だから、ファーストインプレッションを大切にするよりも、最後まで考えて語句を変えていった方がいい」といいたいのではありません。

　私がここで伝えたいのは、合格者の選択式のアドバイスは、とかくその人の体験談、すなわち結果論が多く、誰でも同じように通用するノウハウではないということです。むしろ、受験生に求められているのは、結果論とノウハウを冷静に分けることができる判断力です。

　特に、選択式本試験は1点で明暗が分かれる試験ですから、たまたま「正解語句」を押さえていた受験生は「簡単だった」というし、押さえていなかった受験生は「難しかった」というものです。だからこそ、あまり人の意見に流されずに、必ず出題されるだろう難問に対しても、正しいアプローチができるように、選択式の本当の実力を身につける努力を続けていくことが必要だと思うのです。

　その上で、年に1度しかない選択式本試験では、「ファーストインプレッション」だけで思考を停止してしまうのではなく、「これまでの努力のすべてを出し切れば、必ず正解語句を見つけられる」との信念の下、時間ギリギリまで、冷静な「注意力」と法的な「推論力」を最大限発揮して考え抜いてほしいです。

第7章

厚生年金保険法

23問

本試験傾向ズバリ!!

保険給付では、老齢厚生年金からの出題が多いのが特徴です。保険給付以外からの出題も多いですが、基本的な出題がメインですので、択一式で高得点を出せる実力をつければ、選択式の基準点はクリアできる問題が多いでしょう。

過去5年間の選択式試験　出題内容

平成29年	・国庫負担 ・中高齢寡婦加算の額 ・3号分割における標準報酬の改定請求 ・合意分割の請求
平成30年	・繰上充当 ・積立金の運用 ・養育期間標準報酬月額の特例
令和元年	・厚生労働大臣から財務大臣への滞納処分等に係る権限の委任 ・財政の現況及び見通しの作成 ・年金の支給期間の端数処理
令和2年	・ねんきん定期便 ・老齢厚生年金の支給の繰下げ ・合意分割
令和3年	・賞与の定義 ・交付金等 ・一括適用事業所

問題 1

厚生労働大臣は、滞納処分等その他の処分に係る納付義務者が滞納処分等その他の処分の執行を免れる目的でその財産について隠ぺいしているおそれがあることその他の政令で定める事情があるため保険料その他厚生年金保険法の規定による徴収金の効果的な徴収を行う上で必要があると認めるときは、財務大臣に、当該納付義務者に関する情報その他必要な情報を提供するとともに、当該納付義務者に係る滞納処分等その他の処分の権限の全部又は一部を委任することができる。なお、政令で定める事情は、次の(1)～(4)のいずれにも該当するものであることとする。

(1) 納付義務者が**24月分**以上の保険料を滞納していること。
(2) 納付義務者が滞納処分等その他の処分の執行を免れる目的でその財産について隠ぺいしているおそれがあること。
(3) 納付義務者が滞納している保険料その他法の規定による徴収金の額が以上であること。
(4) 滞納処分等その他の処分を受けたにもかかわらず、納付義務者が滞納している保険料その他法の規定による徴収金の納付について誠実な意思を有すると認められないこと。

選択肢

① 1千万円　② 3千万円　③ 5千万円　④ 1億円

作問者思考　パターンC　数字の違いを問う問題

悪質な保険料滞納者に対する財務大臣への強制徴収委任要件の国民年金保険料の場合との違いを押さえていますか。

解 答

③ **5千万円**

根拠：法100条の5,1項、令4条の2の16、則99条、則101条

NG 国年法109条の5,1項、5項、令11条の10、則105条、則106条

比較認識法

1千万円

厚生労働大臣は、滞納処分等その他の処分に係る納付義務者が滞納処分等その他の処分の執行を免れる目的でその財産について隠ぺいしているおそれがあることその他の政令で定める事情があるため保険料その他国民年金法の規定による徴収金の効果的な徴収を行う上で必要があると認めるときは、政令で定めるところにより、財務大臣に、当該納付義務者に関する情報その他必要な情報を提供するとともに、当該納付義務者に係る滞納処分等その他の処分の権限の全部又は一部を委任することができる。なお、政令で定める事情は、次の①～④のいずれにも該当するものであることとする。

① 納付義務者が13月分以上の保険料を滞納していること。
② 納付義務者が滞納処分等その他の処分の執行を免れる目的でその財産について隠ぺいしているおそれがあること。
③ 納付義務者の前年の所得（1月から6月までにおいては、前々年の所得）が1千万円以上であること。
④ 滞納処分等その他の処分を受けたにもかかわらず、納付義務者が滞納している保険料その他国民年金法の規定による徴収金の納付について誠実な意思を有すると認められないこと。

本問により委任された財務大臣の権限は、国税庁長官に再委任されています。

第7章 厚生年金保険法

問題 2

老齢厚生年金の受給権者は、☐☐ときは、**速やかに**、氏名、生年月日及び住所、個人番号又は**基礎年金番号**、老齢厚生年金の年金証書の**年金コード**、☐☐年月日その他定められた内容を記載した届書を日本年金機構(以下「機構」という。)に提出しなければならない。

- 選択肢 -
① 住所を変更した
② 70歳以上の使用される者の要件に該当した
③ 代理人を選任又は解任した
④ 国会議員等となった

パターンA ▶根本的な理解を問う問題
老齢厚生年金の受給権者に一元化に伴い、新たに届出が必要となった場合は何ですか。

問題 3

毎年3月31日における全被保険者の標準報酬月額を平均した額の**100分の200**に相当する額が標準報酬月額等級の最高等級の標準報酬月額を超える場合において、その状態が継続すると認められるときは、その年の☐☐から、健康保険法第40条第1項に規定する標準報酬月額の等級区分を**参酌**して、**政令**で、当該最高等級の上に更に等級を加える標準報酬月額の等級区分の改定を行うことができる。

- 選択肢 -
① 8月1日　② 9月1日　③ 4月1日　④ 7月1日

パターンC ▶数字の違いを問う語句
厚生年金保険法における等級区分の改定を押さえていますか。

| 解　答 | ④ 国会議員等となった | 根拠：則32条の３ |

NG　則38条１項

住所を変更した

老齢厚生年金の受給権者（厚生労働大臣が住民基本台帳法30条の９の規定により当該受給権者に係る機構保存本人確認情報の提供を受けることができる者を除く。）は、その住所を変更したときは、10日以内に、受給権者の生年月日、個人番号又は基礎年金番号、老齢厚生年金の年金証書の年金コードを記載した届書を、機構に提出しなければならない。

国会議員等（国会議員又は地方議会の議員）も、在職老齢年金の支給停止が行われるため、本問の届出が必要になります。

| 解　答 | ② ９月１日 | 根拠：法20条２項 |

NG　法21条１項

７月１日

実施機関は、被保険者が毎年７月１日現に使用される事業所において同日前３月間〔その事業所で継続して使用された期間に限るものとし、かつ、報酬支払の基礎となった日数が17日（厚生労働省令で定める者にあっては、11日）未満である月があるときは、その月を除く。〕に受けた報酬の総額をその期間の月数で除して得た額を報酬月額として、標準報酬月額を決定する。

ピタリ　健保法40条２項、３項

９月１日

(1) 毎年３月31日における標準報酬月額等級の最高等級に該当する被保険者数の被保険者総数に占める割合が100分の1.5を超える場合において、その状態が継続すると認められるときは、その年の９月１日から、政令で、当該最高等級の上に更に等級を加える標準報酬月額の等級区分の改定を行うことができる。ただし、その年の３月31日において、改定後の標準報酬月額等級の最高等級に該当する被保険者数の同日における被保険者総数に占める割合が100分の0.5を下回ってはならない。
(2) 厚生労働大臣は、(1)の政令の制定又は改正について立案を行う場合には、社会保障審議会の意見を聴くものとする。

健康保険の場合と異なり、当該等級区分の改定に係る政令の制定又は改正について立案を行う場合に、「社会保障審議会の意見を聴くもの」とはされていません。

第７章　厚生年金保険法

235

問題 4

3歳に満たない子を養育し、又は養育していた被保険者又は被保険者であった者が、主務省令で定めるところにより実施機関に申出をしたときは、当該子を養育することとなった日の属する月から子が3歳に達したとき等の条件に該当するに至った日の翌日の属する月の前月までの各月のうち、その標準報酬月額が当該子を養育することとなった日の属する月の前月（当該月において被保険者でない場合にあっては、当該月前1年以内における被保険者であった月のうち直近の月。以下「基準月」という。）の標準報酬月額（この規定により当該子以外の子に係る基準月の標準報酬月額が標準報酬月額とみなされている場合にあっては、当該みなされた基準月の標準報酬月額。以下「従前標準報酬月額」という。）を下回る月（当該申出が行われた日の属する月前の月にあっては、当該申出が行われた日の属する月の前月までの_____間のうちにあるものに限る。）については、従前標準報酬月額を当該下回る月の第43条第1項［老齢厚生年金の年金額］に規定する平均標準報酬額の計算の基礎となる標準報酬月額とみなす。

― 選択肢 ―
① 1月　　② 1年　　③ 2年　　④ 3年

パターンC　数字の違いを問う語句
養育期間中の標準報酬月額の特例の申出が遅れた場合を押さえていますか。

解 答 ③ **2年**　　　　　　　　　　　　　　　　根拠：法26条1項

NG	則40条の2
1 月	老齢厚生年金の受給権者の属する世帯の世帯主その他その世帯に属する者は、当該受給権者の所在が1月以上明らかでないときは、速やかに、その旨の届書を機構に提出しなければならない。

NG	(60)法附則64条1項
1 年	初診日が令和8年4月1日前にある傷病による障害厚生年金については、当該傷病に係る初診日の前日において、当該初診日の属する月の前々月までに国民年金の被保険者期間があり、かつ、当該初診日の前日において当該初診日の属する月の前々月までの1年間のうちに保険料納付済期間及び保険料免除期間以外の国民年金の被保険者期間がないときは、保険料納付要件を満たす。ただし、当該障害に係る者が当該初診日において65歳以上であるときは、この限りではない。

ピタリ	国年法附則7条の3, 1項
2 年	国民年金の第3号被保険者に該当しなかった者が第3号被保険者となったことに関する届出又は第3号被保険者の配偶者が厚生年金保険の被保険者の資格を喪失した後引き続き厚生年金保険の被保険者となったことに関する届出が行われた日の属する月前の当該届出に係る第3号被保険者としての被保険者期間（当該届出が行われた日の属する月の前々月までの2年間のうちにあるものを除く。）は、保険料納付済期間に算入しない（原則）。

本問は、あくまで老齢厚生年金の年金額の算定における特例であって保険料額の算定の場合には適用されません。

問題 5

受給権者が毎年 **9月1日**（以下「基準日」という。）において被保険者である場合（基準日に**被保険者の資格**を取得した場合を除く。）の老齢厚生年金の額は、基準日の属する_____の被保険者であった期間をその計算の基礎とするものとし、基準日の属する**月の翌月**から、年金の額を改定する。ただし、基準日が被保険者の資格を喪失した日から**再び被保険者の資格を取得した日**までの間に到来し、かつ、当該被保険者の資格を喪失した日から再び被保険者の資格を取得した日までの期間が**1月**以内である場合は、基準日の属する_____の被保険者であった期間を老齢厚生年金の額の計算の基礎とするものとし、基準日の属する**月の翌月**から、年金の額を改定する。

選択肢

① 月　　② 月前　　③ 月以前　　④ 月後

パターンA　根本的な理解を問う問題

老齢厚生年金の年金額の改定を正確に押さえていますか。

解 答　② **月前**　　　　　　　　　　　　　根拠：法43条2項

| **NG** 月後 | 法51条
障害厚生年金の額については、当該障害厚生年金の支給事由となった障害に係る障害認定日の属する**月後**における被保険者であった期間は、その計算の基礎としない。 |

| **NG ピタリ** 月前

月 | 法43条3項
被保険者である受給権者がその被保険者の資格を喪失し、かつ、被保険者となることなくして被保険者の資格を喪失した日から起算して**1月**を経過したときは、その被保険者の資格を喪失した**月前**における被保険者であった期間を老齢厚生年金の額の計算の基礎とするものとし、資格を喪失した日（法14条2号から4号まで［**死亡及び70歳到達以外の資格喪失事由**］のいずれかに該当するに至った日にあっては、その日）から起算して**1月**を経過した日の属する**月**から、年金の額を改定する。 |

65歳以上の受給権者は、在職中でも、毎年1回（10月分から）年金額の改定が行われます。

第7章　厚生年金保険法

問題 6

R2-C

(1) 老齢厚生年金の受給権を有する者であってその受給権を取得した日から起算して **1年** を経過した日（以下「**1年** を経過した日」という。）前に当該老齢厚生年金を請求していなかったものは、**実施機関** に当該老齢厚生年金の支給繰下げの **申出** をすることができる。ただし、その者が当該 **老齢厚生年金の受給権を取得した** ときに、他の年金たる給付〔他の年金たる保険給付又は国民年金法による年金たる給付（[　　]を除く。）をいう。以下同じ。〕の受給権者であったとき、又は当該 **老齢厚生年金の受給権を取得した日から1年** を経過した日までの間において他の年金たる給付の受給権者となったときは、この限りでない。

(2) **1年** を経過した日後に次の①又は②に掲げる者が(1)の申出をしたときは、当該①又は②に定める日において、(1)の申出があったものとみなす。

① 老齢厚生年金の受給権を取得した日から起算して **10年** を経過した日（②において「10年を経過した日」という。）前に他の年金たる給付の受給権者となった者
   他の年金たる給付を支給すべき事由が生じた日

② 10年を経過した日後にある者（①に該当する者を除く。）
   10年を経過した日

--- 選択肢 ---
① 老齢基礎年金及び付加年金並びに障害基礎年金
② 老齢を支給事由とするもの
③ 付加年金
④ 老齢基礎年金及び付加年金

パターンA ▶ 根本的な理解を問う問題

老齢厚生年金の支給の繰下げの規定を押さえていますか。

解　答

① **老齢基礎年金及び付加年金並びに障害基礎年金**

根拠：法44条の3

NG	国年法28条1項, 2項
老齢を支給事由とするもの	(1) 老齢基礎年金の受給権を有する者であって66歳に達する前に当該老齢基礎年金を請求していなかったものは、厚生労働大臣に当該老齢基礎年金の支給繰下げの申出をすることができる。ただし、その者が65歳に達したときに、他の年金たる給付〔他の年金給付（付加年金を除く。）又は厚生年金保険法による年金たる保険給付（老齢を支給事由とするものを除く。）をいう。以下同じ。〕の受給権者であったとき、又は65歳に達した日から66歳に達した日までの間において他の年金たる給付の受給権者となったときは、この限りでない。
付加年金	(2) 66歳に達した日後に次の①又は②に掲げる者が(1)の申出をしたときは、当該①又は②に定める日において、(1)の申出があったものとみなす。 ① 75歳に達する日前に他の年金たる給付の受給権者となった者 　**他の年金たる給付を支給すべき事由が生じた**日 ② 75歳に達した日後にある者（①に該当する者を除く。） 　**75歳に達した**日

老齢厚生年金も、老齢基礎年金と同様に、老齢厚生年金の受給権を取得した日から起算して10年を経過した日まで繰下げて受給することができます（最大84％増額）。

問題 7

老齢厚生年金に加算する加給年金額は、配偶者については**224,700円**に国民年金法に規定する**改定率**を乗じて得た額（その額に◯◯◯◯ものとする。）とする（原則）。

- 選択肢 -
① 1円未満の端数が生じたときは、これを切り捨てる
② 50銭未満の端数が生じたときは、これを切り捨て、50銭以上1円未満の端数が生じたときは、これを1円に切り上げる
③ 100円未満の端数が生じたときは、これを切り捨てる
④ 50円未満の端数が生じたときは、これを切り捨て、50円以上100円未満の端数が生じたときは、これを100円に切り上げる

作問者思考　パターンA　根本的な理解を問う問題
加給年金額と保険給付の端数処理の違いを押さえていますか。

解答

④ 50円未満の端数が生じたときは、これを切り捨て、50円以上100円未満の端数が生じたときは、これを100円に切り上げる

根拠：法44条2項

NG 法36条の2

| 1円未満の端数が生じたときは、これを切り捨てる | 法36条3項［支払期月］の規定による支払額に1円未満の端数が生じたときは、これを切り捨てるものとする。 |

NG 法35条1項、2項、令3条

| 50銭未満の端数が生じたときは、これを切り捨て、50銭以上1円未満の端数が生じたときは、これを1円に切り上げる | 保険給付を受ける権利を裁定する場合又は保険給付の額を改定する場合において、保険給付の額に50銭未満の端数が生じたときは、これを切り捨て、50銭以上1円未満の端数が生じたときは、これを1円に切り上げるものとする。
保険給付の額を計算する過程において、50銭未満の端数が生じたときは、これを切り捨て、50銭以上1円未満の端数が生じたときは、これを1円に切り上げることができる。 |

第7章 厚生年金保険法

問題 8

障害厚生年金は、疾病にかかり、又は負傷し、その疾病又は負傷及びこれらに起因する疾病（以下「傷病」という。）につき初めて医師又は歯科医師の診療を受けた日（以下「初診日」という。）において被保険者であった者が、当該**初診日から起算して1年6月を経過した日**（その期間内に**その傷病が治った日**があるときは、その日とし、以下「障害認定日」という。）において、その傷病により障害等級に該当する程度の障害の状態にある場合に、その障害の程度に応じて、**その者に支給する**。ただし、当該傷病に係る初診日**の前日**において、当該初診日の属する月**の前々月**までに□□□期間があり、かつ、当該被保険者期間に係る保険料納付済期間と保険料免除期間とを合算した期間が当該被保険者期間の**3分の2に満たないとき**は、この限りでない。

― 選択肢 ―
① 国民年金の被保険者
② 厚生年金保険の被保険者
③ 国民年金の被保険者及び厚生年金保険の被保険者
④ 2以上の種別の被保険者であった

パターンB 似たような語句を問う問題

障害厚生年金の保険料納付要件は、どの期間を対象としていますか。

解 答

① 国民年金の被保険者　　　　　　　　　　根拠：法47条1項

NG　法28条の2

2以上の種別の被保険者であった

障害厚生年金の受給権者であって、当該障害に係る障害認定日において2以上の種別の被保険者であった期間を有する者に係る当該障害厚生年金の額については、その者の2以上の被保険者の種別に係る被保険者であった期間を合算し、一の期間に係る被保険者期間のみを有するものとみなして、障害厚生年金の額の計算及びその支給停止に関する規定その他政令で定める規定を適用する。

ピタリ　法附則29条1項

国民年金の被保険者

当分の間、被保険者期間が6月以上である日本国籍を有しない者（国民年金の被保険者でないものに限る。）であって、老齢厚生年金の受給資格期間を満たさない者は、脱退一時金の支給を請求することができる。ただし、その者が日本国内に住所を有するとき、障害厚生年金その他政令で定める保険給付の受給権を有したことがあるとき、最後に国民年金の被保険者の資格を喪失した日（同日において日本国内に住所を有していた者にあっては、同日後初めて、日本国内に住所を有しなくなった日）から起算して2年を経過しているときは、この限りでない（脱退一時金の支給要件）。

遺族厚生年金の保険料納付要件をみるときも、国民年金の被保険者期間を対象としています。

問題 9

障害の程度が**障害等級の1級又は2級**に該当する者に支給する障害厚生年金の額は、受給権者□□□□しているその者の**65歳未満の配偶者**があるときは、法50条［障害厚生年金の額］の規定にかかわらず、同条に定める額に**加給年金額**を加算した額とする。

--- 選択肢 ---
① がその権利を取得した当時その者によって生計を維持
② と生計を同じく
③ がその権利を取得した当時その者と生計を同じく
④ によって生計を維持

パターンA 根本的な理解を問う問題

障害厚生年金の配偶者加給年金の生計維持要件は、いつ問われますか。

解答 ④ によって生計を維持　　　根拠：法50条の2,1項

NG　法44条3項

がその権利を取得した当時その者によって生計を維持

老齢厚生年金の受給権者がその権利を取得した当時胎児であった子が出生したときは、加給年金額の規定の適用については、その子は、受給権者**がその権利を取得した当時その者によって生計を維持**していた子とみなし、その**出生の月の翌月**から、年金の額を改定する。

ピタリ　国年法33条の2,2項

によって生計を維持

障害基礎年金の受給権者がその権利を取得した日の翌日以後にその者**によって生計を維持**しているその者の子（18歳に達する日以後の最初の3月31日までの間にある子及び**20歳未満であって障害等級に該当する障害の状態にある子**に限る。）を有するに至ったことにより、法33条の2,1項［子の加算額］の規定によりその額を加算することとなったときは、当該**子を有するに至った日の属する月の翌月**から、障害基礎年金の額を改定する。

本問にあるように、障害厚生年金の加給年金額の加算については「受給権取得当時」の生計維持関係を必要とされていないので、障害厚生年金の障害等級1級又は2級の受給権者が、受給権取得後に65歳未満の配偶者と生計維持関係になったとしても、配偶者加給年金額が加算されます。

問題10

障害厚生年金（［＿＿＿］を除く。）の受給権者であって、疾病にかかり、又は負傷し、かつ、その傷病（当該障害厚生年金の支給事由となった障害に係る**傷病の初診日後に初診日**があるものに限る。以下同じ。）に係る当該初診日において被保険者であったものが、当該傷病により障害（**障害等級の1級又は2級**に該当しない程度のものに限る。以下「その他障害」という。）の状態にあり、かつ、当該傷病に係る障害認定日以後**65歳に達する日の前日**までの間において、当該障害厚生年金の支給事由となった障害とその他障害（その他障害が2以上ある場合は、全てのその他障害を併合した障害）とを併合した障害の程度が当該障害厚生年金の支給事由となった障害の程度より増進したときは、その者は、**実施機関**に対し、その期間内に障害厚生年金**の額の改定を請求することができる。**

- 選択肢
① 当該障害厚生年金と同一の支給事由に基づく国民年金法による障害基礎年金の受給権を有しないもの
② 加給年金額が加算されているもの
③ その権利を取得した当時から引き続き障害等級の1級又は2級に該当しない程度の障害の状態にある受給権者に係るもの
④ 支給停止されているもの

パターンA　根本的な理解を問う問題
いわゆる併合改定請求の規定を正確に押さえていますか。

解答 ③ その権利を取得した当時から引き続き障害等級の1級又は2級に該当しない程度の障害の状態にある受給権者に係るもの

根拠：法52条4項

NG 法52条7項

| 当該障害厚生年金と同一の支給事由に基づく国民年金法による障害基礎年金の受給権を有しないもの | 障害厚生年金の額の改定における職権改定の規定は、65歳以上の者であって、かつ、障害厚生年金の受給権者（当該障害厚生年金と同一の支給事由に基づく国民年金法による障害基礎年金の受給権を有しないものに限る。）については、適用しない。 |

ピタリ 法48条

| その権利を取得した当時から引き続き障害等級の1級又は2級に該当しない程度の障害の状態にある受給権者に係るもの | 障害厚生年金（その権利を取得した当時から引き続き障害等級の1級又は2級に該当しない程度の障害の状態にある受給権者に係るものを除く。）の受給権者に対して更に障害厚生年金を支給すべき事由が生じたときは、前後の障害を併合した障害の程度による障害厚生年金を支給する（併合認定）。 |

ピタリ 法52条の2

| その権利を取得した当時から引き続き障害等級の1級又は2級に該当しない程度の障害の状態にある受給権者に係るもの | 障害厚生年金（その権利を取得した当時から引き続き障害等級の1級又は2級に該当しない程度の障害の状態にある受給権者に係るものを除く。）の受給権者が、国民年金法による障害基礎年金（当該障害厚生年金と同一の支給事由に基づいて支給されるものを除く。）の受給権を有するに至ったときは、当該障害厚生年金の支給事由となった障害と当該障害基礎年金の支給事由となった障害とを併合した障害の程度に応じて、当該障害厚生年金の額を改定する（障害基礎年金との併合）。 |

基準障害による障害厚生年金（法47条の3、**問題11**のNG）との違いを意識して押さえておきましょう。

問題11

障害手当金は、□□□において次のいずれかに該当する者には、支給しない。

(1) 年金たる保険給付の受給権者〔最後に障害状態に該当しなくなった日から起算して障害状態に該当することなく**3年**を経過した障害厚生年金の受給権者（**現に障害状態に該当しない者**に限る。）を除く。以下(2)における障害基礎年金の受給権者についても同様とする。〕
(2) **国民年金法**による年金たる給付の受給権者
(3) 当該傷病について**国家公務員災害補償法**等その他法律の規定による障害給付等、障害を支給事由とする給付を受ける権利を有する者

──選択肢──
① 障害認定日　　② 障害の程度を定めるべき日
③ 請求をした日　④ 傷病に係る初診日

パターンB 似たような語句を問う問題
障害手当金の支給される日を何と言いますか。

解答

② 障害の程度を定めるべき日　　　根拠：法56条

NG　法47条の2

障害認定日	疾病にかかり、又は負傷し、かつ、その**傷病に係る初診日**において被保険者であった者であって、**障害認定日**において障害等級に該当する程度の障害の状態にならなかったものが、同日後**65歳に達する日の前日**までの間において、その傷病により障害等級に該当する程度の障害の状態に該当するに至ったときは、その者は、その期間内に法47条1項の［一般的な障害厚生年金］の**支給を請求することができる**（事後重症による障害厚生年金）。
傷病に係る初診日	

NG　法47条の3

傷病に係る初診日	疾病にかかり、又は負傷し、かつ、**傷病（以下この条においては「基準傷病」という。）に係る初診日**において被保険者であった者であって、**基準傷病以外**の傷病により障害の状態にあるものが、**基準傷病**に係る**障害認定日以後65歳に達する日の前日**までの間において、初めて、基準傷病による障害（以下この条において「基準障害」という。）と他の障害とを併合して**障害等級の1級又は2級**に該当する程度の障害の状態に該当するに至ったとき〔基準傷病の初診日が、基準傷病以外の傷病（基準傷病以外の傷病が2以上ある場合は、基準傷病以外のすべての傷病）に係る初診日**以降**であるときに限る。〕は、その者に基準障害と他の障害とを併合した障害の程度による**障害厚生年金を支給する**（基準障害による障害厚生年金）。
障害認定日	

「障害の程度を定めるべき日」とは、障害認定日と異なり、当該初診日から起算して5年を経過する日までの間にその傷病が治った日となります。

問題12

遺族厚生年金（その受給権者が**65歳**に達しているものに限る。）は、その受給権者が☐☐☐の受給権を有するときは、当該☐☐☐（加給年金額が加算されたものは、**加給年金額を加算しない額**）に相当する部分の支給を停止する。

- 選択肢 -
① 遺族基礎年金　② 老齢厚生年金
③ 障害厚生年金　④ 老齢基礎年金

パターンA 根本的な理解を問う問題
遺族厚生年金の実際の支給額の規定を押さえていますか。

解 答

② **老齢厚生年金** 根拠：法64条の2、法60条1項2号カッコ書

NG	法65条
遺族基礎年金	いわゆる中高齢の寡婦加算が行われた遺族厚生年金は、その受給権者である妻が当該被保険者又は被保険者であった者の死亡について**遺族基礎年金**の支給を受けることができるときは、その間、当該加算する額に相当する部分の**支給を停止する**。

ピタリ	法60条1項2号、法附則17条の2
老齢厚生年金	遺族厚生年金の額は、法59条1項［遺族の範囲］に規定する遺族のうち、**老齢厚生年金**の受給権を有する**配偶者**（**65歳**に達している者に限る。）が遺族厚生年金の受給権を取得したときは、法60条1項1号に定める額［原則としての基本年金額］又は次の(1)及び(2)に掲げる額を合算した額のうちいずれか**多い額**とする。 (1) 原則としての基本年金額に**3分の2**を乗じて得た額 (2) 当該遺族厚生年金の受給権者の**老齢厚生年金**の額（法44条1項［加給年金額］の規定により加給年金額が加算された**老齢厚生年金**にあっては、この規定を**適用しない額**とする。）に**2分の1**を乗じて得た額

本問の遺族厚生年金の実際の支給額の算定において、遺族厚生年金の受給権者が、厚生年金保険の被保険者である場合は、在職老齢年金の仕組みによる支給停止が行われないとした場合の老齢厚生年金の額に基づいて行われます。

問題13

遺族厚生年金（**長期要件**によって支給されるものであって、その額の計算の基礎となる被保険者期間の月数が**240未満**であるものを除く。）の受給権者である**妻**であってその**権利を取得した当時40歳以上65歳未満**であったもの又は40歳に達した当時、遺族基礎年金を受けることができる遺族の範囲に属する**子と生計を同じくしていた**ものが**65歳**未満であるときは、遺族厚生年金の額に（その額に50円未満の端数が生じたときは、これを切り捨て、50円以上100円未満の端数が生じたときは、これを100円に切り上げるものとする。）を加算する。

選択肢

① 遺族基礎年金の額に4分の3を乗じて得た額
② 遺族基礎年金の額の規定の例により計算した額
③ 障害基礎年金の額に4分の3を乗じて得た額
④ 老齢厚生年金の規定の例により計算した額に4分の3を乗じて得た額

作問者思考 **パターンA 根本的な理解を問う問題**

中高齢の寡婦加算額は、条文では何と規定されていますか。

解答 ① **遺族基礎年金の額に4分の3を乗じて得た額**

根拠：法62条1項

NG (60)法附則74条1項

遺族基礎年金の額の規定の例により計算した額

配偶者に支給する遺族厚生年金の額は、当該厚生年金保険の被保険者又は被保険者であった者の死亡の当時その配偶者が**遺族基礎年金の遺族の範囲に属する子**と生計を同じくしていた場合であって、当該厚生年金保険の被保険者又は被保険者であった者の死亡につきその配偶者が**遺族基礎年金の受給権を取得しない**ときは、遺族厚生年金の額の規定の例により計算した額に国民年金法の**遺族基礎年金の額の規定の例により計算した額**を加算した額とする。

NG 法50条3項

障害基礎年金の額に4分の3を乗じて得た額

障害厚生年金の給付事由となった障害について国民年金法による**障害基礎年金**を受けることができない場合において、障害厚生年金の額が**障害基礎年金の額に4分の3を乗じて得た額**（その額に50円未満の端数が生じたときは、これを切り捨て、50円以上100円未満の端数が生じたときは、これを100円に切り上げるものとする。）に満たないときは、当該額を障害厚生年金の額とする。

NG 法60条1項

老齢厚生年金の規定の例により計算した額に4分の3を乗じて得た額

遺族（老齢厚生年金の受給権を有する**65歳**以上の**配偶者**である遺族を除く。）に支給する遺族厚生年金の額は、死亡した被保険者又は被保険者であった者の被保険者期間を基礎として**老齢厚生年金の規定の例により計算した額の4分の3**に相当する額とする。
ただし、**短期要件**に該当することにより支給される遺族厚生年金については、その額の計算の基礎となる被保険者期間の月数が**300**に満たないときは、これを**300**として計算した額とする。

中高齢の寡婦加算は、子のない妻の場合は夫の死亡が妻の40歳未満の場合、子のある妻の場合は妻の遺族基礎年金の受給権が40歳未満で消滅した場合には、支給されません。

第7章 厚生年金保険法

問題14

次の遺族厚生年金の受給権者である妻（☐以前に生まれた者に限る。）が65歳に達したとき（65歳以後に受給権を取得したときは**そのとき**）は、遺族厚生年金の額にその**妻**の生年月日に応じた額が加算される。

(1) 中高齢の寡婦加算が加算されている**65歳未満の者**
(2) 65歳以上の者〔死亡した厚生年金保険の被保険者等であった夫が**長期要件**に該当する者の場合は、その者の被保険者期間の月数が**240（中高齢の特例あり）以上**である場合に限る〕

― 選択肢 ―
① 昭和31年4月1日　② 昭和9年4月2日
③ 昭和41年4月1日　④ 昭和40年4月1日

パターンC　数字の違いを問う問題
経過的寡婦加算の支給対象者を正確に押さえていますか。

問題15

遺族厚生年金の受給権は、遺族厚生年金の受給権を取得した当時**30歳未満**である妻が当該遺族厚生年金と**同一の支給事由**に基づく国民年金法による☐ときは、当該**遺族厚生年金の受給権を取得した日**から起算して**5年**を経過したときは、消滅する。

― 選択肢 ―
① 遺族基礎年金の受給権を有する
② 遺族基礎年金の受給権を取得しない
③ 障害基礎年金の受給権を有する
④ 障害基礎年金の受給権を取得しない

パターンA　根本的な理解を問う問題
いわゆる若年妻の失権事由を正確に押さえていますか。

256

① **昭和31年4月1日**　根拠：(60)法附則73条1項、別表第9

NG (60)法附則60条2項

昭和9年
4月2日

昭和9年4月2日以後に生まれた老齢厚生年金の受給権者については、配偶者の加給年金額に受給権者の生年月日に応じて33,200円から165,800円に改定率を乗じた額の特別加算が行われる。

経過的寡婦加算は、受給権者である妻が、障害基礎年金（旧国民年金法による障害年金を含む。）の受給権を有するとき（その支給を停止されているときを除く。）又は当該被保険者若しくは被保険者であった者の死亡について遺族基礎年金の支給を受けることができるときは、その間、支給が停止されます。

② **遺族基礎年金の受給権を取得しない**

根拠：法63条1項5号

NG 法63条1項5号

遺族基礎年金の受給権を有する

遺族厚生年金の受給権は、遺族厚生年金と当該遺族厚生年金と同一の支給事由に基づく国民年金法による遺族基礎年金の受給権を有する妻が30歳に到達する日前に当該遺族基礎年金の受給権が消滅したときは、当該遺族基礎年金の受給権が消滅した日から起算して5年を経過したときは、消滅する。

NG 法66条2項

遺族基礎年金の受給権を有する

配偶者に対する遺族厚生年金は、当該被保険者又は被保険者であった者の死亡について、配偶者が国民年金法による遺族基礎年金の受給権を有しない場合であって子が当該遺族基礎年金の受給権を有するときは、その間、その支給を停止する。ただし、子に対する遺族厚生年金が法67条［所在不明による支給停止］の規定によりその支給を停止されている間は、この限りでない。

第7章　厚生年金保険法

脱退一時金の額の計算に係る**支給率**は、最終月（最後に被保険者の資格を喪失した日の属する**月の前月**をいう。以下同じ。）の属する年の前年___の保険料率（最終月が**1月から8月まで**の場合にあっては、前々年___の保険料率）に**2分の1**を乗じて得た率に、被保険者であった期間に応じて政令で定める数を乗じて得た率とし、その率に小数点以下1位未満の端数があるときは、これを**四捨五入**する。

- 選択肢
  ① 3月　② 9月　③ 10月　④ 4月

作問者思考　パターンC　数字の違いを問う問題
脱退一時金の支給額を算定する場合の支給率を正確に押さえていますか。

厚生年金保険事業の財政は、**長期的**にその均衡が保たれたものでなければならず、___と見込まれる場合には、**速やかに**所要の措置が講ぜられなければならない。
政府は、少なくとも**5年**ごとに、**保険料及び国庫負担の額**並びに厚生年金保険法による**保険給付に要する費用の額**その他の厚生年金保険事業の財政に係る収支についてその**現況及び財政均衡期間における見通し**を作成しなければならない。

- 選択肢
  ① 将来にわたって不均衡である
  ② 著しくその均衡を失する
  ③ 責任準備金相当額を下回っている
  ④ その事業の継続が著しく困難なもの

作問者思考　パターンB　似たような語句を問う問題
厚生年金保険事業の財政についての規定を押さえていますか。

| 解 答 | ③ **10月** | 根拠：法附則29条3項、4項 |

NG 法36条の2

3月

毎年**3月**から翌年**2月**までの間において、支払期月の規定による支払額の端数処理の規定により切り捨てた金額の合計額（**1円未満の端数が生じたときは、これを切り捨てた額**）については、これを当該**2月**の支払期月の年金額に加算するものとする。

NG （60）法附則74条1項

9月

政府等は、厚生年金保険事業に要する費用（**基礎年金拠出金**を含む。）に充てるため、保険料を徴収する。保険料額は、標準報酬月額及び標準賞与額にそれぞれ保険料率を乗じて得た額とする。
保険料率は、平成29年**9月**以後の月分の保険料については、**1000分の183.00**とする（原則）。

> 脱退一時金の額は、被保険者であった期間に応じて、その期間の平均標準報酬額（被保険者期間の計算の基礎となる各月の標準報酬月額と標準賞与額の総額を、当該被保険者期間の月数で除して得た額をいう。）に支給率を乗じて得た額となり、再評価は行われません。

| 解 答 | ② **著しくその均衡を失する** | 根拠：法2条の3、法2条の4 |

ピタリ 国年法4条の2

著しく
その均衡を
失する

国民年金事業の財政は、**長期的に**その均衡が保たれたものでなければならず、**著しくその均衡を失する**と見込まれる場合には、**速やかに**所要の措置が講ぜられなければならない。

> 本問の後段の規定は、給付と負担の均衡を100年程度の財政均衡期間（既に生まれている世代が概ね年金受給を終えるまでの期間）で図り、財政均衡期間の最終年度における積立金水準を支払準備金程度（給付費の約1年分程度）とする、「有限均衡方式」と呼ばれる考え方に基づくものです。

問題18

国民年金法による年金たる給付及び厚生年金保険法による年金たる保険給付については、(1)に掲げる額と(2)に掲げる額とを合算して得た額の(3)に掲げる額に対する比率（**所得代替率**）が**100分の50を上回る**こととなるような給付水準を**将来にわたり確保**するものとする。

(1) 当該年度における国民年金法による老齢基礎年金の額（当該年度において**65歳**に達し、かつ、保険料納付済期間の月数が**480**である受給権者について計算される額とする。）を当該年度の前年度までの＿＿＿の推移を勘案して調整した額を**12**で除して得た額に**2**を乗じて得た額に相当する額

(2) 当該年度における厚生年金保険法による老齢厚生年金の額〔当該年度の前年度における**男子である同法による被保険者**（(3)において「男子被保険者」という。）の**平均的な標準報酬額**に相当する額に当該年度の前年度に属する月の標準報酬月額又は標準賞与額に係る再評価率を乗じて得た額を**平均標準報酬額**とし、被保険者期間の月数を**480**として同項〔老齢厚生年金の額〕の規定の例により計算した額とする。〕を**12**で除して得た額に相当する額

(3) 当該年度の前年度における**男子被保険者**の**平均的な標準報酬額**に相当する額から当該額に係る**公租公課**の額を控除して得た額に相当する額

選択肢
① 基本月額　　　　② 総報酬月額相当額
③ 平均標準報酬額　④ 標準報酬平均額

パターンB 似たような語句を問う問題

所得代替率の基準となる標準的な年金額の算定方法を押さえていますか。

解答

④ **標準報酬平均額**　　　　　　　　根拠：(16)法附則2条

基本月額

NG　(60)法附則62条1項

基本月額とは、老齢厚生年金の額（**加給年金額、繰下げ加算額及び経過的加算額**を除く。）を**12**で除して得た額をいう。

平均標準報酬額

NG　法43条1項

老齢厚生年金の額は、被保険者であった全期間の**平均標準報酬額**（被保険者期間の計算の基礎となる各月の標準報酬月額と**標準賞与額**に、受給権者の区分に応じてそれぞれ**再評価率**を乗じて得た額の総額を、当該被保険者期間の月数で除して得た額をいう。）の**1000分の5.481**に相当する額に被保険者期間の月数を乗じて得た額とする。

標準報酬平均額

ピタリ　法100条の3,1項

実施機関（**厚生労働大臣**を除く。）は、厚生労働省令で定めるところにより、当該**実施機関を所管する大臣**を経由して、**標準報酬平均額**の算定のために必要な事項として厚生労働省令で定める事項について**厚生労働大臣**に**報告**を行うものとする。

「標準報酬平均額」とは、新規裁定者の再評価率の改定に用いる標準報酬の平均額をいいます。

障害厚生年金の受給権者が、**故意若しくは重大な過失**により、又は**正当な理由がなくて療養に関する指示に従わない**ことにより、その障害の程度を**増進**させ、又はその**回復**を妨げたときは、**職権**による障害厚生年金の額の改定を行わず、**又は**その者の障害の程度が現に該当する☐に該当するものとして、障害厚生年金の額の改定を**行う**ことができる。

- 選択肢
  ① 障害等級以上の障害等級　② 障害等級以外の障害等級
  ③ 障害等級　　　　　　　　④ 障害等級以下の障害等級

作問者思考　パターンB　似たような語句を問う問題
障害厚生年金の受給権者に対する給付制限の内容を正確に押さえていますか。

離婚等をした場合における標準報酬改定請求について、**当事者の合意**のための協議が調わないとき、又は協議をすることができないときは、当事者の**一方の申立て**により、☐は、当該対象期間における保険料納付に対する当事者の**寄与の程度**その他一切の事情を考慮して、請求すべき**按分割合**を定めることができる。

- 選択肢
  ① 厚生労働大臣　② 家庭裁判所
  ③ 実施機関　　　④ 地方公共団体の議会の議長

作問者思考　パターンD　見慣れない語句を問う問題
合意分割において当事者の合意が調わないとき、又は協議することができないときは、どこが按分割合を定めますか。

| 解　答 | ④　障害等級以下の障害等級 | 根拠：法74条 |

比較認識法

NG 法52条1項

障害等級以外の障害等級

実施機関は、障害厚生年金の受給権者について、その障害の程度を診査し、その程度が従前の障害等級以外の障害等級に該当すると認めるときは、その程度に応じて、障害厚生年金の額を改定することができる。

本問のような障害厚生年金の受給権者に対する給付制限の規定は、障害基礎年金にはありませんので、注意しましょう。

| 解　答 | ②　家庭裁判所 | 根拠：法78条の2, 2項 |

NG 法78条の4

実施機関

当事者又はその一方は、実施機関に対し、主務省令で定めるところにより、標準報酬改定請求を行うために必要な情報であって、対象期間標準報酬総額、按分割合の範囲、これらの算定の基礎となる期間その他厚生労働省令で定めるものの提供を請求することができる。

NG 法100条の2, 4項

地方公共団体の議会の議長

実施機関は、年金たる保険給付に関する処分に関し必要があると認めるときは、衆議院議長、参議院議長又は地方公共団体の議会の議長に対し、必要な資料の提供を求めることができる。

合意分割が行われるのは、平成19年4月1日以後に離婚等をした場合ですが、平成19年4月1日前の対象期間に係る標準報酬も分割の対象となります。

第7章　厚生年金保険法

問題21

離婚等をした場合における標準報酬改定請求の規定における当事者等への**情報の提供**の規定により、按分割合の範囲について**情報の提供**を受けた日が**対象期間の末日前**であって対象期間の末日までの間が☐場合その他の厚生労働省令で定める場合における標準報酬改定請求については、按分割合の範囲の原則の規定にかかわらず、当該**情報の提供**を受けた按分割合の範囲を、按分割合の範囲とすることができる。

---選択肢---
① 2年を経過した　② 3月を経過していない
③ 1月以内の　　　④ 1年を超えない

パターンB 似たような語句を問う問題

按分割合の範囲の特例の規定を押さえていますか。

解答 ④ **1年を超えない**　　　　　　　根拠：法78条の3, 2項

NG 法78条の4
2年を経過した

当事者又はその一方は、実施機関に対し、主務省令で定めるところにより、標準報酬改定請求を行うために必要な情報の提供を請求することができる。ただし、当該請求が標準報酬改定請求後に行われた場合又は離婚等をしたときから2年を経過した場合等においては、この限りでない。

NG 法78条の4, 1項、則78条の7
3月を経過していない

当事者等への情報の提供の請求は、当該情報の提供を受けた日の翌日から起算して3月を経過していない場合には、行うことができない。ただし、次の場合には3月を経過していない場合でも情報の提供の請求を行うことができる。
① 当事者について国民年金法に規定する被保険者の種別の変更があった場合
② 養育期間中の標準報酬月額の特例の申出が行われた場合
③ 国民年金法附則に規定する第3号被保険者の未届期間について届出が行われた場合
④ 当事者の一方が障害厚生年金〔対象期間中の特定期間（法第78条の14第1項〔3号分割の請求〕に規定する特定期間をいい、同条第2項及び第3項〔標準報酬の3号分割〕の規定による標準報酬の改定及び決定が行われていないものに限る）の全部又は一部をその額の計算の基礎とするものに限る。⑤において同じ〕の受給権者となった場合
⑤ 当事者の一方の有する障害厚生年金の受給権が消滅した場合
⑥ 請求すべき按分割合に関する審判若しくは調停又は人事訴訟法第32条第1項の規定による請求すべき按分割合に関する処分の申立てするのに必要な場合

NG 令3条の12の7
1月以内の

離婚等が成立し、按分割合が定められたが、合意分割の請求をする前に当事者の一方が死亡した場合、当事者双方の合意内容が公正証書等により客観的に明らかであれば、当事者の一方が死亡した日から起算して1月以内に合意分割の請求を行うことができる。

合意分割で請求すべき按分割合は、当事者それぞれの対象期間標準報酬総額の合計額に対する、第2号改定者の対象期間標準報酬総額の割合を超え2分の1以下の範囲内で定められなければなりません。

問題22

被保険者（被保険者であった者を含む。以下「**特定被保険者**」という。）が被保険者であった期間中に被扶養配偶者（当該特定被保険者の配偶者として国民年金法の**第3号被保険者**に該当していたものをいう。以下同じ。）を有する場合において、当該**特定被保険者**の被扶養配偶者は、当該**特定被保険者**と離婚等をしたときは、実施機関に対し、□□□（当該**特定被保険者**が被保険者であった期間であり、かつ、その被扶養配偶者が当該**特定被保険者**の配偶者として**第3号被保険者**であった期間をいう。以下同じ。）に係る被保険者期間の標準報酬の改定及び決定を請求することができる。ただし、当該請求をした日において当該特定被保険者が**障害厚生年金**（当該□□□の**全部又は一部**をその額の計算の基礎とするものに限る。）の受給権者であるときは、この限りでない。

― 選択肢 ―
① 対象期間　② 厚生年金被保険者期間
③ 特定期間　④ 清算期間

作問者思考　パターンB　似たような語句を問う問題
3号分割の請求の対象となる期間は、何といいますか。

問題23

厚生労働大臣は、第1号厚生年金被保険者の**資格、標準報酬又は保険料**に関し必要があると認めるときは、第1号厚生年金被保険者であり、若しくはあった者（以下「被保険者等」という。）又は**健康保険**若しくは**国民健康保険**の被保険者若しくは被保険者であった者の氏名及び住所、**個人番号**（行政手続における特定の個人を識別するための番号の利用等に関する法律第2条第5項に規定する**個人番号**をいう。）、資格の取得及び喪失の年月日、被保険者等の**勤務又は収入の状況**その他の事項につき、官公署、健康保険組合若しくは国民健康保険組合に対し**必要な資料の提供**を求め、又は銀行、信託会社その他の機関若しくは**事業主**その他の関係者に□□□ことができる。

― 選択肢 ―
① 物件を提出すべきことを命じる
② 報告を求める
③ 質問し、若しくは帳簿、書類その他の物件を検査する
④ 無料で証明を行う

作問者思考　パターンB　似たような語句を問う問題
第1号厚生年金被保険者の資格、標準報酬及び保険料に関する関係者に対する厚生労働大臣の権限を押さえていますか。

【解答】 ③ 特定期間　　　　　　　　　根拠：法78条の14, 1項

比較認識法

NG 則78条の2, 1項

対象期間　合意分割の請求は、婚姻期間等に係る被保険者期間における当事者の標準報酬の改定又は決定を請求するものであり、当該期間を対象期間という。

比較認識法

NG 法78条の35

厚生年金被保険者期間　2以上の種別の被保険者であった期間を有する者については、各号の厚生年金保険者期間のうち1の種別の厚生年金被保険者期間に係る合意分割又は3号分割の規定による標準報酬改定請求は、他の種別の厚生年金被保険者期間に係る合意分割又は3号分割の規定による標準報酬改定請求と同時に行わなければならない。

平成20年4月1日前の婚姻期間は、特定期間に算入されないので、3号分割の対象とはなりません。

【解答】 ② 報告を求める　　　　　　　根拠：法100条の2, 5項

比較認識法

NG 法100条1項

物件を提出すべきことを命じる／質問し、若しくは帳簿、書類その他の物件を検査する

厚生労働大臣は、被保険者の資格、標準報酬、保険料又は保険給付に関する決定に関し、必要があると認めるときは、適用事業所等の事業主若しくは適用事業所であると認められる事業所の事業主又は10条2項（任意単独被保険者）の同意をした事業主に対して、文書その他の物件の提出を命じ、又は当該職員をして事業所に立ち入って関係者に質問し、若しくは帳簿、書類その他の物件を検査させることができる。

比較認識法

NG 法95条

無料で証明を行う　市町村長は、実施機関又は受給権者に対して、当該市町村の条例の定めるところにより、被保険者、被保険者であった者又は受給権者の戸籍に関し、無料で証明を行うことができる。

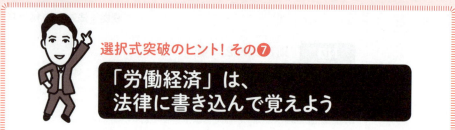

選択式突破のヒント！ その❼
「労働経済」は、法律に書き込んで覚えよう

　労働一般常識で出題される「労働経済」の問題は、すべての社労士受験生共通の悩みだと思います。私は、正直「労働経済」だけの択一式の問題なら「捨て問」にしてもかまわないと思っていますが、選択式で出題されるとそうはいきません。やはり「労働経済」に対しても、それなりの準備が必要です。ただ、「労働経済」の情報を通して読んでみても、試験に対応できるほど、なかなか正確に覚えられるものではありません。

　しかも、最近の過去問を見ればわかりますが、「労働経済」は単純に数字（割合）が問われるだけでなく、その数字となった「理由」や「調査名」そのものがよく問われています。そのため、単純に数字の暗記で対応するのは難しくなってきています。

　そこで、オススメしたい勉強法が、「労働経済」の情報を関連する法律のテキストに書き込んでおくことです。スペースがなければ、大きめの付箋に書き出して関連する法律の該当ページに貼っておくといいでしょう。この勉強法は、労働一般常識の問題は、択一式も選択式もテーマ（たとえば、「賃金」「労働時間」「退職金」等）を決めて、法律や労働経済等の知識をまとめて問う形式の出題が多いという最近の本試験傾向にも完全にマッチしています。

　具体的には、こんな感じです。

◆「就労条件総合調査」は、「労働基準法」へ書き込む
◆「賃金構造基本統計調査」は、「最低賃金法」へ書き込む
◆「労働組合基礎調査」は、「労働組合法」へ書き込む
　　　　　　　　　　　　　　　　　　　　　　　……

　こうしておくと、「労働経済」の情報を見る機会がグッと増えますし、法律の情報とリンクさせることで覚えやすくもなります。ポイントは、覚えられそうな情報だけを書き込むことです。書き込んでも、押さえられそうにない情報は思い切って捨てて、自分が押さえておく知識を明確にしておきましょう。

第8章

労務管理その他の労働に関する一般常識

30問

本試験傾向ズバリ!!

「労働関係法規」だけでなく、「統計」や「助成金」等からも出題されるので、難関の科目です。もっとも、「労働関係法規」からの出題があったときに、致命的なミスをしないことが大切です。特に、目的条文等は最新法律も含め、確実に準備しておきましょう。

過去5年間の選択式本試験 出題内容

平成29年	・能力開発基本調査 ・「外国人雇用状況」の届出状況まとめ
平成30年	・人口動態統計 ・次世代育成支援対策推進法
令和元年	・技能検定 ・女性活躍推進法 ・就業構造基本調査
令和2年	・各種調査名
令和3年	・労働者の募集・採用 ・各種助成金

労働組合法は、労働者が使用者との交渉において**対等の立場**に立つことを促進することにより□□□を向上させること、労働者がその労働条件について交渉するために自ら代表者を**選出**することその他の**団体行動**を行うために**自主的**に労働組合を組織し、**団結**することを擁護すること並びに使用者と労働者との関係を規制する**労働協約**を締結するための**団体交渉**をすること及びその手続を**助成**することを目的とする。

――選択肢――
① 労働関係　② 労働条件
③ 労働者の待遇　④ 労働者の地位

パターンE　重要なキーワードを問う問題
労働組合法の目的を一言でいうと何ですか。

 労働組合法において「労働組合」とは、労働者が主体となって**自主的**に労働条件の**維持改善**その他**経済的地位**の向上を図ることを主たる目的として組織する団体又はその連合団体をいうが、役員、雇入解雇昇進又は異動に関して**直接の権限**を持つ監督的地位にある労働者、使用者の労働関係についての計画と方針とに関する**機密の事項**に接し、そのためにその職務上の義務と責任とが当該労働組合の組合員としての□□□と責任とに**直接にてい触**する監督的地位にある労働者その他使用者の**利益を代表**する者の参加を許すものは、「労働組合」に該当しない。

――選択肢――
① 誠意　② 権利　③ 信義　④ 正当な行為

パターンD　見慣れない語句を問う問題
労働組合の定義を正確に押さえていますか。

解　答

④ **労働者の地位**　　　　　　根拠：労働組合法1条

比較認識法

NG	労働関係調整法1条
労働関係	労働関係調整法は、**労働組合法**と相まって、**労働関係**の公正な調整を図り、**労働争議**を予防し、又は解決して、**産業の平和**を維持し、もって**経済の興隆**に寄与することを目的とする。

団結権、団体交渉権、団体行動権を「労働三権」といい、労働組合法、労働基準法、労働関係調整法を「労働三法」といいます。

解　答

① **誠意**　　　　　　根拠：労働組合法2条

比較認識法

NG	労契法3条4項
信義	労働者及び使用者は、労働契約を**遵守**するとともに、**信義**に従い**誠実**に、権利を行使し、及び義務を履行しなければならない。

比較認識法

NG	労組法7条1号
正当な行為	使用者は、労働者が**労働組合の組合員**であること、労働組合に**加入**し、若しくはこれを**結成**しようとしたこと若しくは労働組合の**正当な行為**をしたことの故をもって、その労働者を**解雇**し、その他これに対して不利益な取扱いをすること又は労働者が労働組合に**加入**せず、若しくは労働組合から**脱退**することを**雇用条件**とすることをしてはならない（原則）。

本問以外にも、「団体の運営のための経費の支出につき使用者の経理上の援助を受けるもの」（原則）、「共済事業その他福利事業のみを目的とするもの」及び「主として政治運動又は社会運動を目的とするもの」も、労働組合法上の「労働組合」に該当しません。

第8章　労務管理その他の労働に関する一般常識

問題 3

労働協約には、**3年**をこえる有効期間の定をすることができない。**有効期間の定がない**労働協約は、当事者の一方が、**署名し、又は記名押印した文書**によって相手方に予告して、解約することができる。この予告は、解約しようとする日の少くとも[　　]前にしなければならない。

- 選択肢 -
① 120日　② 90日　③ 30日　④ 15日

作問者思考　**パターンC　数字の違いを問う問題**
期間の定めのない労働協約を解約する手続について押さえていますか。

問題 4

労働組合法において一の工場事業場に常時使用される**同種の**労働者の[　　]の労働者が一の労働協約の適用を受けるに至ったときは、当該工場事業場に使用される他の**同種の**労働者に関しても、当該労働協約が適用されるものとする。

- 選択肢 -
① 過半数
② 3分の2以上の数
③ 4分の3以上の数
④ 大部分

作問者思考　**パターンC　数字の違いを問う問題**
労働協約の一般的拘束力の要件を正確に押さえていますか。

解　答　② **90日**　　　根拠：労働組合法15条

NG 労組法27条の19

30日

使用者が都道府県労働委員会の救済命令等について中央労働委員会に**再審査の申立てをしない**とき、又は中央労働委員会が**救済命令等を発した**ときは、使用者は、救済命令等の交付の日から**30日**以内に、救済命令等の**取消しの訴えを提起**することができる。この期間は、**不変期間**とする。

NG 労組法27条の15

15日

使用者は、都道府県労働委員会の救済命令等の交付を受けたときは、**15日**以内（天災その他この期間内に**再審査の申立て**をしなかったことについてやむを得ない理由があるときは、その理由がやんだ日の翌日から起算して**1週間**以内）に**中央労働委員会**に**再審査の申立て**をすることができる。

3年をこえる有効期間の定をした労働協約は、3年の有効期間の定をした労働協約とみなされます。

解　答　③ **4分の3以上の数**　　　根拠：労働組合法17条

NG 労組法18条

大部分

一の地域において従事する労働者の**大部分**が一の労働協約の適用を受けるに至ったときは、当該労働協約の当事者の**双方又は一方の申立て**に基づき、**労働委員会の決議**により、**厚生労働大臣又は都道府県知事**は、当該地域において従事する他の**同種の労働者**及びその使用者も当該労働協約の適用を受けるべきことの**決定**をすることができる（地域的一般的拘束力）。

本問の労働協約の一般的拘束力については、「労働協約によって特定の未組織労働者にもたらされる不利益の程度・内容、労働協約が締結されるに至った経緯、当該労働者が労働組合の組合員資格を認められているかどうか等に照らし、当該労働協約を特定の未組織労働者に適用することが著しく不合理であると認められる特段の事情があるときは、労働協約の規範的効力を当該労働者に及ぼすことはできない」とする判例もあるので注意しましょう。

問題 5

労働組合法において**労働委員会**は、使用者が第7条［不当労働行為］の規定に違反した旨の**申立て**を受けたときは、遅滞なく**調査**を行い、必要があると認めたときは、当該**申立て**が理由があるかどうかについて□□を行わなければならない。この場合において、□□の手続においては、当該使用者及び**申立人**に対し、**証拠**を提出し、**証人**に反対尋問をする**充分な機会**が与えられなければならない。

- 選択肢 ─
  ① 審問　② 認定　③ 審議　④ 稟議

作問者思考　**パターンD** 見慣れない語句を問う問題
不当労働行為事件の労働委員会による審査のことは、何と呼ばれているでしょうか。

 問題 6

労働関係調整法に定められている**緊急調整**の決定については□□がすることができるとされている。□□が行う**緊急調整**の決定は、事件が**公益事業**に関するものであるため、又はその規模が大きいため若しくは**特別の性質**の事業に関するものであるために、争議行為により当該業務が停止されるときは**国民経済の運行**を著しく阻害し、又は**国民の日常生活**を著しく危うくする虞があると認める事件について、その虞が**現実に存する**ときに限られている。

- 選択肢 ─
  ① 中央労働委員会
  ② 内閣総理大臣
  ③ 労働委員会及び厚生労働大臣又は都道府県知事
  ④ 労働委員会又は都道府県知事

作問者思考　**パターンD** 見慣れない語句を問う問題
緊急調整の決定をすることができるのは、誰でしょうか。

解答 ① **審問**　　根拠：労働組合法27条

NG 労組法27条の12, 1項

認定
労働委員会は、事件が命令を発するのに熟したときは、事実の認定をし、この認定に基づいて、申立人の請求に係る救済の全部若しくは一部を認容し、又は申立てを棄却する命令（「救済命令等」という。）を発しなければならない。

「審問」とは、行政機関が処分等の行為を行う際に、利害関係者に陳述の機会を与え、その意見を聴取する手続をいい、一般には「聴聞」と呼ばれています。

解答 ② **内閣総理大臣**　　根拠：労働関係調整法35条の2, 1項

NG 労働関係調整法35条の3, 1項、同法35条の4

中央労働委員会
中央労働委員会は、緊急調整の決定の通知を受けたときは、その事件を解決するため、最大限の努力を尽くさなければならない。
中央労働委員会は、緊急調整の決定に係る事件については、他のすべての事件に優先してこれを処理しなければならない。

NG 労働関係調整法37条1項

労働委員会及び厚生労働大臣又は都道府県知事
公益事業に関する事件につき関係当事者が争議行為をするには、その争議行為をしようとする日の少なくとも10日前までに、労働委員会及び厚生労働大臣又は都道府県知事にその旨を通知しなければならない。

NG 労働関係調整法9条

労働委員会又は都道府県知事
争議行為が発生したときは、その当事者は、直ちにその旨を労働委員会又は都道府県知事に届け出なければならない。

緊急調整の決定があった公益事業に関する事件については、緊急調整の決定をなした旨の公表があった日から50日間は、争議行為をすることができません。

問題 7

労働契約法は、労働者及び使用者の◯◯◯の下で、労働契約が**合意**により成立し、又は変更されるという**合意**の原則その他労働契約に関する基本的事項を定めることにより、**合理的な労働条件**の決定又は変更が円滑に行われるようにすることを通じて、労働者の**保護**を図りつつ、**個別の労働関係**の安定に資することを目的とする。

- 選択肢
  - ① 自主的な調整
  - ② 自主的な努力
  - ③ 自主的な解決
  - ④ 自主的な交渉

 パターンB 似たような語句を問う問題
労働契約法の目的条文を正確に押さえていますか。

問題 8

労働契約法に定められている労働契約の原則には、労働者及び使用者が**対等の立場**における**合意**に基づいて締結し、又は**変更**すべきものであるということや、労働者及び使用者が、**就業の実態**に応じて、均衡を◯◯◯しつつ締結し、又は**変更**すべきものとすることがあげられている。

- 選択肢
  - ① 配慮
  - ② 考慮
  - ③ 思料
  - ④ 維持

 パターンB 似たような語句を問う問題
労働契約の5原則を正確に押さえていますか。

【解　答】　④　**自主的な交渉**　　　　　　　　根拠：労働契約法1条

NG　労働時間等設定改善法1条

自主的な努力

労働時間等の設定の改善に関する特別措置法は、我が国における労働時間等の**現状及び動向**にかんがみ、労働時間等設定改善指針を策定するとともに、事業主等による労働時間等の設定の改善に向けた**自主的な努力**を促進するための特別の措置を講ずることにより、労働者がその有する能力を有効に発揮することができるようにし、もって労働者の**健康で充実した生活の実現**と国民経済の**健全な発展**に資することを目的とする。

NG　個紛法2条

自主的な解決

個別労働関係紛争が生じたときは、当該個別労働関係紛争の当事者は、**早期**に、かつ、**誠意**をもって、**自主的な解決**を図るように努め**なければならない**。

労働契約法は、個別の労働関係の安定に資するため、労働契約に関する民事的なルールの必要性が一層高まり、労働契約の基本的な理念及び労働契約に共通する原則や、判例法理に沿った労働契約の内容の決定及び変更に関する民事的なルール等を一つの体系としてまとめるべく制定されました（平成19年制定、平成20年3月1日施行）。

【解　答】　②　**考慮**　　　　　　　　　　　根拠：労働契約法3条2項

NG　労契法3条3項

配　慮

労働契約は、労働者及び使用者が**仕事と生活の調和**にも**配慮**しつつ締結し、又は**変更**すべきものとする。

NG　労契法5条

配　慮

使用者は、労働契約に伴い、労働者がその**生命、身体等の安全**を確保しつつ労働することができるよう、必要な**配慮**をするものとする。

本問は、労働契約の5原則のうち、「均衡考慮の原則」の規定ですが、残りの原則についてもすべて押さえておいてください。

問題 9

労働契約法では、有期労働契約の更新等について以下のように定められている。

有期労働契約であって次の**いずれかに**該当するものの契約期間が満了する日までの間又は当該契約期間の満了後遅滞なく労働者が当該有期労働契約の更新又は締結の申込みをした場合であって、使用者が当該申込みを拒絶することが、**客観的に合理的な理由**を欠き、**社会通念上相当である**と認められないときは、使用者は、従前の有期労働契約の内容である労働条件と同一の労働条件で**当該申込みを承諾したものとみなす**。

(1) 当該有期労働契約が**過去に反復して更新**されたことがあり、その契約期間の満了時に当該有期労働契約を更新せず当該有期労働契約を終了させることが、期間の定めのない労働契約を締結している労働者に**解雇の意思表示**をして当該期間の定めのない労働契約を終了させることと_____と認められること。

(2) 当該労働者において当該有期労働契約の契約期間の満了時に当該有期労働契約が更新されるものと期待することについて**合理的な理由**があるものであると認められること。

選択肢
① 社会通念上同視できる
② 比べて社会通念上相当である
③ 実質的に異ならない
④ 照らして、その権利を濫用したもの

 パターンB 似たような語句を問う問題

有期労働契約が更新される場合を正確に押さえていますか。

解 答

① **社会通念上同視できる**　　　　　　　　　根拠：労働契約法19条

NG 労契法15条
社会通念上相当である
使用者が労働者を懲戒することができる場合において、当該懲戒が、当該懲戒に係る労働者の行為の**性質及び態様**その他の事情に照らして、**客観的に合理的な理由**を欠き、**社会通念上相当である**と認められない場合は、その権利を濫用したものとして、当該懲戒は、**無効**とする。

NG 労契法16条
社会通念上相当である
解雇は、**客観的に合理的な理由**を欠き、**社会通念上相当である**と認められない場合は、その権利を濫用したものとして、**無効**とする。

NG 平成24.8.10基発0810第2号
実質的に異ならない
労働契約法19条1号は、有期労働契約が期間の満了毎に**当然更新**を重ねてあたかも期間の定めのない契約と**実質的に異ならない**状態で存在していた場合には、**解雇に関する法理**を類推すべきであると判示した東芝柳町工場事件最高裁判決の要件を規定したものである。

NG 労契法14条
照らして、その権利を濫用したもの
使用者が労働者に出向を命ずることができる場合において、当該出向の命令が、その必要性、**対象労働者の選定**に係る事情その他の事情に**照らして、その権利を濫用したもの**と認められる場合には、当該命令は、**無効**とする。

本問の労働契約法19条は、最高裁判所判決で確立している雇止めに関する判例法理（いわゆる雇止め法理）を規定し、一定の場合に雇止めを認めず、有期労働契約が締結又は更新されたものとみなされることを定めています。

問題10

個別労働関係紛争解決促進法は、労働条件その他労働関係に関する事項についての個々の労働者と事業主との間の紛争（☐☐☐。）について、あっせんの制度を設けること等により、その実情に即した迅速かつ適正な解決を図ることを目的とする。

── 選択肢 ──
① 労働争議に当たる紛争を含む
② 労働争議に当たる紛争を除く
③ 労働者の募集及び採用に関する事項についての個々の求職者と事業主との間の紛争を含む
④ 労働者の募集及び採用に関する事項についての紛争を除く

作問者思考 **パターンA　根本的な理解を問う問題**
個別労働関係紛争解決促進法の目的条文を正確に押さえていますか。

 問題11

短時間労働者及び有期雇用労働者の雇用管理の改善等に関する法律、いわゆるパートタイム・有期雇用労働法において、事業主は、短時間・有期雇用労働者を雇い入れた場合、速やかに、当該短時間・有期雇用労働者に対して、労働条件に関する事項のうち、昇給の有無、退職手当の有無、賞与の有無及び短時間・有期雇用労働者の雇用管理の改善等に関する事項に係る☐☐☐（「特定事項」という。）を文書の交付その他厚生労働省令で定める方法（「文書の交付等」という。）により明示しなければならないと定められている。

── 選択肢 ──
① 福利厚生施設
② 措置の内容
③ 相談窓口
④ 苦情処理機関

作問者思考 **パターンE　重要なキーワードを問う問題**
文書の交付等によって明示しなければならない特定事項を正確に押さえていますか。

解答

③ **労働者の募集及び採用に関する事項についての個々の求職者と事業主との間の紛争を含む**

根拠：個別労働関係紛争解決促進法1条

NG 個紛法5条	
労働者の募集及び採用に関する事項についての紛争を除く	都道府県労働局長は、法4条1項に規定する個別労働関係紛争（労働者の募集及び採用に関する事項についての紛争を除く。）について、当該個別労働関係紛争の当事者（「紛争当事者」という。）の双方又は一方からあっせんの申請があった場合において当該個別労働関係紛争の解決のために必要があると認めるときは、紛争調整委員会にあっせんを行わせるものとする。

個別労働関係紛争の中で、「労働者の募集及び採用に関する事項についての紛争」が対象となるのは、都道府県労働局長の助言又は指導です。

解答

③ **相談窓口**

根拠：パートタイム・有期雇用労働法6条、同則2条1項

NG パート・有期法12条	
福利厚生施設	事業主は、通常の労働者に対して利用の機会を与える福利厚生施設であって、健康の保持又は業務の円滑な遂行に資するものとして厚生労働省令で定めるものについては、その雇用する短時間・有期雇用労働者に対しても、利用の機会を与えなければならない。

NG パート・有期法14条1項	
措置の内容	事業主は、短時間・有期雇用労働者を雇い入れたときは、速やかに、法8条から法13条までの規定により措置を講ずべきこととされている事項（労働基準法15条1項に規定する厚生労働省令で定める事項及び特定事項を除く。）に関し講ずることとしている措置の内容について、当該短時間・有期雇用労働者に説明しなければならない。

NG パート・有期法22条	
苦情処理機関	事業主は、法6条1項、8条、9条、11条1項及び12条から14条までに定める事項に関し、短時間・有期雇用労働者から苦情の申出を受けたときは、苦情処理機関（事業主を代表する者及び当該事業所の労働者を代表する者を構成員とする当該事業所の労働者の苦情を処理するための機関をいう。）に対し当該苦情の処理を委ねる等その自主的な解決を図るように努めるものとする。

問題12

いわゆるパートタイム・有期雇用労働法において、事業主は、□□□□ため、その雇用する短時間・有期雇用労働者について、次のいずれかの措置を講じなければならないと定められている。

(1) 通常の労働者の募集を行う場合は、事業所に掲示すること等により、その者が従事すべき業務の内容、賃金、労働時間その他の当該募集に係る事項を当該事業所において雇用する短時間・有期雇用労働者に周知すること。

(2) 通常の労働者の配置を新たに行う場合は、当該配置の希望を申し出る機会を当該配置に係る事業所において雇用する短時間・有期雇用労働者に対して与えること。…等

- 選択肢
  ① 通常の労働者との均衡のとれた待遇の確保等を図る
  ② 通常の労働者への転換を推進する
  ③ 短時間・有期雇用労働者がその有する能力を有効に発揮することができるようにする
  ④ 適正な労働条件を確保する

パターンE 重要なキーワードを問う問題

パートタイム・有期雇用労働法の大きな目的の1つを何といいますか。

問題13

最低賃金法は、賃金の□□□□、賃金の最低額を保障することにより、労働条件の改善を図り、もって、労働者の生活の安定、労働力の質的向上及び事業の公正な競争の確保に資するとともに、国民経済の健全な発展に寄与することを目的とする。

- 選択肢
  ① 低廉な労働者について
  ② 支払等の適正化を図るため
  ③ 支払を受けることが困難となった労働者について
  ④ 支払の確保に関する措置を講じ

パターンE 重要なキーワードを問う問題

最低賃金法の目的条文を押さえていますか。

解答

② 通常の労働者への転換を推進する

根拠：パートタイム・有期雇用労働法13条

NG	パート・有期法3条
通常の労働者との均衡のとれた待遇の確保等を図る	事業主は、その雇用する短時間・有期雇用労働者について、その就業の実態等を考慮して、適正な労働条件の確保、教育訓練の実施、福利厚生の充実その他の雇用管理の改善及び通常の労働者への転換（短時間・有期雇用労働者が雇用される事業所において通常の労働者として雇い入れられることをいう。）の推進（「雇用管理の改善等」という。）に関する措置等を講ずることにより、通常の労働者との均衡のとれた待遇の確保等を図り、当該短時間・有期雇用労働者がその有する能力を有効に発揮することができるよう努めるものとする。
短時間・有期雇用労働者がその有する能力を有効に発揮することができるようにする	
適正な労働条件を確保する	

本問以外にも、事業主は、一定の資格を有する短時間・有期雇用労働者を対象とした通常の労働者への転換のための試験制度を設けること等でも、通常の労働者への転換制度の措置を講じたことになります。

解答

① 低廉な労働者について

根拠：最低賃金法1条

NG	賃確法1条
支払等の適正化を図るため	賃金の支払の確保等に関する法律は、景気の変動、産業構造の変化その他の事情により企業経営が安定を欠くに至った場合及び労働者が事業を退職する場合における賃金の支払等の適正化を図るため、貯蓄金の保全措置及び事業活動に著しい支障を生じたことにより賃金の支払を受けることが困難となった労働者に対する保護措置その他賃金の支払の確保に関する措置を講じ、もって労働者の生活の安定に資することを目的とする。
支払を受けることが困難となった労働者について	
支払の確保に関する措置を講じ	

ピタリ	最賃法9条
低廉な労働者について	賃金の低廉な労働者について、賃金の最低額を保障するため、地域別最低賃金（一定の地域ごとの最低賃金をいう。）は、あまねく全国各地域について決定されなければならない。

中小企業退職金共済法は、中小企業の従業員について、☐☐☐の**相互扶助の精神**に基づき、その拠出による退職金共済制度を確立し、もってこれらの**従業員の福祉の増進**と**中小企業の振興**に寄与すること等を目的とする。

― 選択肢 ―
① 事業主及び従業員　② 中小企業者
③ 被共済者　　　　　④ 中小企業者及び被共済者

作問者思考　パターンE　重要なキーワードを問う問題
中小企業退職金共済制度の共済契約者を何といいますか。

雇用の分野における男女の均等な機会及び待遇の確保等に関する法律において、事業主は、次に掲げる事項について、労働者の**性別**を理由として、**差別的取扱い**をしてはならないと定めている。
(1) 労働者の配置（**業務の配分**及び**権限の付与**を含む。）、昇進、☐☐☐及び**教育訓練**
(2) 住宅資金の貸付けその他これに準ずる**福利厚生**の措置であって厚生労働省令で定めるもの
(3) 労働者の**職種及び雇用形態**の変更
(4) 退職の**勧奨**、定年及び解雇並びに**労働契約の更新**

― 選択肢 ―
① 募集又は採用　② 昇給　③ 降格　④ 出向

作問者思考　パターンB　似たような語句を問う問題
男女雇用機会均等法における労働者の性別による差別的取扱いの禁止事項を正確に押さえていますか。

解　答

② **中小企業者**　　　　根拠：中小企業退職金共済法1条

NG 中退共法10条1項

被共済者

機構（独立行政法人**勤労者退職金共済機構**）は、**被共済者**が退職したときは、その者（退職が死亡によるものであるときは、その遺族）に退職金を支給する。ただし、当該被共済者に係る掛金の納付があった月数が**12月**に満たないときは、この限りでない。

中小企業退職金共済制度は、一般の中小企業退職金共済制度と特定業種（建設業、清酒製造業及び林業）退職金共済制度の2種類があります。

解　答

③ **降格**　　　　根拠：男女雇用機会均等法6条1～4号

NG 均等法7条、同則2条

募集又は採用

均等法7条の**実質的に性別**を理由とする差別（間接差別）となるおそれがある措置は、次のとおりとする。
① 労働者の**募集又は採用**に関する措置であって、労働者の**身長、体重又は体力**に関する事由を要件とするもの
② 労働者の**募集若しくは採用**、昇進又は**職種の変更**に関する措置であって、労働者の住居の移転を伴う**配置転換**に応じることができることを要件とするもの
③ 労働者の昇進に関する措置であって、労働者が勤務する事業場と異なる事業場に**配置転換**された経験があることを要件とするもの

本問以外にも、「事業主は、労働者の募集及び採用について、その性別にかかわりなく均等な機会を与えなければならない」と規定されています。

問題16

雇用の分野における男女の均等な機会及び待遇の確保等に関する法律において、事業主は、募集及び採用等の措置であって労働者の**性別以外の事由**を要件とするもののうち、措置の要件を満たす**男性及び女性の比率**その他の事情を勘案して**実質的**に性別を理由とする差別となるおそれがある措置として厚生労働省令で定めるものについては、当該措置の対象となる**業務の性質**に照らして当該措置の実施が当該業務の遂行上特に必要である場合、[ ]に照らして当該措置の実施が**雇用管理上特に必要である場合**その他の**合理的な理由**がある場合でなければ、これを講じてはならない。

- 選択肢 ─
  ① 事業の運営の状況
  ② 女性の職業生活における活躍の状況
  ③ 業務の繁閑　　④ 意欲及び能力

作問者思考　パターンB　似たような語句を問う問題

いわゆる間接差別となるおそれがある措置が認められる要件を正確に押さえていますか。

解答

① 事業の運営の状況

根拠：男女雇用機会均等法7条

NG 女性活躍推進法22条

女性の職業生活における活躍の状況

国は、女性の職業生活における活躍の推進に関する取組に資するよう、国内外における女性の職業生活における活躍の状況及び当該取組に関する情報の収集、整理及び提供を行うものとする。

NG 労働時間等設定改善法2条1項

業務の繁閑

事業主は、その雇用する労働者の労働時間等の設定の改善を図るため、業務の繁閑に応じた労働者の始業及び終業の時刻の設定、健康及び福祉を確保するために必要な終業から始業までの時間の設定、年次有給休暇を取得しやすい環境の整備その他の必要な措置を講ずるように努めなければならない。

NG 青少年雇用促進法2条、同法3条

意欲及び能力

全て青少年は、将来の経済及び社会を担うものであることを鑑み、青少年が、その意欲及び能力に応じて、充実した職業生活を営むとともに、有為な職業人として健やかに成育するように配慮されるものとする。

青少年である労働者は、将来の経済及び社会を担うものとしての自覚を持ち、自ら進んで有為な職業人として成育するように努めなければならない。

事業主が、雇用の分野における男女の均等な機会及び待遇の確保の支障になっている事情を改善することを目的として女性労働者に関して行う措置（ポジティブ・アクション）については、法違反とはされません。

第8章 労務管理その他の労働に関する一般常識

問題17

事業主は、職場において行われるその雇用する▢▢▢に対する当該▢▢▢が**妊娠**したこと、**出産**したこと、労働基準法65条1項の規定による休業（産前休業）を請求し、又は同項若しくは同条2項の規定による休業（産前産後休業）をしたことその他の**妊娠**又は**出産**に関する事由であって厚生労働省令で定めるものに関する**言動**により当該▢▢▢の**就業環境**が害されることのないよう、当該▢▢▢からの**相談**に応じ、適切に対応するために**必要な体制の整備**その他の雇用管理上必要な措置を**講じなければならない。**

選択肢
① 労働者　② 女性労働者　③ 有期雇用労働者
④ 比較対象労働者

パターンB 似たような語句を問う問題

いわゆるマタニティハラスメント防止措置の対象労働者を正確に押さえていますか。

解　答

② 女性労働者　　根拠：男女雇用機会均等法11条の2,1項

NG　均等法11条1項

労働者

事業主は、職場において行われる性的な言動に対するその雇用する労働者の対応により当該労働者がその労働条件につき不利益を受け、又は当該性的な言動により当該労働者の就業環境が害されることのないよう、当該労働者からの相談に応じ、適切に対応するために必要な体制の整備その他の雇用管理上必要な措置を講じなければならない（セクシュアルハラスメント防止措置）。

NG　育介法25条

労働者

事業主は、職場において行われるその雇用する労働者に対する育児休業、介護休業その他の子の養育又は家族の介護に関する厚生労働省令で定める制度又は措置の利用に関する言動により当該労働者の就業環境が害されることのないよう、当該労働者からの相談に応じ、適切に対応するために必要な体制の整備その他の雇用管理上必要な措置を講じなければならない（職場における育児休業等に関するハラスメントの防止措置）。

NG　派遣法26条7項

比較対象労働者

労働者派遣の役務の提供を受けようとする者は、法26条1項の規定により労働者派遣契約を締結するに当たっては、あらかじめ、派遣元事業主に対し、厚生労働省令で定めるところにより、当該労働者派遣に係る派遣労働者が従事する業務ごとに、比較対象労働者の賃金その他の待遇に関する情報その他の厚生労働省令で定める情報を提供しなければならない。

ピタリ　均等法12条

女性労働者

事業主は、その雇用する女性労働者が母子保健法の規定による保健指導又は健康診査を受けるために必要な時間を確保することができるようにしなければならない。

本問のマタニティハラスメント防止措置は「女性労働者」が対象ですが、セクシュアルハラスメント及び育児休業等に関するハラスメントの防止措置は「女性労働者」のみでなく、「男性労働者」も対象になります。

育児休業、介護休業等育児又は家族介護を行う労働者の福祉に関する法律において、**小学校就学の始期**に達するまでの子を養育する労働者は、その事業主に**申し出れば**、1の年度において**5労働日**（その養育する小学校就学の始期に達するまでの子が2人以上の場合にあっては、**10労働日**）を限度として、負傷し、若しくは疾病にかかった当該**子の世話**又は＿＿＿ために必要なものとして厚生労働省令で定める当該子の世話を行うための休暇（「**子の看護休暇**」という。）を取得することができる。

- 選択肢 -
① 育児に関する目的の　② 疾病の予防を図る
③ 通院等の付添いをする　④ 養育する

作問者思考　パターンB　似たような語句を問う問題
子の看護休暇を申し出ることができる事由を押さえていますか。

解 答

② **疾病の予防を図る**　　根拠：育児介護休業法16条の2

NG　育介法24条1項

育児に関する目的の

事業主は、その雇用する労働者のうち、その小学校就学の始期に達するまでの子を養育する労働者に関して、労働者の申出に基づく育児に関する目的のために利用することができる休暇（子の看護休暇、介護休暇及び労働基準法39条の規定による年次有給休暇として与えられるものを除き、出産後の養育について出産前において準備することができる休暇を含む。）を与えるための措置及び次の各号に掲げる当該労働者の区分に応じ当該各号に定める制度又は措置に準じて、それぞれ必要な措置を講ずるよう努めなければならない（育児目的休暇）。
（以下各号略）

NG　育介法16条の5,1項、同則30条の4

通院等の付添いをする

要介護状態にある対象家族の介護その他の厚生労働省令で定める世話を行う労働者は、その事業主に申し出ることにより、一の年度において5労働日（要介護状態にある対象家族が2人以上の場合にあっては、10労働日）を限度として、当該世話を行うための休暇（介護休暇）を取得することができる。上記の厚生労働省令で定める世話は、次に掲げるものとする。
① 対象家族の介護
② 対象家族の通院等の付添い、対象家族が介護サービスの提供を受けるために必要な手続きの代行その他の対象家族の必要な世話

NG　育介法9条の2

養育する

労働者の養育する子について、当該労働者の配偶者が当該子の1歳到達日以前のいずれかの日において当該子を養育するために育児休業をしている場合は、その養育する1歳2か月に満たない子について、その事業主に申し出ることにより、育児休業をすることができ、事業主は当該申出を拒むことができない（パパ・ママ育休プラス）。

子の看護休暇及び介護休暇は、1日未満の単位（時間単位）での取得が可能です。

問題19

女性の**職業生活**における活躍の推進に関する法律は、近年、自らの意思によって**職業生活**を営み、又は営もうとする女性がその個性と能力を十分に発揮して**職業生活**において活躍すること（以下「女性の**職業生活**における活躍」という。）が一層重要となっていることに鑑み、[____]の基本理念にのっとり、女性の**職業生活**における活躍の推進について、その基本原則を定め、並びに**国、地方公共団体**及び**事業主**の責務を明らかにし、基本方針及び**事業主の行動計画の策定**、女性の**職業生活**における活躍を推進するための支援措置等について定めている。

選択肢

① 男女共同参画社会基本法
② 法の下の平等
③ 母性の尊重
④ 職業生活と家庭生活の両立

パターンE　重要なキーワードを問う問題
女性活躍推進法の目的条文を正確に押さえていますか。

解答

① 男女共同参画社会基本法

根拠：女性活躍推進法1条

NG 均等法1条

比較認識法

法の下の平等

男女雇用機会均等法は、**法の下の平等**を保障する**日本国憲法**の理念にのっとり雇用の分野における**男女の均等な機会**及び**待遇の確保**を図るとともに、女性労働者の就業に関して妊娠中及び出産後の**健康の確保**を図る等の措置を推進することを目的とする。

NG 均等法2条

比較認識法

母性の尊重

男女雇用機会均等法においては、労働者が**性別**により差別されることなく、また、女性労働者にあっては**母性を尊重**されつつ、**充実した職業生活**を営むことができるようにすることをその基本的理念とする。

NG 育介法1条

比較認識法

職業生活と家庭生活の両立

育児・介護休業法は、育児休業及び介護休業に関する制度並びに**子の看護休暇**及び**介護休暇**に関する制度を設けるとともに、子の養育及び家族の介護を容易にするため所定労働時間等に関し事業主が講ずべき措置を定めるほか、子の養育又は家族の介護を行う労働者等に対する支援措置を講ずること等により、子の養育又は家族の介護を行う労働者等の**雇用の継続**及び**再就職の促進**を図り、もってこれらの者の**職業生活と家庭生活の両立**に寄与することを通じて、これらの者の福祉の増進を図り、あわせて**経済及び社会の発展**に資することを目的とする。

「男女共同参画社会基本法」は、男女が、社会の対等な構成員として、自らの意思によって社会のあらゆる分野における活動に参画する機会が確保され、もって男女が均等に政治的、経済的、社会的及び文化的利益を享受することができ、かつ、共に責任を担うべき社会を形成することの促進に関する施策の基本となる事項を定めています。

問題20

女性の職業生活における活躍の推進に関する法律で、**政府**は、基本原則にのっとり、女性の職業生活における活躍の推進に関する施策を□□□に実施するため、女性の職業生活における活躍の推進に関する基本方針（以下「基本方針」という。）を**定めなければならない**。
都道府県及び市町村は、基本方針（市町村の場合は基本方針及び都道府県推進計画）を**勘案**して、当該都道府県及び市町村の区域内における女性の職業生活における活躍の推進に関する施策についての計画を**定めるよう努める**ものとする。

- 選択肢 -
① 総合的かつ一体的　② 効果的かつ効率的
③ 迅速かつ重点的　　④ 総合的かつ計画的

作問者思考　パターンB　似たような語句を問う問題
女性活躍推進法の基本方針を正確に押さえていますか。

問題21

職業安定法において、公共職業安定所は、**学生生徒等**に対する職業指導を**効果的かつ効率的**に行うことができるよう、学校その他の関係者と協力して、**職業を体験する機会**又は職業能力開発促進法第30条の3に規定する**キャリアコンサルタント**による**相談の機会の付与**その他の**職業の選択**についての学生又は生徒の□□□ために必要な措置を講ずるものとする。

- 選択肢 -
① 要望に応える
② 能力に適合した職業に就く
③ 関心と理解を深める　　④ 求人の開拓の

作問者思考　パターンB　似たような語句を問う問題
公共職業安定所における学生生徒等に対する措置を押さえていますか。

解答	① **総合的かつ一体的**
	根拠：女性活躍推進法５条１項、同法６条１項、２項

比較認識法

NG 次世代法１条

迅速かつ重点的

次世代育成支援対策推進法は、我が国における**急速な少子化の進行**並びに**家庭及び地域を取り巻く環境の変化**にかんがみ、次世代育成支援対策に関し、基本理念を定め、並びに国、地方公共団体、事業主及び**国民の責務**を明らかにするとともに、行動計画策定指針並びに地方公共団体及び事業主の行動計画の策定その他の次世代育成支援対策を推進するために必要な事項を定めることにより、次世代育成支援対策を**迅速かつ重点的**に推進し、もって次代の社会を担う子どもが**健やかに生まれ**、かつ、**育成される社会の形成**に資することを目的とする。

女性活躍推進法は、令和８年３月31日までの時限立法です。

解答	③ **関心と理解を深める**
	根拠：職業安定法26条３項

NG 職安法５条の2,２項

能力に適合した職業に就く

公共職業安定所及び**特定地方公共団体**又は職業紹介事業者は、求職者が**希望する地域**においてその**能力に適合する職業に就く**ことができるよう、職業紹介に関し、相互に**協力**するように努めなければならない。

ピタリ 労働施策総合推進法４条１項８号

関心と理解を深める

国は、労働施策総合推進法の目的を達成するため、基本的理念に従って、次に掲げる事項について、必要な施策を**総合的**に講じなければならない。
[中略]
・青少年の**職業の安定**を図るため、職業についての青少年の**関心と理解を深める**とともに、雇用管理の改善の促進、**実践的な職業能力**の開発及び向上の促進その他の青少年の雇用を促進するために必要な施策を**充実**すること。
[以下略]

本問の「学生生徒等」には、学校を卒業した者や退学した者も含まれています。

第8章 労務管理その他の労働に関する一般常識

問題22

労働施策総合推進法において、事業主は、職場において行われる**優越的な関係**を背景とした言動であって、[____]を超えたものによりその雇用する労働者の**就業環境**が害されることのないよう、当該労働者からの**相談**に応じ、適切に対応するために必要な**体制の整備**その他の雇用管理上必要な措置を**講じなければならない**。

---選択肢---
① 事業主の雇用の管理についての自主性
② 国民一般の関心と理解
③ 労働者の職業選択
④ 業務上必要かつ相当な範囲

パターンE ▶ 重要なキーワードを問う問題

職場における「パワーハラスメント」の定義を正確に押さえていますか。

解答

④ **業務上必要かつ相当な範囲**

根拠：労働施策総合推進法30条の2, 1項

NG 事業主の雇用の管理についての自主性

労働施策総合推進法1条2項

労働施策総合推進法の運用に当たっては、労働者の職業選択の自由及び事業主の雇用の管理についての自主性を尊重しなければならず、また、職業能力の開発及び向上を図り、職業を通じて自立しようとする労働者の意欲を高め、かつ、労働者の職業を安定させるための事業主の努力を助長するように努めなければならない。

NG 国民一般の関心と理解

労働施策総合推進法30条の3, 1項

国は、労働者の就業環境を害する前条1項（問題文）に規定する言動を行ってはならないことその他当該言動に起因する問題（優越的言動問題）に対する事業主その他国民一般の関心と理解を深めるため、広報活動、啓発活動その他の措置を講ずるように努めなければならない。

NG 労働者の職業選択

労働施策総合推進法27条の2, 1項

常時雇用する労働者の数が300人を超える事業主は、厚生労働省令で定めるところにより、労働者の職業選択に資するよう、雇い入れた通常の労働者及びこれに準ずる者として厚生労働省令で定める者の数に占める中途採用〔新規学卒等採用者〔学校教育法第1条に規定する学校（小学校及び幼稚園を除く。）その他厚生労働省令で定める施設の学生又は生徒であって卒業することが見込まれる者その他厚生労働省令で定める者であることを条件とした求人により雇い入れられた者をいう。〕以外の雇入れをいう。〕により雇い入れられた者の数の割合を定期的に公表しなければならない。

事業主は、労働者がパワーハラスメントの相談を行ったこと又は事業主による当該相談への対応に協力した際に事実を述べたことを理由として、当該労働者に対して解雇その他不利益な取扱いをしてはなりません。

問題23

労働者派遣法では、日雇労働者（日々又は**30日**以内の期間を定めて雇用する労働者をいう。）について、政令で定める業務について労働者派遣をする場合又は政令で定める場合を除き、労働者派遣を**行ってはならない**とされている。

政令で定める場合とは、当該日雇労働者とその属する世帯の他の世帯員の収入の額が_____以上である場合や**60歳**以上の者、**学生**である場合等であって、かつ、派遣元事業主が日雇労働者の**安全又は衛生**を確保するため必要な措置その他の雇用管理上必要な措置を**講じている**場合とされている。

- 選択肢 -
① 300万円 ② 500万円 ③ 520万円 ④ 383万円

作問者思考 **パターンC** 数字の違いを問う問題
日雇派遣の原則禁止の例外を正確に押さえていますか。

 問題24

労働者派遣法において、労働者派遣の役務の提供を受ける者〔国（行政執行法人を含む。）及び地方公共団体（特定地方独立行政法人を含む。）の機関を除く。〕が**派遣禁止業務**の規定、**派遣元事業主以外の労働者派遣事業を行う事業主からの労働者派遣の受入れの禁止**等、その他規定に違反して労働者派遣の提供を受けた場合には、当該**労働者派遣の役務の提供を受ける者**から当該派遣労働者に対し、その時点における労働条件と同一の労働条件を内容とする労働契約の_____。ただし、**労働者派遣の役務の提供を受ける者**が、その行った行為が違反行為に該当することを**知らず、かつ、知らなかったことにつき過失がなかった**ときは、この限りでない。

- 選択肢 -
① 申込みをしたものとみなす
② 申込みを承諾したものとみなす
③ 締結をしたものとみなす
④ 締結を承諾したものとみなす

作問者思考 **パターンB** 似たような語句を問う問題
労働契約申込みみなし制度を押さえていますか。

解 答

② **500万円**
根拠：労働者派遣法35条の4、同令4条2項、同則28条の3,2項

NG	健保法74条1項、同令34条
520万円	一部負担金の割合は、療養の給付を受ける月の標準報酬月額が**28万円**以上である**70歳**に達する日の属する月の翌月以後である被保険者については、**100分の30**とする。ただし、当該被保険者及びその被扶養者（**70歳**に達する日の属する月の翌月以後である場合に該当する者に限る。）について厚生労働省令で定めるところにより算定した収入の額が**520万円**（当該被扶養者がいない者にあっては、**383万円**）に満たない者については、**100分の20**とする。
383万円	

日雇派遣の例外業務（その業務を迅速かつ的確に遂行するために専門的な知識、技術又は経験を必要とする業務のうち、労働者派遣により日雇労働者を従事させても当該日雇労働者の適正な雇用管理に支障を及ぼすおそれがないと認められる業務）として、社会福祉施設等への看護師の日雇派遣も可能です。

解 答

① **申込みをしたものとみなす** 根拠：労働者派遣法40条の6

NG	労契法18条
申込みを承諾したものとみなす	同一の使用者との間で締結された二以上の有期労働契約（契約期間の始期の到来前のものを**除く**。）の契約期間を通算した期間（「通算契約期間」という。）が**5年**を超える労働者が、当該使用者に対し、現に締結している**有期労働契約の契約期間が満了する日**までの間に、当該**満了する日の翌日**から労務が提供される期間の定めのない労働契約の締結の申込みをしたときは、使用者は当該**申込みを承諾したものとみなす**（いわゆる無期転換申込権）。

派遣先が、派遣法40条の6に定める行為を行った時点において、その行為が違反行為に該当することを「知らず、かつ、知らなかったことにつき過失がなかった」（法律上「善意・無過失」と呼ばれます。）ときは、派遣労働者に対して、労働契約の申込みをしたものとはみなされません。

問題25

青少年の雇用の促進等に関する法律は、青少年について、**適性**並びに**技能**及び**知識**の程度にふさわしい職業（「適職」という。）の選択並びに**職業能力**の開発及び向上に関する措置等を総合的に講ずることにより、雇用の促進等を図ることを通じて青少年が**その有する能力**を有効に発揮することができるようにし、もって**福祉の増進**を図り、あわせて_____に**寄与**することを目的とする。

- 選択肢 -
① 労働関係の安定　　　　　② 完全雇用の達成
③ 雇用の安定その他福祉の増進　④ 経済及び社会の発展

パターンE 重要なキーワードを問う問題

青少年雇用促進法の目的条文の重要なキーワードを押さえていますか。

解答

④ 経済及び社会の発展　　根拠：青少年雇用促進法1条

比較認識法

NG ピタリ 労働施策総合推進法1条

| 完全雇用の達成 / 経済及び社会の発展 | 労働施策総合推進法は、国が、少子高齢化による**人口構造の変化**等の経済社会情勢の変化に対応して、労働に関し、その政策全般にわたり、必要な施策を総合的に講ずることにより、**労働市場の機能**が適切に発揮され、労働者の多様な事情に応じた雇用の安定及び**職業生活の充実**並びに**労働生産性の向上**を促進して、労働者がその有する能力を有効に発揮することができるようにし、これを通じて、労働者の職業の安定と**経済的社会的地位の向上**とを図るとともに、**経済及び社会の発展**並びに**完全雇用の達成**に資することを目的とする。|

比較認識法

ピタリ 職安法1条

| 経済及び社会の発展 | 職業安定法は、**労働施策総合推進法**と相まって、公共に奉仕する公共職業安定所その他の職業安定機関が、関係行政庁又は関係団体の**協力**を得て職業紹介事業等を行うこと、職業安定機関以外の者の行う職業紹介事業等が労働力の需要供給の**適正かつ円滑な調整**に果たすべき役割に鑑みその適正な運営を確保すること等により、各人にその有する**能力に適合する職業に就く機会**を与え、及び**産業に必要な労働力**を充足し、もって職業の安定を図るとともに、**経済及び社会の発展**に寄与することを目的とする。|

比較認識法

ピタリ 職業能力開発促進法1条

| 経済及び社会の発展 | 職業能力開発促進法は、**労働施策総合推進法**と相まって、職業訓練及び**職業能力検定**の内容の充実強化及びその実施の円滑化のための施策並びに労働者が**自ら**職業に関する教育訓練又は**職業能力検定**を受ける機会を確保するための施策等を**総合的かつ計画的**に講ずることにより、職業に必要な労働者の**能力**を開発し、及び向上させることを促進し、もって、**職業の安定と労働者の地位の向上**を図るとともに、**経済及び社会の発展**に寄与することを目的とする。|

「経済及び社会の発展」という文言が入っている目的条文は、他にも「パートタイム・有期雇用労働法」「育児介護休業法」「高年齢者雇用安定法」がありますので、確認しておきましょう。

第8章 労務管理その他の労働に関する一般常識

問題26

青少年の雇用の促進等に関する法律によれば、厚生労働大臣は、事業主（常時雇用する労働者の数が□□□のものに限る。）からの**申請**に基づき、当該事業主について、青少年の**募集及び採用**の方法の改善、**職業能力**の開発及び向上並びに**職場への定着**の促進に関する取組に関し、その実施状況が**優良**なものであることその他の厚生労働省令で定める基準に**適合**するものである旨の**認定**を行うことができる。

選択肢
① 300人以下 ② 100人を超える
③ 300人以上 ④ 100人未満

パターンC　数字の違いを問う問題
認定の対象となる事業主の範囲を押さえていますか。

問題27

青少年の雇用の促進等に関する法律において、国は、青少年の**職業能力**の開発及び向上を図るため、**地方公共団体**その他の関係者と連携し、青少年に対して、**職業訓練の推進**、**職業能力検定の活用**の促進、職業能力開発促進法第30条の3に規定する**キャリアコンサルタント**による**相談の機会の付与**、同法第15条の4第1項に規定する□□□の普及の促進その他必要な措置を**総合的かつ効果的に講ずるように努めなければならない**と定められている。

選択肢
① 再就職援助計画   ② 求職活動支援書
③ 職務経歴等記録書   ④ 公共職業訓練

パターンE　重要なキーワードを問う問題
国が青少年の職業能力の開発及び向上のために、普及の促進に努めなければならないものは、何ですか。

【解答】 ① 300人以下　　根拠：青少年雇用促進法15条

NG 比較認識法　100人を超える　女性活躍推進法8条1項

国及び地方公共団体以外の事業主（以下「一般事業主」という。）であって、常時雇用する労働者の数が100人を超えるものは、事業主行動計画策定指針に即して、一般事業主行動計画（一般事業主が実施する女性の職業生活における活躍の推進に関する取組に関する計画をいう。以下同じ。）を定め、厚生労働大臣に届け出なければならない。これを変更したときも、同様とする。

ピタリ 比較認識法　300人以下　障害者雇用促進法77条1項

厚生労働大臣は、その雇用する労働者の数が常時300人以下である事業主からの申請に基づき、厚生労働省令で定めるところにより、当該事業主について、障害者の雇用の促進及び雇用の安定に関する取組に関し、当該取組の実施状況が優良なものであることその他の厚生労働省令で定める基準に適合するものである旨の認定を行うことができる。

【解答】 ③ 職務経歴等記録書　　根拠：青少年雇用促進法21条

NG 比較認識法　再就職援助計画　労働施策総合推進法24条1項、同則7条の2

事業主は、経済的事情による事業規模の縮小等であって、当該事業規模の縮小等の実施に伴い、一の事業所において相当数の労働者が離職を余儀なくされることが見込まれるものを行おうとするときは、厚生労働省令で定めるところにより、当該離職を余儀なくされる労働者の再就職の援助のための措置に関する計画（「再就職援助計画」という。）を作成しなければならない。

NG 比較認識法　求職活動支援書　高年齢者雇用安定法17条

事業主は、厚生労働省令で定めるところにより、解雇等により離職することとなっている高年齢者等が希望するときは、その円滑な再就職を促進するため、当該高年齢者等の職務の経歴、職業能力その他の当該高年齢者等の再就職に資する事項（解雇等の理由を除く。）として厚生労働省令で定める事項及び事業主が講ずる再就職援助措置を明らかにする書面（「求職活動支援書」という。）を作成し、当該高年齢者等に交付しなければならない。

「職務経歴等記録書」は、一般に「ジョブ・カード」と呼ばれています。

問題28

高年齢者等の雇用の安定等に関する法律（高年齢者雇用安定法）において、高年齢者等は、その**職業生活の全期間**を通じて、その**意欲**及び**能力**に応じ、雇用の機会その他の**多様な就業の機会**が確保され、_____が図られるように配慮されるものとすると定められている。

- 選択肢 -
① 職業の安定　　② 生活の安定
③ 職業生活の充実　　④ 雇用の安定

作問者思考　パターンB　似たような語句を問う問題
高年齢者雇用安定法における基本的理念を押さえていますか。

問題29

都道府県知事は、**シルバー人材センター**が行う法38条1項2号〔_____な雇用による就業又はその他の**軽易な業務**に係る就業（**雇用**によるものに限る。）を希望する高年齢退職者のために、職業紹介事業を行うこと〕及び第4号（高年齢退職者のための_____な就業及びその他の**軽易な業務**に係る就業に関し必要な業務を行うこと）に掲げる業務に関し、**労働力の確保**が必要な地域においてその取り扱う範囲を**拡張**することにより高年齢退職者の就業の機会の確保に相当程度**寄与**することが見込まれる業種及び職種であって、**労働力の需給の状況**、法38条1項2号又は4号に掲げる業務（4号に掲げる業務にあっては、**労働者派遣事業**に限る。）と同種の業務を営む事業者の事業活動に与える影響等を考慮して厚生労働省令で定める基準に**適合**するものを、センターの指定区域内の**市町村の区域**ごとに**指定**することができる。

- 選択肢 -
① 臨時的かつ短期的　　② 臨時的かつ一時的
③ 定期的かつ長期的　　④ 総合的かつ計画的

作問者思考　パターンE　重要なキーワードを問う問題
シルバー人材センターが行う労働者派遣事業及び職業紹介事業の特徴を押さえていますか。

304

解 答 ③ 職業生活の充実　　根拠：高年齢者雇用安定法3条1項

NG	高年齢者雇用安定法1条
職業の安定	高年齢者雇用安定法は、定年の引上げ、継続雇用制度の導入等による高年齢者の安定した雇用の確保の促進、高年齢者等の再就職の促進、定年退職者その他の高年齢退職者に対する就業の機会の確保等の措置を総合的に講じ、もって高年齢者等の職業の安定その他福祉の増進を図るとともに、経済及び社会の発展に寄与することを目的とする。

NG	派遣法1条
雇用の安定	労働者派遣法は、職業安定法と相まって労働力の需給の適正な調整を図るため労働者派遣事業の適正な運営の確保に関する措置を講ずるとともに、派遣労働者の保護等を図り、もって派遣労働者の雇用の安定その他福祉の増進に資することを目的とする。

ピタリ	高年齢者雇用安定法3条2項
職業生活の充実	労働者は、高齢期における職業生活の充実のため、自ら進んで、高齢期における職業生活の設計を行い、その設計に基づき、その能力の開発及び向上並びにその健康の保持及び増進に努めるものとする。

解 答 ① 臨時的かつ短期的　　根拠：高年齢者雇用安定法39条1項

NG	派遣法25条
臨時的かつ一時的	厚生労働大臣は、労働者派遣事業に係る労働者派遣法の規定の運用に当たっては、労働者の職業生活の全期間にわたるその能力の有効な発揮及びその雇用の安定に資すると認められる雇用慣行並びに派遣就業は臨時的かつ一時的なものであることを原則とするとの考え方を考慮するとともに、労働者派遣事業による労働力の需給の調整が職業安定法に定める他の労働力の需給の調整に関する制度に基づくものとの調和の下に行われるように配慮しなければならない。

高年齢者の多様な就業ニーズを踏まえた就業機会を確保するために、シルバー人材センターが行う労働者派遣事業及び職業紹介事業について、都道府県知事の指定に基づき、地域の実情に応じて、臨時的かつ短期的なもの又は軽易な業務のほか、能力を活用して行う業務について、週40時間まで取り扱うことができることとされています。

問題30

障害者の雇用の促進等に関する法律（障害者雇用促進法）は、**障害者**の雇用義務等に基づく雇用の促進等のための措置、雇用の分野における障害者と障害者でない者との◯◯◯並びに障害者がその有する能力を有効に発揮することができるようにするための措置、**職業リハビリテーション**の措置その他障害者がその**能力に適合する職業**に就くこと等を通じてその**職業生活**において**自立する**ことを促進するための措置を総合的に講じ、もって障害者の**職業の安定**を図ることを目的とする。

- 選択肢 -
① 協力する責務　　② 均等な機会及び待遇の確保
③ 有機的な連携　　④ 差別的取扱いの禁止

パターンE　重要なキーワードを問う問題

障害者雇用促進法の目的条文のキーワードを押さえていますか。

解答

② 均等な機会及び待遇の確保　根拠：障害者雇用促進法1条

比較認識法

NG 障害者雇用促進法5条

協力する責務

すべて事業主は、障害者の雇用に関し、社会連帯の理念に基づき、障害者である労働者が有為な職業人として自立しようとする努力に対して協力する責務を有するものであって、その有する能力を正当に評価し、適当な雇用の場を与えるとともに適正な雇用管理を行うことによりその雇用の安定を図るように努めなければならない。

比較認識法

NG 障害者雇用促進法6条

有機的な連携

国及び地方公共団体は、自ら率先して障害者を雇用するとともに、障害者の雇用について事業主その他国民一般の理解を高めるほか、事業主、障害者その他の関係者に対する援助の措置及び障害者の特性に配慮した職業リハビリテーションの措置を講ずる等障害者の雇用の促進及びその職業の安定を図るために必要な施策を、障害者の福祉に関する施策との有機的な連携を図りつつ総合的かつ効果的に推進するように努めなければならない。

比較認識法

ピタリ 均等法8条

均等な機会及び待遇の確保

男女雇用機会均等法5条から7条〔「性別を理由とする差別の禁止」「性別以外の事由を要件とする措置（間接差別）」〕の規定は、事業主が、雇用の分野における男女の均等な機会及び待遇の確保の支障となっている事情を改善することを目的として女性労働者に関して行う措置を講ずることを妨げるものではない（ポジティブ・アクション）。

職業リハビリテーションとは、障害者に対して職業指導、職業訓練、職業紹介その他障害者雇用促進法に定める措置を講じ、その職業生活における自立を図ることをいいます。

選択式突破のヒント！その❽
「一般常識」を後回しにしないコツ

　直前期のスケジュールを考える際に、難しいのが「一般常識」の位置づけです。直前期には、「一般常識」以外のメインの法律をしっかりと復習したいので、なかなか「一般常識」の勉強に時間をかけられないのが社労士受験生の実情だと思います。しかも、「一般常識」は範囲も広く、勉強時間をかけてもなかなか結果に直結しないので、ますます直前期の勉強から遠ざけてしまうこともあります。

　しかし、実際には、**択一式も選択式も「一般常識」の出来が悪いことで、実力があっても不合格になってしまう可能性のある、最も危険な科目**です。したがって、この「一般常識」を直前期にどのように勉強するかの戦略を立てることは、社労士合格のためには、とても重要です。

　そこで、私がオススメしたい勉強法が、まずは「一般常識」をまとめて1つのスケジュールに埋め込むのではなくて、一つひとつの法律ごとに分けて考えることです。「一般常識」を一つひとつの法律の集まりだと考えると、法律ごとの重要度に大きな差があることに気づくでしょう。

　特に、労働関係法規は最近の過去問を分析すれば、重要度がハッキリ分かれます。ですから、**重要度の高い法律だけをピックアップして「一般常識」として別にスケジュールを組むのではなくて、他のメインの法律にくっつけて、そのメインの法律と必ず一緒に勉強する**ようにするのです。

　たとえば、こんな感じです。

> ◆「労働契約法」は、「労働基準法」と必ず一緒に勉強する
> ◆「労働組合法」は、「労働安全衛生法」と必ず一緒に勉強する
> ◆「国民健康保険法」は、「健康保険法」と必ず一緒に勉強する
> 　　　　　　　　　　　　　　　　　　　　　　　　……

　このように決めておけば、たとえば「労働基準法」を勉強するときは、必ず「労働契約法」まで勉強して計画を達成したことになります。もちろん、この法律はこの法律と一緒に勉強しなければならないということはありません。年によって、重要な「一般常識」の法律も変わりますから、それに合わせて、ピックアップする法律を選択したらいいと思います。

第9章

社会保険に関する一般常識

27問

― 本試験傾向ズバリ!!

　かつては「厚生労働白書」や「沿革」等のテーマの出題もありましたが、近年は「社会保険法規」の各法律の基本的事項をしっかり押さえていれば正解できる設問が多いです。そうした設問を冷静に見分けて確実に得点したいところです。

過去5年間の選択式本試験　出題内容

平成29年	・国民健康保険法 ・介護保険法 ・児童手当法
平成30年	・介護保険法 ・確定給付企業年金法
令和元年	・船員保険法 ・介護保険法 ・国民健康保険法 ・確定拠出年金法
令和2年	・平成29年度社会保障費用 ・介護保険法 ・国民健康保険法 ・確定拠出年金法
令和3年	・国民健康保険法 ・船員保険法 ・児童手当法 ・確定給付企業年金法

問題 1　社会保険労務士法において、社会保険労務士は、事業における労務管理その他の労働に関する事項及び労働社会保険諸法令に基づく社会保険に関する事項について、裁判所において、**補佐人**として、弁護士である**訴訟代理人**とともに出頭し、□□□をすることができる、とされている。

- 選択肢
  ① 代理　　② 手続　　③ 賛助　　④ 陳述

作問者思考　**パターンA** 根本的な理解を問う問題
裁判所内において、社会保険労務士ができる業務は、何ですか。

 問題 2　社会保険労務士法によると、次の(1)から(4)のいずれかに該当する者は、社会保険労務士の**登録**を受けることができないとされている。
(1) 懲戒処分により、弁護士、公認会計士、税理士又は**行政書士**の業務を停止された者で、現にその処分を受けているもの
(2) **心身の故障**により社会保険労務士の業務を行うことができない者
(3) **労働保険の保険料の徴収等に関する法律**、健康保険法、船員保険法、厚生年金保険法、国民健康保険法、国民年金法、高齢者の医療の確保に関する法律又は介護保険法の定めるところにより納付義務を負う保険料（以下「保険料」という。）について、社会保険労務士の登録の申請をした**日の前日**までに、これらの法律の規定に基づく滞納処分を受け、かつ、当該処分を受けた日から正当な理由なく**3月**以上の期間にわたり、当該処分を受けた日以降に納期限の到来した保険料のすべて（当該処分を受けた者が、当該処分に係る保険料の納付義務を負うことを定める法律によって**納付義務**を負う保険料に限る。）を引き続き**滞納**している者
(4) 社会保険労務士の□□□おそれがある者その他社会保険労務士の**職責**に照らし社会保険労務士としての**適格性**を欠く者

- 選択肢
  ① 信用又は品位を害する
  ② 事務の適正かつ円滑な処理を怠る
  ③ 業務に関する法令及び実務に違反する
  ④ 学識及び実務能力を有しない

作問者思考　**パターンB** 似たような語句を問う問題
社会保険労務士の登録拒否事由を正確に押さえていますか。

解　答　　④ **陳述**　　根拠：社会保険労務士法2条の2

NG	社労士法2条1項
代理	労働社会保険諸法令に基づく申請、届出、報告、審査請求、再審査請求その他の事項（厚生労働省令で定めるものに限る。以下「申請等」という。）について、又は当該申請等に係る行政機関等の調査若しくは処分に関し当該行政機関等に対してする主張若しくは陳述（厚生労働省令で定めるものを除く。）について、代理すること（事務代理）。

 本問の陳述を当事者又は訴訟代理人が直ちに取り消し、又は更正しない限り、本問の陳述は当事者又は訴訟代理人が自らしたものとみなされます。

 解　答　　① **信用又は品位を害する**　　根拠：社会保険労務士法14条の7

NG	社労士法16条の2
事務の適正かつ円滑な処理	勤務社会保険労務士は、その勤務する事業所において従事する法2条［社会保険労務士の業務］に規定する事務の適正かつ円滑な処理に努めなければならない。

NG	社労士法1条の2
業務に関する法令及び実務	社会保険労務士は、常に品位を保持し、業務に関する法令及び実務に精通して、公正な立場で、誠実にその業務を行わなければならない。

NG	社労士法13条の3、1項
学識及び実務能力	紛争解決手続代理業務試験は、紛争解決手続代理業務を行うのに必要な学識及び実務能力に関する研修であって厚生労働省令で定めるものを修了した社会保険労務士に対し、当該学識及び実務能力を有するかどうかを判定するために、毎年1回以上、厚生労働大臣が行う。

ピタリ	社労士法16条
信用又は品位を害する	社会保険労務士は、社会保険労務士の信用又は品位を害するような行為をしてはならない。

 本問の規定により登録を拒否された者は、当該処分に不服があるときは、厚生労働大臣に審査請求することができます。

全国社会保険労務士会連合会は、社会保険労務士の登録を受けた者が、次のいずれかに該当するときは、社会保険労務士法に規定する資格審査会の議決に基づき、当該登録を取り消すことができる。
(1) 登録を受ける資格に関する重要事項について、告知せず又は不実の告知を行って当該登録を受けたことが判明したとき。
(2) 心身の故障により社会保険労務士の業務を行うことができない者に該当するに至ったとき。
(3) ［　　　］以上継続して所在が不明であるとき。

― 選択肢 ―
① 3月　② 1年　③ 2年　④ 3年

作問者思考　**パターンC**　数字の違いを問う問題
社会保険労務士の取消事由を正確に押さえていますか。

社会保険労務士法において、社会保険労務士は、不正に労働社会保険諸法令に基づく保険給付を受けること、不正に労働社会保険諸法令に基づく保険料の賦課又は徴収を免れることその他労働社会保険諸法令に違反する行為について指示をし、相談に応じ、その他これらに類する行為をしてはならないとされている。
なお、この規定に違反した者は、［　　　］に処する。

― 選択肢 ―
① 1年以下の懲役又は200万円以下の罰金
② 3年以下の懲役又は100万円以下の罰金
③ 1年以下の懲役又は100万円以下の罰金
④ 3年以下の懲役又は200万円以下の罰金

作問者思考　**パターンC**　数字の違いを問う問題
不正行為の指示等の禁止違反の罰則の内容を正確に押さえていますか。

解 答 ③ **2年**　　　根拠：社会保険労務士法14条の9，1項

	NG 3 年	社労士法13条3項 厚生労働大臣は、社会保険労務士試験の合格の取消し等の処分を受けた者に対し、情状により、3年以内の期間を定めて社会保険労務士試験を受けることができないものとすることができる。

	ピタリ 2 年	社労士法3条 次の(1)(2)の一に該当する者であって、労働社会保険諸法令に関する厚生労働省令で定める事務に従事した期間が通算して2年以上になるもの又は厚生労働大臣がこれと同等以上の経験を有すると認めるものは、社会保険労務士となる資格を有する。 (1) 社会保険労務士試験に合格した者 (2) 法11条［試験科目の一部の免除］の規定による社会保険労務士試験の免除科目が法9条［社会保険労務士試験］に掲げる試験科目の全部に及ぶ者

> 全国社会保険労務士会連合会は、本問の規定のいずれかに該当することとなったことにより登録を取り消したときは、その理由を付記した書面により、その旨を当該処分を受ける者に通知しなければなりません。

解 答 ④ **3年以下の懲役又は200万円以下の罰金**
根拠：社会保険労務士法15条、同法32条

	NG 1年以下の懲役又は100万円以下の罰金	社労士法27条の2、同法32条の2，1項、2項 開業社会保険労務士又は社会保険労務士法人の使用人その他の従業者は、正当な理由がなくて、その業務に関して知り得た秘密を他に漏らし、又は盗用してはならない。開業社会保険労務士又は社会保険労務士法人の使用人その他の従業者でなくなった後においても、また同様とする。 なお、この規定に違反した者は、1年以下の懲役又は100万円以下の罰金に処する。

> 本問の罰則「3年以下の懲役又は200万円以下の罰金」は、不正行為の指示等の禁止違反しかなく、社会保険労務士法で最も重い罰則なので、必ず覚えておきましょう。

問題5

特定社会保険労務士は、次に掲げる事件については、紛争解決手続代理業務を行ってはならない。ただし、(3)に掲げる事件については、受任している事件の依頼者が同意した場合は、この限りでない。

(1) 紛争解決手続代理業務に関するものとして、相手方の協議を受けて☐☐☐☐し、又はその依頼を承諾した事件

(2) 紛争解決手続代理業務に関するものとして相手方の協議を受けた事件で、その協議の程度及び方法が信頼関係に基づくと認められるもの

(3) 紛争解決手続代理業務に関するものとして受任している事件の相手方からの依頼による他の事件

選択肢
① 同意　② 賛助　③ あっせん　④ 誘致

パターンD　見慣れない語句を問う問題

特定社会保険労務士の業務を行い得ない事件を押さえていますか。

問題6

社会保険労務士法によると、社会保険労務士法人の社員は、社会保険労務士でなければならず、次に掲げる者は、社員となることができない、とされている。

(1) 社会保険労務士の業務の停止の処分を受け、当該業務の停止の期間を経過しない者

(2) 社会保険労務士法人が解散又は業務の停止を命ぜられた場合において、その処分の日以前☐☐☐☐内にその社員であった者でその処分の日から3年（業務の停止を命ぜられた場合にあっては、当該業務の停止の期間）を経過しないもの

選択肢
① 2週間　② 30日　③ 6月　④ 1年

パターンC　数字の違いを問う問題

社会保険労務士法人の社員の資格の規定を正確に押さえていますか。

解答 ② 賛助

根拠：社会保険労務士法22条2項

NG 社労士法23条の2
あっせん
社会保険労務士は、[名称の使用制限]又は[業務の制限]の規定に違反する者から事件の**あっせん**を受け、又はこれらの者に**自己の名義**を利用させてはならない。

NG 社労士則12条の11，1項
誘致
社会保険労務士又は社会保険労務士法人は、依頼を**誘致**するに際し、重要事項につき、**不実**のことを告げ、又は**故意**に事実を告げない行為その他の**不正又は不当**な行為をしてはならない。

ピタリ 社労士法22条2項4号
賛助
開業社会保険労務士の**使用人**である社会保険労務士又は社会保険労務士法人の**社員若しくは使用人**である社会保険労務士としてその業務に従事していた期間内に、その開業社会保険労務士又は社会保険労務士法人が、紛争解決手続代理業務に関するものとして、相手方の協議を受けて**賛助**し、又はその依頼を**承諾**した事件であって、**自らこれに関与したもの**は、紛争解決手続代理業務を行ってはならない。

ここでいう「賛助」とは、相手方が希望する解決や利益が実現するための具体的な見解を示したり、法律的な手段を教えることです。

解答 ② 30日

根拠：社会保険労務士法25条の8

NG 社労士法25条の13，1項
2週間
社会保険労務士法人は、成立したときは、成立の日から**2週間**以内に、登記事項証明書及び定款の写しを添えて、その旨を、その主たる事務所の所在地の属する**都道府県の区域に設立されている社会保険労務士会**を経由して、**全国社会保険労務士会連合会**に届け出なければならない。

NG 社労士法25条の22，2項
2週間
社会保険労務士法人は、他の社会保険労務士法人との**合併以外の事由**により解散したときは、解散の日から**2週間**以内に、その旨を、**主たる事務所の所在地の社会保険労務士会**を経由して、**全国社会保険労務士会連合会**に届け出なければならない。

社員が1人の社会保険労務士法人の設立も可能です。

第9章 社会保険に関する一般常識

問題7

社会保険労務士法によると、社会保険労務士法人の社員は、☐☐☐のためにその社会保険労務士法人の**業務の範囲**に属する業務を行い、又は他の社会保険労務士法人の**社員**となってはならない、とされている。

選択肢
① 自己若しくは第三者　② 社会保険労務士でない者
③ 自己　　　　　　　　④ 社員

作問者思考　**パターンB** 似たような語句を問う問題
社会保険労務士法人の社員の競業の禁止の規定を正確に押さえていますか。

 問題8

厚生労働大臣は、社会保険労務士法人が**社会保険労務士法**若しくは社会保険労務士法に基づく**命令**に違反し、又は**運営**が著しく不当と認められるときは、その社会保険労務士法人に対し、**戒告**し、若しくは**1年**以内の期間を定めて**業務の全部若しくは一部**の停止を命じ、又は☐☐☐を命ずることができる。

選択肢
① 解散　② 廃止　③ 失格処分　④ 清算

作問者思考　**パターンA** 根本的な理解を問う問題
社会保険労務士法人の違法行為等についての処分を押さえていますか。

解 答　① **自己若しくは第三者**

根拠：社会保険労務士法25条の18, 1項

	NG 社会保険労務士でない者	社労士法25条の19 社会保険労務士法人は、社会保険労務士でない者に法2条1項1号から1号の3まで及び2号の業務（紛争解決手続代理業務以外の1・2号業務）を行わせてはならない。 紛争解決手続代理業務を行うことを目的とする社会保険労務士法人は、特定社会保険労務士でない者に法2条1項1号の4から1号の6までの業務（紛争解決手続代理業務）を行わせてはならない。

比較認識法

	ピタリ 自己若しくは第三者	社労士法25条の18, 2項 社会保険労務士法人の社員が［社員の競業の禁止］（本問の規定）の規定に違反して自己又は第三者のためにその社会保険労務士法人の業務の範囲に属する業務を行ったときは、当該業務によって当該社員又は第三者が得た利益の額は、社会保険労務士法人に生じた損害の額と推定する。

比較認識法

本問の「自己若しくは第三者のために」とは、自己若しくは第三者に利益が帰属するようにとの意であって、本来社会保険労務士法人の収入になるべきものを社員である社会保険労務士個人の収入にしてしまうこと等をいいます。

解 答　① **解散**

根拠：社会保険労務士法25条の24, 1項

	NG 失格処分	社労士法25条 社会保険労務士に対する懲戒処分は、次の3種とする。 ① 戒告 ② 1年以内の開業社会保険労務士若しくは開業社会保険労務士の使用人である社会保険労務士又は社会保険労務士法人の社員若しくは使用人である社会保険労務士の業務の停止 ③ 失格処分（社会保険労務士の資格を失わせる処分をいう。）

社会保険労務士法人の解散及び清算の監督に関する事件は、裁判所の管轄に属します。

問題 9

市町村は、被保険者の**資格の取得及び喪失**に関する事項、国民健康保険の保険料（地方税法の規定による国民健康保険税を**含む**。）の徴収、**保健事業**の実施その他の国民健康保険事業を☐ものとする。

- 選択肢 ─
① 積極的に推進する　　② 中心的な役割を果たす
③ 適切に実施する　　　④ 有機的な連携を図る

　パターンA 根本的な理解を問う問題

国保事業における市町村の責任を押さえていますか。

解答 ③ 適切に実施する　　根拠：国民健康保険法4条3項

NG① 国保法4条1項
比較認識法 積極的に推進する

国は、国民健康保険事業の運営が健全に行われるよう**必要な各般の措置**を講ずるとともに、法1条に規定する目的の達成に資するため、**保健、医療及び福祉**に関する施策その他の関連施策を**積極的に推進する**ものとする。

NG② 国保法4条2項
比較認識法 中心的な役割を果たす

国民健康保険法4条2項の規定によると、都道府県は、**安定的な財政運営**、市町村の国民健康保険事業の**効率的な実施**の確保その他の都道府県及び当該都道府県内の市町村の国民健康保険事業の**健全な運営**について**中心的な役割を果たす**ものとされている。

NG③ 国保法4条4項
比較認識法 有機的な連携を図る

都道府県及び市町村は、法4条3項（本問）の責務を果たすため、**保健医療サービス**及び**福祉サービス**に関する施策その他の関連施策との**有機的な連携を図る**ものとする。

都道府県は、都道府県等が行う国民健康保険の安定的な財政運営並びに当該都道府県内の市町村の国民健康保険事業の広域的及び効率的な運営の推進を図るため、都道府県国民健康保険運営方針を定めるものとされています。

問題10

国民健康保険法において、市町村及び国民健康保険組合は、保険給付を受けることができる**世帯主又は組合員**が保険料（地方税法の規定による**国民健康保険税**を含む。以下同じ。）を滞納しており、かつ、当該保険料の納期限から[　　　]が経過するまでの間に当該保険料を納付しない場合においては、当該保険料の滞納につき**災害その他の政令で定める特別の事情がある**と認められる場合を除き、保険給付の全部又は一部の支払を**一時差し止める**ものとする、とされている。

- 選択肢 -
① 6月　② 1年　③ 1年6月　④ 2年

 パターンC 数字の違いを問う問題

保険給付の全部又は一部が一時差し止められるときは、保険料をどのくらい滞納したときに行われますか。

解　答

③　**1年6月**　　　根拠：国民健康保険法63条の2,1項

NG	国保法9条10項
6月	市町村は、被保険者証及び被保険者資格証明書の有効期間を定めることができる。この場合において、国民健康保険法の規定による保険料（地方税法の規定による国民健康保険税を含む。）を滞納している世帯主（法9条3項の規定により市町村が被保険者証の返還を求めるものとされる者を除く。）及びその世帯に属する被保険者、国民年金法の規定による保険料を滞納している世帯主及びその世帯に属する被保険者その他厚生労働省令で定める者の被保険者証については、特別の有効期間を定めることができる。ただし、18歳に達する日以後の最初の3月31日までの間にある者が属する世帯に属する被保険者の被保険者証について6月未満の特別の有効期間を定める場合においては、当該者に係る被保険者証の特別の有効期間は、6月以上としなければならない。

NG	国保法9条3項
1年	市町村は、保険料（地方税法の規定による国民健康保険税を含む。以下同じ。）を滞納している世帯主が、当該保険料の納期限から1年間が経過するまでの間に当該保険料を納付しない場合においては、当該保険料の滞納につき災害その他の政令で定める特別の事情があると認められる場合を除き、当該世帯主に対し被保険者証の返還を求めるものとする。

ピタリ	介保法67条1項
1年6月	介護保険法において、市町村は、保険給付を受けることができる第1号被保険者である要介護被保険者等が保険料を滞納しており、かつ、当該保険料の納期限から1年6月が経過するまでの間に当該保険料を納付しない場合においては、当該保険料の滞納につき災害その他の政令で定める特別の事情があると認める場合を除き、保険給付の全部又は一部の支払を一時差し止めるものとされている。

本問の規定により、保険給付の全部又は一部の支払の一時差止がなされているものであって、被保険者資格証明書の交付を受けている世帯主又は組合員が、なお滞納している保険料を納付しない場合においては、保険者は、あらかじめ、当該世帯主又は組合員に通知して、当該一時差止に係る保険給付の額から当該世帯主又は組合員が滞納している保険料額を控除することができます。

問題11

国民健康保険法において、**都道府県**は、保険給付の実施その他の国民健康保険事業の**円滑かつ確実**な実施を図り、及び当該都道府県内の市町村の**財政状況**その他の事情に応じた**財政の調整**を行うため、政令で定めるところにより、**条例**で、当該都道府県内の市町村に対し、当該市町村の国民健康保険に関する**特別会計**において負担する療養の給付等に要する費用その他の国民健康保険事業に要する費用について、国民健康保険_____を交付する。

- 選択肢 -
① 療養の給付等に要する費用
② 保険給付費等交付金
③ 事業費納付金
④ 事業に要する費用

パターンE 重要なキーワードを問う問題
都道府県等国保における費用負担の流れを正確に押さえていますか。

解　答

② **保険給付費等交付金**　根拠：国民健康保険法75条の2,1項

国保法76条1項

NG

R3-AB　比較認識法

事業費納付金

市町村（特別区を含む。以下同じ。）は、当該市町村の国民健康保険に関する特別会計において負担する国民健康保険事業費納付金の納付に要する費用（当該市町村が属する都道府県の国民健康保険に関する特別会計において負担する前期高齢者納付金等及び後期高齢者支援金等並びに介護納付金の納付に要する費用を含む。）、財政安定化基金拠出金の納付に要する費用その他の国民健康保険事業に要する費用に充てるため、被保険者の属する世帯の世帯主（当該市町村の区域内に住所を有する世帯主に限る。）から国民健康保険の保険料を徴収しなければならない。ただし、地方税法の規定により国民健康保険税を課するときは、この限りではない。

事業に要する費用

国保法76条2項

NG

療養の給付等に要する費用

国民健康保険組合（以下「組合」という。）は、療養の給付等に要する費用その他の国民健康保険事業に要する費用（前期高齢者納付金等及び後期高齢者支援金等並びに介護納付金の納付に要する費用を含み、健康保険法第179条に規定する組合にあっては、同法の規定による日雇拠出金の納付に要する費用を含む。）に充てるため、組合員から保険料を徴収しなければならない。

事業に要する費用

「国民健康保険保険給付費等交付金」や「国民健康保険事業費納付金」は、都道府県（市町村）の国保のみに係るキーワードになります。

問題12

船員保険法は、船員又はその被扶養者の職務外の事由による疾病、負傷若しくは死亡又は出産に関して保険給付を行うとともに、労働者災害補償保険による保険給付と併せて船員の職務上の事由又は通勤による____に関して保険給付を行うこと等により、船員の生活の安定と福祉の向上に寄与することを目的とする。

- 選択肢
  - ① 疾病、負傷、障害、出産又は死亡
  - ② 疾病、負傷、出産又は死亡
  - ③ 疾病、負傷又は死亡
  - ④ 疾病、負傷、障害又は死亡

パターンA 根本的な理解を問う問題

船員の職務上の事由と職務外の事由又は通勤による保険給付の支給事由の違いを押さえていますか。

問題13

船員保険法の被保険者又は被保険者であった者の____に関しては、次に掲げる療養の給付を行う。
(1) 診察
(2) 薬剤又は治療材料の支給
(3) 処置、手術その他の治療
(4) 居宅における療養上の管理及びその療養に伴う世話その他の看護
(5) 病院又は診療所への入院及びその療養に伴う世話その他の看護
(6) 自宅以外の場所における療養に必要な宿泊及び食事の支給

- 選択肢
  - ① 疾病及び負傷
  - ② 評価療養及び選定療養
  - ③ 給付対象傷病
  - ④ 疾病、負傷又は障害

パターンD 見慣れない語句を問う問題

船員保険法の療養の給付の対象は何と規定されていますか。

| 解　答 | ④ 疾病、負傷、障害又は死亡 | 根拠：船員保険法1条 |

NG 国保法1条、2条

疾病、負傷、出産又は死亡

国民健康保険法は、国民健康保険事業の健全な運営を確保し、もって社会保障及び国民保健の向上に寄与することを目的とする。
国民健康保険は、被保険者の疾病、負傷、出産又は死亡に関して必要な保険給付を行うものとする。

H29-B

ピタリ 労災法1条

疾病、負傷、障害又は死亡

労働者災害補償保険は、業務上の事由、事業主が同一人でない2以上の事業に使用される労働者（以下「複数事業労働者」という。）の2以上の事業の業務を要因とする事由又は通勤による労働者の負傷、疾病、障害、死亡等に対して迅速かつ公正な保護をするため、必要な保険給付を行い、あわせて、業務上の事由、複数事業労働者の2以上の事業の業務を要因とする事由又は通勤により負傷し、又は疾病にかかった労働者の社会復帰の促進、当該労働者及びその遺族の援護、労働者の安全及び衛生の確保等を図り、もって労働者の福祉の増進に寄与することを目的とする。

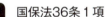

| 解　答 | ③ 給付対象傷病 | 根拠：船員保険法53条1項 |

NG 国保法36条1項

疾病及び負傷

市町村及び国民健康保険組合は、被保険者の疾病及び負傷に関しては、次の各号に掲げる療養の給付を行う。ただし、当該被保険者の属する世帯の世帯主又は組合員が当該被保険者に係る被保険者資格証明書の交付を受けている間は、この限りでない。
① 診察
② 薬剤又は治療材料の支給
③ 処置、手術その他の治療
④ 居宅における療養上の管理及びその療養に伴う世話その他の看護
⑤ 病院又は診療所への入院及びその療養に伴う世話その他の看護

療養の給付に係る給付対象傷病は、原則として職務外の事由による疾病又は負傷ですが、「自宅以外の場所における療養に必要な宿泊及び食事の支給」は、職務上の事由又は通勤による疾病又は負傷についても行われます。

問題14 R3-C

船員保険法の被保険者が[　　]により行方不明となったときは、その期間、**被扶養者**に対し、行方不明手当金を支給することとなっている。ただし、行方不明の期間が**1月**未満であるときは、この限りでない。

行方不明手当金の額は、1日につき、被保険者が行方不明となった当時の**標準報酬日額に相当する金額**とする。

行方不明手当金の支給を受ける期間は、被保険者が行方不明となった日の翌日から起算して**3月**を限度とする。

---選択肢---
① 職務上の事由又は通勤　② やむを得ない事情
③ 職務外の事由　　　　　④ 職務上の事由

作問者思考 **パターンA** **根本的な理解を問う問題**
行方不明手当金の支給事由を押さえていますか。

問題15

高齢者医療確保法において、厚生労働大臣は、国民の高齢期における**適切な医療の確保**を図る観点から、医療に要する費用の**適正化**（以下「医療費**適正化**」という。）を**総合的かつ計画的**に推進するため、医療費適正化に関する施策についての基本的な方針（「医療費**適正化**基本方針」という。）を定めるとともに、[　　]ごとに、[　　]を1期として、医療費**適正化**を推進するための計画（「全国医療費**適正化**計画」という。）を定めるものとする、とされている。

---選択肢---
① 2年　② 3年　③ 5年　④ 6年

作問者思考 **パターンC** **数字の違いを問う問題**
全国医療費適正化計画の計画期間は、何年ごとですか。

解答 ④ 職務上の事由　　　　　　　　　　根拠：船員保険法93条

比較認識法

NG	船保法85条1項
職務上の事由又は通勤	休業手当金は、被保険者又は被保険者であった者が職務上の事由又は通勤による疾病又は負傷及びこれにより発した疾病につき療養のため労働することができないために報酬を受けない日について、支給する。

被保険者の行方不明の期間に係る報酬が支払われる場合においては、その報酬の額の限度において行方不明手当金は支給されません。

解答 ④ 6年　　　　　　　　　　根拠：高齢者医療確保法8条1項

比較認識法

NG	介保法117条1項
3年	市町村は、介護保険事業に係る保険給付の円滑な実施を確保するための基本的な指針（基本指針）に即して、3年を1期とする当該市町村が行う介護保険事業に係る保険給付の円滑な実施に関する計画（市町村介護保険事業計画）を定めるものとする。

比較認識法

ピタリ	高医法9条1項
6年	都道府県は、医療費適正化基本方針に即して、6年ごとに、6年を1期として、当該都道府県における医療費適正化を推進するための計画（「都道府県医療費適正化計画」という。）を定めるものとする。

比較認識法

ピタリ	高医法19条1項
6年	保険者（都道府県が当該都道府県内の市町村とともに行う国民健康保険にあっては、市町村）は、特定健康診査等基本指針に即して、6年ごとに、6年を1期として、特定健康診査等の実施に関する計画（「特定健康診査等実施計画」という。）を定めるものとする。

厚生労働大臣は、医療費適正化基本方針及び全国医療費適正化計画を定め、又はこれを変更しようとするときは、あらかじめ、関係行政機関の長に協議するものとされています。

高齢者医療確保法によると、都道府県は、厚生労働省令で定めるところにより、**年度**（毎年4月1日から翌年3月31日までをいう。以下同じ。）（法11条2項の規定による結果の公表及び法12条1項の評価を行った年度を**除く。**）**ごと**に、都道府県医療費適正化計画の_____**を公表するよう努めるもの**とする、とされている。

- 選択肢 -
① 評価　　② 調査及び分析の結果
③ 進捗状況　　④ 内容

作問者思考　**パターンE**　重要なキーワードを問う問題
都道府県が、年度ごとに都道府県医療費適正化計画の何を公表するよう努めなければならないでしょうか。

高齢者医療確保法によると、保険者及び**後期高齢者医療広域連合**は、共同して、加入者の高齢期における健康の保持のために必要な事業の推進並びに**高齢者医療制度の円滑な運営**及び当該運営への協力のため、**都道府県**ごとに、_____を組織するよう努めなければならず、_____は次に掲げる業務を行う。
(1) 特定健康診査等の実施、高齢者医療制度の運営その他の事項に関する保険者その他の関係者間の**連絡調整**
(2) 保険者に対する必要な**助言又は援助**
(3) 医療に要する費用その他の厚生労働省令で定める事項に関する情報についての**調査及び分析**

- 選択肢 -
① 運営に関する協議会　　② 保険者協議会
③ 運営委員会　　　　　　④ 評議会

作問者思考　**パターンD**　見慣れない語句を問う問題
保険者及び後期高齢者医療広域連合が、都道府県ごとに何を組織するよう努めなければならないでしょうか。

解 答 ③ **進捗状況**　　　根拠：高齢者医療確保法11条1項

NG 高医法12条1項

評価

都道府県は、厚生労働省令で定めるところにより、都道府県医療費適正化計画の期間の終了の日の属する年度の翌年度において、当該計画の目標の達成状況及び施策の実施状況の調査及び分析を行い、当該計画の実績に関する評価を行うものとする。

NG 高医法11条2項

調査及び分析の結果

都道府県は、次期の都道府県医療費適正化計画の作成に資するため、厚生労働省令で定めるところにより、都道府県医療費適正化計画の期間（以下「計画期間」という。）の終了の日の属する年度において、当該計画期間における当該都道府県医療費適正化計画の進捗状況に関する調査及び分析の結果を公表するよう努めるものとする。

都道府県が、都道府県医療費適正化計画において義務とされているのは、都道府県医療費適正化計画の期間の終了の日の属する年度の翌年度において、当該計画の評価を厚生労働大臣に報告することです。

解 答 ② **保険者協議会**　　　根拠：高齢者医療確保法157条の2

NG 国保法11条1項

運営に関する協議会

国民健康保険事業の運営に関する事項（国民健康保険法の定めるところにより都道府県が処理することとされている事務に係るものであって、法75条の7,1項の規定による国民健康保険事業費納付金の徴収、法82条の2,1項の規定による都道府県国民健康保険運営方針の作成その他の重要事項に限る。）を審議させるため、都道府県に都道府県の国民健康保険事業の運営に関する協議会を置く。

NG 健保法7条の18,1項

運営委員会

事業主（被保険者を使用する適用事業所の事業主をいう。）及び被保険者の意見を反映させ、協会の業務の適正な運営を図るため、協会に運営委員会を置く。

NG 健保法7条の21,1項

評議会

協会は、都道府県ごとの実情に応じた業務の適正な運営に資するため、支部ごとに評議会を設け、当該支部における業務の実施について、評議会の意見を聴くものとする。

問題18

(1) 介護保険法においては、国及び地方公共団体は、認知症（**アルツハイマー病**その他の神経変性疾患、**脳血管疾患**その他の疾患により日常生活に支障が生じる程度にまで認知機能が低下した状態として政令で定める状態をいう。以下同じ。）に対する**国民の関心及び理解**を深め、認知症である者への支援が適切に行われるよう、認知症に関する**知識の普及及び啓発**に努めなければならない。

(2) 国及び地方公共団体は、認知症の施策の推進に当たっては、認知症である者及びその**家族の意向の尊重**に配慮するとともに、認知症である者が地域社会において◯◯◯を保持しつつ他の人々と**共生**することができるように努めなければならない。

選択肢
① 基本的な動作
② 自立した日常生活
③ 支援体制
④ 尊厳

パターンE 重要なキーワードを問う問題

認知症に関する国及び地方公共団体の責務を正確に押さえていますか。

解　答　　④　**尊厳**　　　　　　　　　根拠：介保法５条の２，１項、４項

NG　介保法７条１項

比較認識法

基本的な動作

「要介護状態」とは、**身体上又は精神上**の障害があるために、入浴、排せつ、**食事**等の日常生活における**基本的な動作**の全部又は一部について、厚生労働省令で定める期間にわたり**継続**して、**常時介護**を要すると見込まれる状態であって、その介護の**必要の程度**に応じて厚生労働省令で定める区分（「要介護状態区分」という。）のいずれかに該当するもの（要支援状態に該当するものを除く。）をいう。

NG　介保法５条の２，３項

比較認識法

支援体制

国及び地方公共団体は、地域における認知症である者への**支援体制**を整備すること、認知症である者を現に介護する者の**支援**並びに認知症である者の支援に係る**人材の確保及び資質の向上**を図るために必要な措置を講ずることその他の認知症に関する施策を総合的に**推進するよう努めなければならない**。

NG　ピタリ　介保法１条

比較認識法

尊　厳

自立した日常生活

介護保険法は、**加齢**に伴って生ずる心身の変化に起因する疾病等により要介護状態となり、入浴、排せつ、**食事**等の介護、**機能訓練**並びに看護及び療養上の管理その他の**医療**を要する者等について、これらの者が**尊厳**を保持し、その有する能力に応じ**自立した日常生活**を営むことができるよう、必要な**保健医療サービス**及び**福祉サービス**に係る給付を行うため、**国民の共同連帯**の理念に基づき介護保険制度を設け、その行う保険給付等に関して必要な事項を定め、もって**国民の保健医療の向上**及び福祉の増進を図ることを目的とする。

第９章　社会保険に関する一般常識

問題19

介護保険法において、市町村は、被保険者（当該市町村が行う介護保険の**住所地特例適用被保険者**を除き、当該市町村の区域内に所在する住所地特例対象施設に入所等をしている**住所地特例適用被保険者**を含む。）の要介護状態等となることの**予防**又は要介護状態等の**軽減**若しくは**悪化の防止**及び地域における自立した日常生活の**支援**のための施策を**総合的かつ一体的**に行うため、厚生労働省令で定める基準に従って、**地域支援事業**として、□□□を行うものとされている。

選択肢

① 介護予防・日常生活支援総合事業
② 保健福祉事業
③ 包括的支援事業
④ 第1号介護予防支援事業

パターンA　根本的な理解を問う問題

訪問型サービスや通所型サービスを行う地域支援事業を何といいますか。

解答

① 介護予防・日常生活支援総合事業

根拠：介護保険法115条の45,1項

NG **ピタリ** 介保法115条の45,2項

介護予防・日常生活支援総合事業	市町村は、**介護予防・日常生活支援総合事業**のほか、被保険者が要介護状態等となることを予防するとともに、要介護状態等となった場合においても、可能な限り、地域において**自立した日常生活**を営むことができるよう支援するため、**地域支援事業**として、**包括的支援事業**を行うものとする。
包括的支援事業	

NG 介保法115条の46,1項

包括的支援事業	地域包括支援センターは、**第1号介護予防支援事業**（居宅要支援被保険者に係るものを除く。）及び**包括的支援事業**その他厚生労働省令で定める事業を実施し、**地域住民**の心身の健康の保持及び生活の安定のために**必要な援助**を行うことにより、その**保健医療の向上**及び福祉の増進を**包括的**に支援することを目的とする施設とする。
第1号介護予防支援事業	

ピタリ 介保法115条の45の2

介護予防・日常生活支援総合事業	厚生労働大臣は、**市町村**が行う**介護予防・日常生活支援総合事業**に関して、その**適切かつ有効**な実施を図るため必要な指針を公表するものとする。 市町村は、定期的に、**介護予防・日常生活支援総合事業**の実施状況について、**調査、分析及び評価**を行うよう努めるとともに、その結果に基づき必要な措置を**講ずるよう努めるもの**とする。

市長村（特別区を含む。）が地域支援事業を行うに当たっては、介護保険等関連情報その他必要な情報を活用し、適切かつ有効に実施するよう努めるものとされています。

問題20

地域における包括的な支援を推進するためには、地域に共通している課題を**明確化**し、その解決のために必要な**資源開発**や**地域づくり**につなげることが重要であり、☐☐☐がその役割を担っている。
　☐☐☐は、**地域包括支援センター**や市町村が主催し、医師や**ケアマネジャー**、介護事業者など医療・介護の専門職をはじめ、市町村の担当者やNPO、ボランティア、**自治会長**のような地域の多様な関係者の**多職種協働**による個別事例の検討等を行い、ネットワーク構築やケアマネジメント支援、地域課題の把握等を図る場である。国では、☐☐☐を高齢者の方々に対する支援の充実と、これを支える**社会基盤の整備**を同時に進める手法として活用するため、介護保険法で**制度的**に位置づけ、**ケアマネジャー**の協力や**守秘義務**の取扱い等について**枠組み**を設けることで、さらなる**普及・充実**を図ることとした。

― 選択肢 ―
① 国民健康保険団体連合会　② 介護認定審査会
③ 地域ケア会議　　　　　　④ 介護保険審査会

作問者思考　**パターンE** 重要なキーワードを問う問題
地域包括支援センターや市町村が主催する会議を何といいますか。

 問題21

児童手当の受給資格者が、次代の社会を担う児童の**健やかな成長**を支援するため、当該受給資格者に児童手当を支給する**市町村**に対し、当該**児童手当の支払を受ける前**に、当該児童手当の額の**全部又は一部**を当該**市町村**に☐☐☐する旨を**申し出た**ときは、当該**市町村**は、内閣府令で定めるところにより、当該☐☐☐を受けるため、当該受給資格者が支払を受けるべき児童手当の額のうち当該☐☐☐に係る部分を、当該受給資格者に**代わって受ける**ことができる。

― 選択肢 ―
① 交付　② 寄附　③ 納付　④ 支払

作問者思考　**パターンD** 見慣れない語句を問う問題
受給資格者が児童手当を辞退することを何といいますか。

| 解　答 | ③ 地域ケア会議 | 根拠：平成28年版厚生労働白書 P396 |

NG 国民健康保険団体連合会	介保法41条10項他
	介護給付費の請求に関する審査及び支払は、**市町村**からの委託を受けて**国民健康保険団体連合会**が行うこととされている。

NG 介護認定審査会	介保法14条
	法38条2項に規定する審査判定業務を行わせるため、**市町村**に**介護認定審査会**を置く。

NG 介護保険審査会	介保法183条
	保険給付に関する処分（被保険者証の交付の請求に関する処分及び要介護認定又は要支援認定に関する処分を**含む**。）又は保険料その他介護保険法の規定による徴収金（**財政安定化基金拠出金**、介護給付費・地域支援事業支援納付金及び法157条1項に規定する延滞金を**除く**。）に関する処分に不服がある者は、各**都道府県**に置かれた**介護保険審査会**に審査請求をすることができる。

市町村は、地域ケア会議を置くように努めなければならないとされています。

| 解　答 | ② 寄附 | 根拠：児童手当法20条 |

NG 支払	児童手当法21条1項
	市町村長は、受給資格者が、児童手当の**支払**を受ける前に、当該児童手当の額の**全部又は一部**を、学校給食法に規定する**学校給食費**その他の学校教育に伴って必要な内閣府令で定める費用又は児童福祉法56条2項の規定により徴収する費用その他これに類するものとして内閣府令で定める費用のうち当該受給資格者に係る**15歳に達する日以後の最初の3月31日まで**の間にある児童に関し当該市町村に支払うべきものの**支払**に充てる旨を**申し出た**場合には、当該受給資格者に児童手当の**支払**をする際に当該申出に係る費用を**徴収する**ことができる。

市町村は、本問の寄附を、次代の社会を担う児童の健やかな成長を支援するために使用しなければなりません。

問題22

企業型年金が実施される厚生年金適用事業所(以下「実施事業所」という。)に使用される**第1号等厚生年金被保険者**は、企業型年金加入者とする。ただし、**企業型年金規約で**☐以上**65歳**以下の一定の年齢に達したきに企業型年金加入者の資格を喪失することを定めたときは、☐に達した日の**前日**において当該実施事業所に使用される第1号等厚生年金被保険者であった者で☐に達した日以後引き続き当該実施事業所に使用される**第1号厚生年金被保険者又は第4号厚生年金被保険者**であるもの(当該一定の年齢に達していない者に限る。)のうち☐に達した日の**前日**において当該企業型年金の企業型年金加入者であった者その他政令で定める者についても企業型年金加入者とする。

- 選択肢 -
① 50歳 ② 55歳 ③ 59歳 ④ 60歳

作問者思考 **パターンC** 数字の違いを問う問題
企業型年金加入者を正確に押さえていますか。

問題23

確定拠出年金の企業型年金の資産管理機関は、次に掲げる者(当該企業型年金に**個人別管理資産がある者**に限る。)の個人別管理資産を**国民年金基金連合会**(以下「連合会」という。)に☐するものとする。

(1) 当該企業型年金の企業型年金加入者であった者であって、その個人別管理資産が当該企業型年金加入者の資格を喪失した日が属する月の翌月から起算して**6月**以内に☐されなかったもの(当該企業型年金の**企業型年金運用指図者**及び下記(2)の者を除く。)

(2) 当該企業型年金が終了した日において当該企業型年金の企業型年金加入者等であった者であって、その個人別管理資産が当該企業型年金が終了した日が属する月の翌月から起算して**6月**以内に☐されなかったもの

- 選択肢 -
① 移転 ② 移行 ③ 移動 ④ 移換

作問者思考 **パターンD** 見慣れない語句を問う問題
企業型年金にある個人別管理資産を連合会に移すことを何といいますか。

解答

④ 60歳

根拠：確定拠出年金法9条

H30-E 比較認識法

NG 確給法36条2項、3項、4項、同令28条

50歳

老齢給付金を受けるための規約で定める要件は、次に掲げる要件を満たすものでなければならない。
① **60歳以上70歳以下**の規約で定める年齢に達したときに支給するものであること。
② **50歳**以上**①の規約で定める年齢未満**の規約で定める年齢に達した日以後に実施事業所に使用されなくなったときに支給するものであること（規約において当該状態に至ったときに**老齢給付金**を支給する旨が定められている場合に限る。）。
③ また、②の政令で定める年齢は、**50歳**未満であってはならないとされている。
④ 確定給付企業年金の規約において、**20年**を超える加入者期間を老齢給付金の給付を受けるための要件として定めてはならない。

解答

④ 移換

根拠：確定拠出年金法83条1項

 比較認識法

NG 確給法80条1項、2項

移 転

確定給付企業年金の規約型企業年金の事業主は、当該事業主（共同実施している場合は、実施している**事業主の全部**）が基金を設立しているとき、又は設立することとなるときは、厚生労働大臣の**承認**を受けて、当該企業年金基金に、当該規約型企業年金の加入者等に係る給付の支給に関する権利義務の**移転**を申し出ることができる。当該企業年金基金は、当該申出があったときは、厚生労働大臣の**認可**を受けて、権利義務を承継することができる。

ピタリ 確給法80条1項、4項

移 換

確定給付企業年金の企業年金基金は、確定給付企業年金法80条1項の規定による規約型企業年金の事業主の**申出**により、**厚生労働大臣の認可**を受けて、当該規約型企業年金の加入者等に係る給付の支給に関する権利義務を承継する場合においては、当該規約型企業年金の**資産管理運用機関**から当該企業年金基金に積立金を**移換**するものとする。

 一定の要件の下で、確定拠出年金から確定給付企業年金への資産の移換も可能です。

問題24

確定給付企業年金法は、少子高齢化の進展、□□□等の社会経済情勢の変化にかんがみ、事業主が従業員と**給付の内容**を約し、高齢期において従業員がその**内容**に基づいた給付を受けることができるようにするため、確定給付企業年金について必要な事項を定め、国民の高齢期における**所得の確保**に係る**自主的な努力**を支援し、もって公的年金の給付と相まって**国民の生活の安定と福祉の向上**に寄与することを目的とする。

- 選択肢
  ① 高齢期の生活の多様化　② 産業構造の変化
  ③ 医療費の増大　　　　　④ 介護生活の長期化

パターンB 似たような語句を問う問題
確定給付企業年金法の目的条文を正確に押さえていますか。

問題25

確定給付企業年金法によると、年金給付の支給期間及び支払期月は、政令で定める基準に従い**規約**で定めるところによる。ただし、**終身**又は□□□年以上にわたり、毎年**1回**以上定期的に支給するものでなければならない。なお、政令で定める基準は、次のとおりとする。

(1) **保証期間**（年金給付の支給期間の全部又は一部であって、当該年金給付の受給権者が死亡したときにその遺族に対し、当該受給権者が生存していたとしたならば支給された年金給付を年金又は一時金として支給することを保証されている期間をいう。）を定める場合にあっては、**20年**を超えない範囲内で定めること。
(2) 年金給付の支払期日は、毎年**一定の時期**であること。

- 選択肢
  ① 1　　② 3　　③ 5　　④ 10

パターンC 数字の違いを問う問題
確定給付企業年金の年金給付の支給期間等を押さえていますか。

解 答 ② **産業構造の変化**　　根拠：確定給付企業年金法1条

比較認識法

NG　確拠法1条

高齢期の生活の多様化

確定拠出年金法は、少子高齢化の進展、**高齢期の生活の多様化**等の社会経済情勢の変化にかんがみ、個人又は事業主が拠出した資金を個人が**自己の責任**において**運用の指図**を行い、高齢期においてその**結果**に基づいた給付を受けることができるようにするため、確定拠出年金について必要な事項を定め、国民の高齢期における**所得の確保**に係る**自主的な努力**を支援し、もって公的年金の給付と相まって**国民の生活の安定と福祉の向上**に寄与することを目的とする。

確定給付企業年金法は、平成13年6月に制定されましたが、確定拠出年金法より6月遅れの平成14年4月から施行されています。

解 答 ③ **5**

根拠：確定給付企業年金法33条、同令25条、同令23条1項1号

比較認識法

NG **ピタリ**　中退共法12条4項

| 10 | 分割払の方法による退職金の支給の期間は、**被共済者**の選択により、請求後の最初の支給期月から**5**年間又は**10**年間のいずれかとする。 |
| 5 | |

NG **ピタリ**　確拠則4条1号二、同則33条

| 3 | 年金たる老齢給付金の支給予定期間は、受給権者が請求日において規約で定めるところにより**申し出た日の属する月以後の規約で定める月**（請求日の属する月から起算して**3**月以内の月に限る。）から起算して**5**年以上**20**年以下であることとする。 |
| 5 | |

規約型は事業主が、基金型は基金が受給権者の請求に基づいて裁定します。

確定給付企業年金法において、事業主等は、確定給付企業年金の**中途脱退者**及び▢▢▢に係る**老齢給付金**の支給を共同して行うとともに、**積立金の移換**を円滑に行うため、**企業年金連合会**を設立することができる。**企業年金連合会**は、全国を通じて１個とする。

― 選択肢 ―
① その他申し出た者　② 終了制度加入者等
③ 解散基金加入員　④ 加入者であった者

パターンD　見慣れない語句を問う問題
企業年金連合会の目的を正確に押さえていますか。

1942（昭和17）年の▢▢▢の**ベヴァリッジ報告**は社会保障制度の主要手段として**社会保険**を位置づけ、欧米諸国の福祉国家の考えの基礎となった。日本でも、日本国憲法の制定により社会保障に対する国の責務が規定され、**社会保障制度審議会**も1950（昭和25）年の「**社会保障制度に関する勧告**」において**社会保険**を中核に社会保障制度を構築すべきとした。ただし、医療保険も年金も、戦前から、工業化の進展に伴う**労働問題の発生**等に対応して、**被用者保険**を中心に制度化の動きが進んでいた。終戦直後は、**生活困窮者**への生活援護施策や**感染症対策**が中心となった。

― 選択肢 ―
① 仏国　② 英国　③ ドイツ　④ アメリカ

パターンA　根本的な理解を問う問題
福祉国家の考えの基礎となったベヴァリッジ報告は、どこの国のものですか。

解 答　② **終了制度加入者等**　　根拠：確定給付企業年金法91条の2

NG 国年法137条の4

解散基金加入員

国民年金基金は、中途脱退者及び<u>解散基金加入員</u>に係る年金及び一時金の支給を共同して行うため、<u>国民年金基金連合会</u>を設立することができる。

NG 確給法91条の18、5項

加入者であった者

企業年金連合会は、確定給付企業年金並びに企業型年金等の年金制度の加入者及び<u>加入者であった者</u>（確定給付企業年金の加入者等）の<u>福祉を増進</u>するため、規約で定めるところにより、確定給付企業年金の加入者等の<u>福利及び厚生</u>に関する事業を行うことができる。

「終了制度加入者等」とは、終了した確定給付企業年金の事業主等がその終了した日において老齢給付金の支給に関する義務を負っていた者をいいます。

解 答　② **英国**　　根拠：平成23年版厚生労働白書P32

NG 平成23年版厚生労働白書P35、36

ドイツ

世界初の社会保険は、<u>ドイツ</u>で誕生した。当時の<u>ドイツ</u>では、資本主義経済の発達に伴って深刻化した労働問題や労働運動に対処するため、1883（明治16）年に医療保険に相当する<u>疾病保険法</u>、翌1884（明治17）年には労災保険に相当する<u>災害保険法</u>を公布した。
一方、日本では、第1次世界大戦（1914年～1918年）をきっかけに空前の好景気を迎え、重化学工業を中心に急速に<u>工業化</u>が進展し、労働者数は大幅に増加した。一方で、急激なインフレで労働者の<u>実質賃金</u>は低下したほか、米価の急上昇により全国で米騒動が発生した。また、第1次世界大戦後は一転して「<u>戦後恐慌</u>」と呼ばれる不況となり、大量の失業者が発生した。このため、賃金引上げや解雇反対等を求める労働争議が頻発し、労働運動が激化した。
こうした中で、政府は、労使関係の対立緩和、社会不安の沈静化を図る観点から、<u>ドイツ</u>に倣い労働者を対象とする疾病保険制度の検討を開始し、1922（大正11）年に「<u>健康保険法</u>」を制定した。

社会保障制度審議会は、社会保障制度の全般にわたる調査、審議、勧告を行う内閣総理大臣の所轄に属する旧総理府に置かれていた審議会で、2001（平成13）年省庁再編に伴って廃止され、社会保障に関する重要事項についての調査審議等は厚生労働省の社会保障審議会に引き継がれました。

第9章　社会保険に関する一般常識

選択式突破のヒント！ その❾
選択式はパズル ピースの当てはめを慎重に

　選択式本試験について、受験生が口を揃えていうのは、未知の問題が出題されたときの恐怖です。私は20年以上選択式本試験の問題を分析していますが、**多くの社労士受験生が見たことや考えたことのない問題が1問も出題されたことがない年は、残念ながら1度もありません。**ですから、まずは「絶対に未知の問題は出題される」という覚悟をしっかりと持つことが必要です。

　ただその覚悟よりも、さらに重要だと考えるのが、基本的な内容の出題に対する心構えです。なぜなら、択一式は合格基準点を突破しているのに、選択式があと1、2点足らずで不合格だったことの要因が、未知の問題よりも、誰もが「簡単だ」と感じた問題に意外にも多く存在するからです。つまり、**何の疑問もなく、正解だと思う語句が見つけられた問題で、致命的なミスをしてしまうことが多い**のです。

　こういった意味で、選択式はパズルに似ています。スペースに当てはまるピースを探し出し、目についたピースが偶然はまれば、別のピースを探そうとしなくなります。しかし、後になってから、よりピッタリと当てはまるピースが見つかることがありますね。ですから、パズルでは、ピースを慎重にひとつずつ当てはめて検討できる人の方が、結局は早く完成させることができます。

　実際の選択式本試験では、いわゆる難問よりも、余裕で正解語句を見つけたと思う問題ほど、慎重な語句の当てはめを怠りがちですから、致命的なミスを起こしやすくなります。特に、**基本的な条文であるうえに、空欄の語句の位置が近い出題には細心の注意が必要**です（近年では、2018年度選択式の国年のDとEが典型的です）。2つの空欄の正解語句を逆に入れてしまうだけで、マイナス2点になるので基準点未満になってしまうリスクが高まります。

　もちろん、正解だと思う語句がすぐに見つけられること自体は素晴らしいことですが、そんな問題でも候補の語句を慎重に当てはめて検討してみる、冷静な「注意力」と法的な「推論力」が選択式本試験の突破には欠かせないことを再確認してもらいたいのです。

用語索引

比較認識法®の公式で取り上げている重要キーワードをピックアップしました。

あ行

あっせん	315
安全衛生改善計画	75
安全衛生確保等事業	107
安全、衛生又は福祉	49
安全及び衛生の確保	107
安全かつ効率的に行う	221
安全に係る技術的事項	57
安全の水準の向上	59
安全配慮義務	20
移換	337
育児休業給付金	131
育児休業給付金支給申請書	121
育児休業等終了時改定	161, 163
育児に関する目的	291
医師	73
医師又は歯科医師	73, 197
医師又は保健師	73
医師若しくは歯科医師又は薬剤師	171
遺族基礎年金	211, 253
遺族基礎年金の額の規定の例により計算した額	255
遺族基礎年金の受給権	257
遺族特別支給金	109
著しくその均衡を失する	259
一部負担金の割合	299
一般保険料率	167
移転	337
意欲及び能力	287
医療保険の保険給付の範囲	153
運営委員会	329
運営に関する協議会	329
運用に基づく納付金	199
衛生に係る技術的事項	57
演劇の事業	45
援助	77
延滞金	169

か行

介護休業給付金	131
介護休業給付金支給申請書	121
介護認定審査会	335
介護保険審査会	335
介護保険料率	164
介護予防・日常生活支援総合事業	333
解散	317
解散基金加入員	341
開設者	171, 176
開設者又は管理者	171
快適な職場環境の実現	53
学識及び実務能力	311
学識経験者	71
各月が経過した際	205
各月の初日が到来したとき	205
確認	123
過失割合による減額	113
加入者であった者	341
患者申出療養	176, 177

慣習	25
関心と理解を深める	295
完全雇用の達成	301
期間の定めのある労働契約	17, 19, 128
企業型年金	336
企業型年金運用指図者	336
企業年金基金	337
企業年金連合会	341
危険性又は有害性等の調査	53
記号及び番号	229
寄宿手当	133
基準障害による障害厚生年金	251
基礎年金番号	229
寄託	199
寄附	335
基本月額	261
基本手当	141
規約型企業年金	337
休業給付	97
休業給付基礎日額	90, 91
休業手当	23
休業手当金	327
救護	59
吸収合併消滅基金	225
吸収合併存続基金	225
吸収分割承継基金	225
求職活動関係役務利用費	136, 137, 138
求職活動支援書	303
求職活動支援費	139
求職の申込み	123
究明	89
協会	185
協議組織の設置及び運営	63
共済組合の組合員	181
教示	77
業務	21
業務上の必要性	29
業務に関する法令及び実務	311
業務の繁閑	287
協力する業務	307
緊急行為	87
均等な機会及び待遇の確保	307
苦情処理機関	281
具体的に指示	29
国の直営事業及び官公署の事業	83
経営、管理	21
計画的付与	43
経済及び社会の発展	301, 305
経済生活	23
啓発活動及び広報活動	221
建議	117
研究開発に係る業務	41
健康	35
健康管理手帳	75
健康障害を防止するため必要な措置	57
健康、風紀及び生命	49
健康、福祉	35

健康保険組合連合会	185
健康保険事業の収支の見通し	155
検査業者	65
現実的可能性	29
健全化計画	155
検便による健康診断	75
権利を濫用	279
故意の犯罪行為	105, 219
広域延長給付	119, 149
広域求職活動費	119, 136, 139
公共職業安定所長	117
厚生年金被保険者期間	267
厚生年金保険法の被保険者の数の総数	213
厚生労働大臣	117
厚生労働大臣の指定する期間	201
交替制	45
公的年金被保険者総数	213
高度プロフェッショナル制度	40, 41
広範囲の地域	119
合理性	25
合理的行為	87
合理的な理由	29
考慮	277
高齢期の生活の多様化	339
功労報酬的な性格	25
国民健康保険組合	155
国民健康保険団体連合会	335
国民年金基金	223, 341
国民年金基金連合会	199, 222, 341
国民年金原簿の訂正	227
国民年金事務組合	191
国民年金の被保険者	245
国民の生活水準	217
個別延長給付	130
雇用安定事業	146
雇用状態の是正	147
雇用の安定	305
雇用保険被保険者関係届出事務等処理簿	149
雇用保険被保険者休業開始時賃金証明書	121
雇用保険被保険者休業・所定労働時間短縮開始時賃金証明書	121

さ行

財源の不均衡	165
最高限度額	99
再就職援助計画	303
再就職手当	137, 143
再審査請求	110, 111
財政融資資金	199
最低限度額	99
財務大臣	233
債務の本旨	28
作業環境測定士	69
作業間の連絡及び調整	63
産業構造の変化	339
賛助	315

343

産前産後期間の保険料免除の届出
················· 197
産前産後休業終了時改定 ····· 161, 163
恣意行為 ··························· 87
支給単位期間 ···················· 135
支給要件期間 ········· 135, 140, 141
事業及び財産の状況に関する報告
··························· 153
事業場の運営について利害関係を
有しない者 ···················· 69
事業主が設立する健康保険組合 ··· 191
事業の健全な発展 ················ 221
事業の正常な運営 ················· 43
事業の附属寄宿舎 ················· 48
事後重症による障害基礎年金 ··· 209
事後重症による障害厚生年金 ··· 251
自己若しくは第三者 ·············· 317
資産管理運用機関 ················ 337
資産管理機関 ···················· 336
資産若しくは収入の状況 ········· 193
指示 ························· 55, 61
自主的活動 ······················· 53
自主的な解決 ···················· 277
自主的な交渉 ···················· 277
自主的な努力 ···················· 277
市町村介護保険事業計画 ········· 327
失格処分 ························· 317
実施機関 ························· 265
実質的に異ならない ·············· 279
疾病及び負傷 ···················· 325
疾病の予防 ················· 187, 291
疾病、負傷、出産又は死亡 ····· 325
疾病、負傷、障害又は死亡 ····· 325
疾病、負傷若しくは死亡又は出産
··························· 81
質問し、若しくは帳簿、書類その他の
物件を検査する ················ 267
指定居宅サービス事業者 ····· 173, 183
指定健康保険組合 ··········· 155, 166
指定代理納付者 ·················· 223
指定病院等 ······················ 105
指定訪問看護事業者 ········· 171, 182
私的行為 ························· 87
指導 ························· 59, 77
自動変更対象額 ··················· 93
支部被保険者 ··············· 164, 167
死亡一時金 ······················ 211
死亡日の属する月の前月 ········· 211
死亡日の属する月の前々月 ······· 211
事務代理 ························· 311
事務の遂行 ······················ 223
事務の適正かつ円滑な処理 ······· 311
社会通念上相当である ··········· 279
社会通念上同視できる ··········· 279
社会的規範 ······················· 25
社会保険労務士でない者 ········· 317
社会連帯の理念 ·················· 307
就業が著しく困難な女性 ·········· 47
就業規則その他これに準ずるもの
··························· 33
就業手当 ························· 134

就業の機会の確保 ················ 147
就職が困難な者 ·················· 129
就職促進給付 ···················· 143
従前標準報酬月額 ················ 236
重大な過失 ················ 109, 219
終了制度加入者等 ················ 341
出産手当金の額 ·················· 179
出頭 ···························· 77
受動喫煙 ························· 73
障害基礎年金との併合 ··········· 249
障害基礎年金の額に4分の3を乗じて
得た額 ······················· 255
障害等級 ························· 263
障害認定日 ······················ 251
障害補償年金差額一時金 ········· 101
障害補償年金前払一時金 ········· 101
使用者による時季指定 ············ 39
使用者の時季変更権 ··············· 43
使用者の指揮命令下 ··············· 27
使用者の責に帰すべき事由 ········· 31
承諾 ···························· 299
承認 ························ 159, 185
傷病手当 ·················· 132, 133
傷病手当金 ················ 182, 183
傷病特別支給金 ·················· 109
傷病に係る初診日 ················ 251
傷病の予防 ······················ 187
傷病補償年金 ····················· 97
傷病補償年金及び介護補償給付 ··· 83
常用就職支度手当 ················ 136
将来に向かって ·················· 103
職業訓練受講給付金 ·············· 149
職業生活 ························· 287
職業生活設計 ···················· 147
職業生活と家庭生活の両立 ······· 293
職業生活の充実 ·················· 305
職業生活の全期間 ················ 147
職業の安定 ······················ 305
職業リハビリテーション ········· 307
食事療養 ························· 177
食事療養標準負担額 ·············· 174
職能型基金 ······················ 225
職場における育児休業等に関する
ハラスメントの防止措置 ········· 289
職務上の事由又は通勤 ··········· 327
職務内容の変更 ··················· 63
助言又は指導 ···················· 221
女性労働者 ······················ 289
所定給付日数 ····· 128, 129, 130, 132
所定労働時間 ····················· 27
所定労働時間労働した場合に
支払われる通常の賃金 ··········· 35
書類の提出 ······················· 77
信義 ···························· 271
信義則 ·························· 21
審査請求 ·················· 110, 111
心身の状況 ······················· 73
迅速かつ重点的 ·················· 295
慎重かつ細心の注意を払い ········ 221
審問 ···························· 275
信用又は品位を害する ··········· 311

心理的な負担の程度を把握するための
検査等 ························· 73
随時改定 ·················· 161, 163
生活保障 ························· 23
生活療養 ························· 177
生活療養標準負担額 ·············· 175
清算期間 ························· 33
誠実 ···························· 271
正当な行為 ······················ 271
セクシュアルハラスメント防止措置
··························· 289
積極的に推進する ················ 319
選定療養 ························· 176
前納 ···························· 205
専門実践教育訓練給付金 ········· 139
総合的かつ一体的 ················ 295
相談窓口 ························· 289
相当因果関係 ·········· 85, 88, 89
相当の理由がある ················ 179
即時解雇 ························· 19
その他障害との併合による改定請求
··························· 209
疎明 ···························· 89
損益相殺的な調整 ················ 113

た行

第1号介護予防支援事業 ········· 333
対象期間 ·················· 264, 267
代替休暇 ·············· 38, 39, 43
滞納処分 ·················· 169, 233
退避 ···························· 59
大部分 ·························· 273
代理 ···························· 311
他の年金たる給付の受給権者 ··· 207
短期訓練受講費 ············ 136, 137
短期雇用特例被保険者 ··········· 134
男女共同参画社会基本法 ········· 293
地域型基金 ······················ 225
地域型健康保険組合 ·············· 166
地域ケア会議 ···················· 335
地域的一般的拘束力 ·············· 273
地域別最低賃金 ·················· 283
地方公共団体の議会の議長 ······· 263
中央労働委員会 ············ 273, 275
中高年齢者 ······················· 69
中高齢の寡婦加算 ·········· 254, 255
中小企業者 ······················ 285
中心的な役割を果たす ··········· 319
中途脱退者 ······················ 199
懲戒解雇 ························· 19
調査 ···························· 65
調査及び分析の結果 ·············· 329
調整保険料率 ···················· 185
賃金 ···························· 17
賃金及び労働時間に関する事項 ··· 17
賃金構造基本統計 ················· 93
賃金の低廉な労働者 ·············· 283
陳述 ···························· 311
通院等の付添い ·················· 291
通算契約期間 ···················· 299
通常伴う危険 ····················· 85

用語索引

通常の労働者への転換 ……………… 283
通知対象物 ………………………………… 65
積立金の運用 ………………… 220, 221
提供 ………………………………………… 59
適正な労働条件を確保する ……… 283
適切に実施する ………………………… 319
天災事変その他やむを得ない事由
　……………………………………………… 31
ドイツ ………………………………………… 341
当該業務の遂行に通常必要とされる
　時間 ……………………………………… 27
同種の労働者 …………………………… 89
登録性能検査機関 ……………………… 65
特殊の必要 ……………………………… 35
特定介護保険施設 …………………… 175
特定機械等 ……………………………… 65
特定期間 ………………………………… 267
特定機能病院 …………………………… 177
特定健康診査等実施計画 ………… 327
特定高度専門業務・成果型労働制
　……………………………………………… 40
特定事項 ………………………………… 281
特定受給資格者 ……………………… 129
特定適用事業所 …………… 156, 157
特定被保険者 ………………………… 266
特定保健指導 ………………………… 102
特定保険料率 ………………………… 165
特定元方事業者 ………………… 59, 63
特定理由離職者 …………… 128, 130
特定労働者の総数が常時 500 人を
　超えるもの …………………………… 157
特別安全衛生改善計画 ……… 55, 74
特別加算 ………………………………… 257
特別調整率 ……………………………… 212
特別な社会的接触の関係 ………… 21
特例一時金 ……………………………… 141
特例給付 …………………… 127, 145
特例退職被保険者 ………… 161, 181
都道府県医療費適正化計画 ……… 327
都道府県労働局長 …………………… 117

な行

内閣総理大臣 ………………………… 275
2 以上の種別の被保険者であった期間
　…………………………………………… 245
二次健康診断等給付 …… 83, 102, 103
2 分の 1 以上同意対象者 ………… 157
入院時食事療養費 ………… 174, 177
入院時生活療養費 ………… 175, 177
任意加入被保険者 …………………… 207
任意継続被保険者 …………………… 181
任意特定適用事業所 ……………… 157
認可 ………………………… 159, 185
認定 ………………………………………… 275
認定職業訓練 ………………………… 116
年金給付基礎日額 …………………… 93
年金受給者 ……………………………… 213
年金積立金管理運用独立行政法人
　…………………………………………… 199
年金の現価に相当する額 ………… 199
納付事務 ………………………………… 223

納付猶予 ………………………………… 203
能力開発事業 …………… 116, 146
能力に適合する職業 ………………… 295

は行

配慮 ………………………… 55, 277
端数処理 ………………………………… 259
パパ・ママ育休プラス ……………… 291
半額免除 ………………………………… 205
比較対象労働者 ……………………… 289
被共済者 …………………… 285, 339
必要 ………………………………………… 179
必要な施設 …………………………… 221
必要な積立金 ………………………… 217
被保険者 ………………………………… 165
被保険者期間 ……… 126, 127, 135
被保険者資格証明書 ……… 321, 325
日雇関係組合 ………………………… 185
日雇拠出金 ………… 153, 184, 185
日雇特例被保険者 …………………… 181
日雇特例被保険者手帳 …………… 153
日雇労働求職者給付金
　…………………… 127, 139, 145
日雇労働被保険者 … 118, 120, 185
評価 ………………………… 71, 329
評価療養 ………………………………… 176
評議会 …………………………………… 329
表示対象物 ……………………………… 65
表示対象物及び通知対象物 ……… 60
標準賃金日額 ………………………… 178
標準報酬改定請求 …… 262, 264, 265
標準報酬月額の 30 分の 1 に相当する
　金額 ……………………………………… 35
標準報酬平均額 ……………………… 261
付加金 ……………………………………… 49
不活動仮眠時間 ………………………… 26
付加年金 ………………………………… 241
付加保険料 …………………………… 195
福祉の向上 ………… 324, 338, 339
福祉の増進
　…………………… 80, 147, 187, 300, 305
福利厚生施設 ………………………… 281
普通解雇 ………………………………… 18
普通給付 ………………………………… 127
物価変動率 ………………… 214, 215
物件を提出すべきことを命じる … 267
分析 ………………………………………… 71
平均給与額 ………… 90, 91, 92, 93
平均賃金 …………………… 23, 35
平均定期給与額 ……………………… 93
平均的な労働者 ……………………… 88
平均標準報酬額 …………… 260, 261
併合認定 ………………………………… 249
包括的支援事業 ……………………… 333
報告 ………………………… 59, 71
法的規範 ………………………………… 25
法の下の平等 ………………………… 293
保健衛生の事業 ………………………… 45
保険外併用療養費 …………………… 178
保険者協議会 ………………………… 329

保険料及び国庫負担の額 ………… 217
保険料・拠出金算定対象額 ……… 199
保険料納付確認団体 ………………… 191
保険料の納付に関する実態 ……… 193
保険料を立て替えて納付する事務
　…………………………………………… 223
ポジティブ・アクション …………… 307
募集又は採用 ………………………… 285
母性の尊重 …………………………… 293

ま行

毎月勤労統計 …………………………… 93
マクロ経済スライド ……… 212, 213
未支給の保険給付の支給 ………… 227
身分関係、障害の状態 ……………… 193
無期転換申込権 ……………………… 299
無料で証明を行う …………………… 267
名目手取り賃金変動率 …… 214, 215
専ら国民年金の被保険者の
　利益のために ………………………… 221
元方安全衛生管理者 ………………… 59
元方事業者 ……………………………… 61

や行

有機的な連携 ……………… 307, 319
誘致 ……………………………………… 315
養育する ………………………………… 291
預託 ……………………………………… 199
4 分の 1 免除 ………………………… 200
4 分の 3 以上同意対象者 ………… 157
4 分の 3 免除 ………………………… 200

ら行

立証 ………………………………………… 89
療養環境の向上 ……………………… 187
療養給付 ………………………………… 96
療養生活の援護 ……………………… 107
療養補償給付 …………………………… 97
臨時的かつ一時的 …………………… 305
労使委員会 ………… 35, 39, 43
労使協定 ……………………………… 15
労働委員会及び厚生労働大臣又は
　都道府県知事 ………………………… 275
労働委員会の決議 …………………… 273
労働委員会又は都道府県知事 …… 275
労働衛生指導医 ………………………… 71
労働関係 ………………………………… 271
労働関係の当事者 …………………… 15
労働義務の免除 ………………………… 43
労働協約、就業規則及び労働契約
　…………………………………………… 15
労働契約、就業規則、労働協約等の
　定め ……………………………………… 27
労働災害の防止 ………………………… 53
労働時間等設定改善委員会 …… 39, 43
労働者 …………………………………… 289
労働者及び使用者 …………………… 15
労働者災害補償保険審査官 ……… 110
労働者の時季指定権 ………………… 43
労働者の募集及び採用に関する事項に
　ついての紛争 ………………………… 281

345

労働生産性の向上 ……………………… 147
労働能力 ………………………………… 17
労働保険事務組合 …………………… 111
労働保険審査会 ……………………… 110
労務に服することができない ……… 181
老齢給付金 …………………… 337, 339
老齢厚生年金 ………………………… 253
老齢厚生年金の規定の例により計算し
　た額に4分の3を乗じて得た額
　………………………………………… 255
老齢を支給事由とするもの ………… 241

わ行

割増賃金 ………………………………… 39

条文索引

問題や解説で取り上げている
主要な条文番号をピックアップしました。

労働基準法

法 1 条 ……………………… 15
法 2 条 ……………………… 15
法 4 条 ……………………… 17
法 15 条 ………………… 17, 45
法 19 条 ……………………… 31
法 20 条 ……………………… 23
法 23 条 ……………………… 45
法 32 条の 3 ………………… 33
法 33 条 ……………………… 31
法 36 条 …………… 15, 33, 35
法 37 条 ………………… 35, 39
法 38 条の 2 ………………… 27
法 38 条の 3 ………………… 41
法 38 条の 4 ………………… 41
法 39 条 …………… 35, 39, 43
法 40 条 ……………………… 35
法 41 条の 2 ………………… 41
法 56 条 ……………………… 45
法 61 条 ……………………… 45
法 62 条 ……………………… 49
法 64 条 ……………………… 45
法 64 条の 2 ………………… 47
法 67 条 ……………………… 47
法 68 条 ……………………… 47
法 76 条 ……………………… 49
法 89 条 ……………………… 47
法 90 条 ……………………… 47
法 91 条 ……………………… 49
法 96 条 ……………………… 49
法 114 条 …………………… 49

則 19 条の 2 ………………… 39
則 24 条の 4 ………………… 43
則 25 条 ……………………… 35

平成 16.11.22 厚労告 407 号 …… 45
平成 24.10.26 厚労告 551 号 …… 17
昭和 24. 5.13 基収 1483 号 ……… 19
昭和 24. 7.27 基収 1701 号 ……… 23
昭和 24.12.27 基収 1224 号 ……… 23
昭和 25. 9.14 基収 2983 号 ……… 29
昭和 26. 6.25 基収 2609 号 ……… 19
昭和 63. 3.14 基発 150 号 … 19, 43
平成 21. 5.29 基発 0529001 号 … 43
平成 31. 3.25 基発 0325 第 1 号 … 41

最二小昭和 35. 3.11　細谷服装事件
…………………………… 19
最二小昭和 38. 6.21　十和田観光電鉄
事件 ………………………… 19
最大判昭和 43.12.25　秋北バス事件
…………………………… 25
最一小昭和 44.12.18　福島県教組事件
…………………………… 23
最三小昭和 50. 2.25　陸上自衛隊事件
…………………………… 21
最二小昭和 52. 8. 9　三晃社事件
…………………………… 25

最三小昭和 56. 3.24　日産自動車事件
…………………………… 17
最一小昭和 57.10. 7　大和銀行事件
…………………………… 25
最二小昭和 61. 7.14　東亜ペイント
事件 ………………………… 29
最一小昭和 62. 4. 2　あけぼのタク
シー事件 …………………… 31
最二小昭和 62. 7.17　ノース・ウエ
スト航空事件 …………… 21, 23
最二小平成 2.11.26　日新製鋼事件
…………………………… 23
最一小平成 3. 4.11　三菱重工業神戸
造船所事件 ………………… 21
最三小平成 4. 6.23　時事通信社事件
…………………………… 43
最二小平成 6. 6.13　高知県観光事件
…………………………… 37
最一小平成 10. 4. 9　片山組事件
…………………………… 29
最一小平成 12. 3. 9　三菱重工業
長崎造船所事件 …………… 27
最二小平成 12. 3.24　電通事件 … 21
最二小平成 14. 2.28　大星ビル管理
事件 ………………………… 27
最二小平成 15.10.10　フジ興産事件
…………………………… 47
最二小平成 28. 2.19　山梨県民信用
組合事件 …………………… 29
最三小平成 29. 2.28　国際自動車事件
…………………………… 37
最二小平成 29. 7. 7　医療法人社団
Y 事件 ……………………… 37

労働安全衛生法

法 1 条 ……………………… 53
法 2 条 ……………………… 53
法 3 条 ………………… 53, 55
法 4 条 ……………………… 55
法 8 条 ……………………… 55
法 9 条 ……………………… 55
法 10 条 ……………………… 57
法 11 条 ……………………… 57
法 12 条 ……………………… 57
法 13 条 ………………… 57, 59
法 14 条 ……………………… 57
法 16 条 ……………………… 59
法 18 条 ……………………… 69
法 23 条 ……………………… 49
法 25 条 ……………………… 59
法 25 条の 2 ………………… 59
法 28 条の 2 ………………… 61
法 29 条 ……………………… 61
法 29 条の 2 ………………… 61
法 30 条 ………………… 63, 77
法 30 条の 2 ………………… 63
法 31 条の 2 ………………… 61
法 31 条の 4 ………………… 55
法 41 条 ……………………… 65
法 45 条 ……………………… 65

法 54 条の 3 ………………… 65
法 55 条 ……………………… 61
法 56 条 ……………………… 61
法 57 条 ……………………… 65
法 57 条の 2 ………………… 65
法 57 条の 3 ………………… 65
法 59 条 ……………………… 69
法 60 条 ……………………… 69
法 62 条 ……………………… 69
法 65 条 ……………………… 71
法 65 条の 2 ………………… 71
法 66 条 ……………………… 71
法 66 条の 4 ………………… 73
法 66 条の 7 ………………… 73
法 66 条の 8 ………………… 73
法 66 条の 8 の 2 ……… 41, 63
法 66 条の 8 の 4 ………… 63
法 66 条の 10 ………… 71, 73
法 67 条 ……………………… 75
法 68 条の 2 ………………… 73
法 72 条 ……………………… 67
法 74 条 ……………………… 67
法 75 条 ……………………… 67
法 78 条 ………………… 55, 75
法 79 条 ……………………… 75
法 81 条 ……………………… 59
法 88 条 ……………………… 53
法 100 条 …………………… 77
法 102 条 …………………… 77
法 106 条 …………………… 77
法 108 条の 2 ……………… 77

則 13 条 ……………………… 69
則 15 条 ……………………… 57
則 34 条の 17 ……………… 71
則 38 条 ……………………… 67
則 43 条 ……………………… 69
則 47 条 ……………………… 75
則 52 条の 14 ……………… 71
則 55 条 ……………………… 75
則 87 条 ……………………… 53
則 664 条 …………………… 59

じん肺法 9 条の 2 ………… 75

ボイラー則 107 条 ………… 67

労働者災害補償保険法

法 1 条 ………………… 81, 325
法 3 条 ……………………… 83
法 8 条の 2 ………… 91, 93, 99
法 8 条の 3 ………………… 93
法 12 条の 2 の 2 ………… 105
法 12 条の 8 ……… 83, 101
法 13 条 …………………… 179
法 14 条 …………………… 99
法 16 条の 2 ……………… 103
法 16 条の 3 ……………… 103
法 16 条の 5 ……………… 103
法 19 条 …………………… 97

法22条の2 ……………… 97
法26条 ………………… 103
法29条 ………………… 107
法31条 ……… 97, 107, 109
法34条 ………………… 109
法38条 ………………… 111
法40条 ………………… 111
法47条の3 …………… 109
法附則58条 …………… 101
法附則59条 …………… 101
(44) 法附則12条 ……… 83

則1条 …………………… 83
則5条 …………………… 81
則8条 ………………… 101
則9条 …………………… 93
則9条の2 ……………… 93
則9条の4 ……………… 93
則9条の5 ……………… 93
則11条 ………………… 105
則11条の2 …………… 179
則11条の3 …………… 105
則44条 ………………… 107
則44条の2 ……………… 97

整備政令17条 …………… 83

支給金則5条 ………… 109
支給金則5条の2 …… 109
支給金則6条 ………… 109
支給金則16条 ………… 109
支給金則別表第1の2 … 109

昭和50年労告35号 ……… 83

労審法8条 …………… 111
労審法38条 …………… 111

昭和40.7.31基発901号 ……… 105
昭和49.10.25基収2950号 …… 87
昭和50.12.25基収1724号 …… 87
昭和53.3.30基発186号 ……… 89
平成11.9.14基発545号 ……… 105
平成13.3.30基発233号 ……… 111
平成13.12.12基発1063号 …… 85
平成15.5.20基発0520002号
…………………………… 111
平成17.9.22基発0922001号
…………………………… 107
平成18.3.3基発0331042号 … 85
平成18.3.31基発0331042号 … 91
平成21.7.23基発0723第14号
…………………………… 87
平成27.6.9基発0609第4号 … 97
平成28.8.2雇児発0802第2号
…………………………… 89
令和2.8.21基発0821第1号
………………………… 81, 83
令和2.8.21基発0821第2号 …… 95
令和2.8.21基発0821第4号 … 89

最二小昭和51.11.12　熊本地裁八代
支部公務災害事件 …………… 85
最三小平成元.4.11　高田建設事件
…………………………… 113
最大判平成27.3.4　フォーカスシス
テムズ労災遺族年金事件 …… 113
最二小平成27.6.8　専修大学事件
……………………………… 97

雇用保険法

法1条 …………………… 147
法2条 …………………… 117
法6条 …………………… 117
法13条 ……………… 127, 129
法15条 ……………… 123, 133
法17条 ………………… 127
法20条 ………………… 129
法22条 ……………… 131, 141
法24条 ………………… 133
法25条 ………………… 119
法33条 ………………… 145
法36条 ………………… 133
法37条 ………………… 133
法43条 ……………… 119, 185
法48条 ………………… 139
法52条 ………………… 145
法53条 ………………… 127
法54条 ………………… 145
法56条の3 ……… 135, 137
法59条 ………………… 137
法60条の2 …… 135, 139, 141
法61条 ………………… 131
法61条の2 ……… 141, 143
法61条の3 …………… 143
法61条の7 ……… 131, 135
法62条 ………………… 147
法63条 ………………… 147
法64条の2 …………… 147
法66条 ………………… 149
法67条 ………………… 149
法72条 ………………… 117
法81条 ………………… 117
法附則5条 …………… 131
法附則11条 …………… 141
法附則11条の2 ……… 143
法附則13条 …………… 149

令1条 …………………… 117
令4条 …………………… 133
令6条 …………………… 119

則14条の3 …………… 121
則14条の4 …………… 121
則19条の2 …………… 129
則22条 ………………… 123
則23条 ………………… 123
則28条の2 …………… 125
則32条 ………………… 129
則48条の2 …………… 145
則82条の3 …………… 143
則82条の5 …………… 135

則83条の6 …………… 137
則95条の2 …………… 137
則96条 ………………… 119
則98条 ………………… 139
則100条の2 ………… 137
則100条の6 ……… 137, 139
則100条の7 ………… 139
則101条の2の3 …… 141
則101条の2の9 …… 139
則143条 ……………… 149
則附則19条 …………… 131
則附則25条 …………… 143

行政手引50151 ……… 125
行政手引51254 ……… 125
行政手引55103 ……… 135
行政手引57264 ……… 135
行政手引90551 ……… 139

徴収則72条 …………… 149

健康保険法

法1条 …………………… 81
法2条 ………………… 153
法3条 ………………… 185
法5条 ………………… 153
法7条の18 …………… 329
法7条の21 …………… 329
法7条の38 …………… 153
法31条 ………………… 159
法34条 ………………… 159
法40条 ………………… 235
法41条 ………………… 161
法43条 ……………… 161, 163
法43条の2 ……… 161, 163
法43条の3 ……… 161, 163
法58条 ………………… 183
法63条 ………………… 177
法65条 ………………… 171
法70条 ………………… 177
法71条 ………………… 171
法74条 ………………… 299
法85条 ……………… 175, 177
法85条の2 ……… 175, 177
法86条 ………………… 177
法87条 ………………… 179
法88条 ………………… 179
法92条 ………………… 171
法93条 ………………… 173
法99条 ………………… 181
法102条 …………… 179, 181
法104条 ……………… 181
法108条 ……………… 181
法115条の2 ………… 175
法120条 ……………… 183
法123条 …………… 153, 185
法128条 ……………… 181
法138条 ……………… 179
法150条 ……………… 187
法150条の2 ………… 187
法153条 ……………… 167

348

条文索引

法160条	155, 165, 167
法165条	205
法173条	185
法174条	185
法180条	169
法181条	169
法189条	111
法附則2条	165
法附則3条	161
法附則3条の2	167
(24) 法附則46条	157
(27) 法附則2条	153
令7条	155
令8条	155
令30条	155
令34条	299
令37条	181
令46条	155
令67条	185
令附則5条	155
則20条	173
則89条	181
則155条	187
平成5.3.5保発15号	159
平成23.3.23年発0323第1号	159

国民年金法

法4条	217
法4条の2	259
法4条の3	217
法11条	191
法12条	191
法14条	229
法14条の2	227
法14条の5	193
法16条の2	217
法27条の3	215
法27条の4	213, 215
法27条の5	215
法28条	207, 241
法30条の2	209
法30条の3	209
法33条の2	247
法34条	197, 209
法36条の3	213
法37条	211
法49条	211
法52条の2	211
法69条	219
法70条	219
法71条	219
法72条	219
法73条	219
法74条	221
法75条	221
法76条	199
法77条	221

法87条の2	195
法88条の2	197
法89条	201
法90条	195, 201, 203
法90条の2	195
法92条の2の2	223
法92条の3	223
法93条	205
法94条	205
法94条の2	197
法94条の3	199
法96条	169
法101条	111
法106条	193
法107条	193
法108条	229
法108条の3	193
法108条の4	223
法109条	191
法109条の3	191
法109条の5	233
法111条	229
法112条	229
法128条	221, 223
法137条の3	225
法137条の3の6	225
法137条の3の7	225
法137条の3の12	225
法137条の3の15	225
法137条の4	341
法137条の15	221
法137条の17	199
法附則7条の3	191, 237
法附則9条の2	207
(60) 法附則8条	205
(60) 法附則14条	207
(60) 法附則20条	195
(元) 法附則4条	205
(6) 法附則11条	207
(16) 法附則19条	195, 201
(16) 法附則23条	207
(26) 法附則14条	195, 201
令4条の2の2	213
令4条の4の3	213
令6条	159
令6条の7	203
令6条の8	201
令6条の8の2	203
令6条の9	203
令6条の9の2	203
令10条	205
令11条の6の2	223
則18条	197
則18条の2	197
則33条	197
則73条の6	197
則73条の7	197
則76条の2	201
則77条の2	201

年金時効特例法1条	227
年金時効特例法2条	227

厚生年金保険法

法2条の2	217
法2条の3	259
法2条の4	259
法20条	235
法21条	235
法26条	237
法28条の2	245
法31条の2	193
法35条	243
法36条の2	243, 259
法43条	239, 261
法44条	243, 247
法44条の3	241
法47条	245
法47条の2	251
法47条の3	251
法48条	249
法50条	255
法50条の2	247
法51条	239
法52条	249, 263
法52条の2	249
法56条	251
法60条	253, 255
法62条	255
法63条	257
法64条の2	253
法65条	253
法66条	257
法74条	263
法78条の2	263
法78条の3	265
法78条の4	263, 265
法78条の14	267
法78条の35	267
法79条の10	221
法86条	169
法90条	111
法95条	267
法100条	267
法100条の2	263, 267
法100条の3	261
法100条の5	233
法附則17条の2	253
法附則29条	245, 259
(60) 法附則60条	257
(60) 法附則62条	261
(60) 法附則64条	237
(60) 法附則73条	257
(60) 法附則74条	255, 259
(60) 法附則別表第9	257
(16) 法附則2条	261
令3条	243
令3条の12の7	265
令4条の2の16	233

349

令11条の10 ……………… 233

則32条の3 ……………… 235
則38条 ……………………… 235
則40条の2 ……………… 237
則78条の2 ……………… 267
則78条の7 ……………… 265
則99条 ……………………… 233
則101条 …………………… 233
則105条 …………………… 233
則106条 …………………… 233

労務管理その他の労働に関する一般常識

労働組合法1条 ………… 271
労働組合法2条 ………… 271
労働組合法7条 ………… 271
労働組合法15条 ……… 273
労働組合法17条 ……… 273
労働組合法18条 ……… 273
労働組合法27条 ……… 275
労働組合法27条の12 … 275
労働組合法27条の15 … 273
労働組合法27条の19 … 273

労働関係調整法1条 …… 271
労働関係調整法2条 ……… 15
労働関係調整法9条 …… 275
労働関係調整法35条の2 … 275
労働関係調整法35条の3 … 275
労働関係調整法35条の4 … 275
労働関係調整法37条 … 275

労働契約法1条 ………… 277
労働契約法3条 …… 271, 277
労働契約法5条 ………… 277
労働契約法7条 …………… 47
労働契約法14条 ……… 279
労働契約法15条 ……… 279
労働契約法16条 ……… 279
労働契約法18条 ……… 299
労働契約法19条 ……… 279

平成24.8.10基発0810第2号
…………………………… 279

個別労働関係紛争解決促進法1条
…………………………… 281
個別労働関係紛争解決促進法2条
…………………………… 277
個別労働関係紛争解決促進法5条
…………………………… 281

労働時間等設定改善法1条 …… 277
労働時間等設定改善法2条 …… 287

パートタイム・有期雇用労働法3条
…………………………… 283
パートタイム・有期雇用労働法6条
…………………………… 281
パートタイム・有期雇用労働法12条
…………………………… 281

パートタイム・有期雇用労働法13条
…………………………… 283
パートタイム・有期雇用労働法14条
…………………………… 281
パートタイム・有期雇用労働法22条
…………………………… 281
パートタイム・有期雇用労働則2条
…………………………… 281

最低賃金法1条 ………… 283
最低賃金法9条 ………… 283

賃金支払確保法1条 …… 283

中小企業退職金共済法1条 …… 285
中小企業退職金共済法10条 …… 285
中小企業退職金共済法12条 …… 339

男女雇用機会均等法1条 ………… 293
男女雇用機会均等法2条 ………… 293
男女雇用機会均等法6条 ………… 285
男女雇用機会均等法7条 … 285, 287
男女雇用機会均等法8条 ………… 307
男女雇用機会均等法11条 ……… 289
男女雇用機会均等法11条の2 …… 289
男女雇用機会均等法12条 ……… 289
男女雇用機会均等則2条 ………… 285

育児介護休業法1条 …… 293
育児介護休業法9条の2 …… 291
育児介護休業法16条の2 …… 291
育児介護休業法16条の5 …… 291
育児介護休業法24条 …… 291
育児介護休業法25条 …… 289
育児介護休業則30条の4 ……… 291

次世代法1条 …………… 295

女性活躍推進法1条 …… 293
女性活躍推進法5条 …… 295
女性活躍推進法6条 …… 295
女性活躍推進法8条 …… 303
女性活躍推進法22条 … 287

労働施策総合推進法1条 …… 297, 301
労働施策総合推進法4条 …… 295
労働施策総合推進法24条 ……… 303
労働施策総合推進法27条の2 … 297
労働施策総合推進法30条の2 … 297
労働施策総合推進法30条の3 … 297
労働施策総合推進則7条の2 …… 303

職業安定法1条 ………… 301
職業安定法5条の2 …… 295
職業安定法26条 ………… 295

労働者派遣法1条 ……… 305
労働者派遣法25条 …… 147, 305
労働者派遣法26条 …… 289
労働者派遣法29条の2 …… 147
労働者派遣法35条の4 …… 299

労働者派遣法40条の6 ………… 299
労働者派遣令4条 ……… 299
労働者派遣則28条の3 ………… 299

青少年雇用促進法1条 ………… 301
青少年雇用促進法2条 ………… 287
青少年雇用促進法3条 ………… 287
青少年雇用促進法15条 ………… 303
青少年雇用促進法21条 ………… 303

高年齢者雇用安定法1条 ………… 305
高年齢者雇用安定法3条 ………… 305
高年齢者雇用安定法17条 ………… 303
高年齢者雇用安定法39条 ………… 305

障害者雇用促進法1条 ………… 307
障害者雇用促進法5条 ………… 307
障害者雇用促進法6条 ………… 307
障害者雇用促進法77条 ………… 303

職業能力開発促進法1条 ………… 301
職業能力開発促進法15条の4 … 147

社会保険に関する一般常識

社会保険労務士法1条の2 ……… 311
社会保険労務士2条 ……… 311
社会保険労務士2条の2 ……… 311
社会保険労務士3条 ……… 313
社会保険労務士13条 ……… 313
社会保険労務士13条の3 ……… 311
社会保険労務士14条の7 ……… 311
社会保険労務士14条の9 ……… 313
社会保険労務士15条 ……… 313
社会保険労務士16条 ……… 311
社会保険労務士16条の11 ……… 311
社会保険労務士22条 ……… 315
社会保険労務士23条の2 ……… 315
社会保険労務士25条 ……… 317
社会保険労務士25条の8 ……… 315
社会保険労務士25条の13 ……… 315
社会保険労務士25条の18 ……… 317
社会保険労務士25条の19 ……… 317
社会保険労務士25条の22 ……… 315
社気保険労務士25条の24 ……… 317
社会保険労務士27条の2 ……… 313
社会保険労務士32条 ……… 313
社会保険労務士32条の2 ……… 313
社会保険労務士則12条の11 ……… 315

国民健康保険法1条 …………… 325
国民健康保険法2条 …………… 325
国民健康保険法4条 …………… 319
国民健康保険法9条 …………… 321
国民健康保険法11条 …………… 329
国民健康保険法28条 …………… 155
国民健康保険法36条 …………… 325
国民健康保険法63条の2 ……… 321
国民健康保険法75条の2 ……… 323
国民健康保険法76条 …………… 323

船員保険法1条 ………… 325

船員保険法 53 条 ················ 325
船員保険法 85 条 ················ 327
船員保険法 93 条 ················ 327
船員保険法 107 条 ············· 183
船員保険法 108 条 ············· 183

高齢者医療確保法 8 条 ········· 327
高齢者医療確保法 9 条 ········· 327
高齢者医療確保法 11 条 ········ 329
高齢者医療確保法 12 条 ········ 329
高齢者医療確保法 19 条 ········ 327
高齢者医療確保法 157 条の 2 ···· 329

介護保険法 1 条 ················· 331
介護保険法 5 条の 2 ············· 331
介護保険法 7 条 ················· 331
介護保険法 14 条 ··············· 335
介護保険法 22 条 ··············· 183
介護保険法 41 条 ··············· 335
介護保険法 67 条 ··············· 321
介護保険法 75 条 ··············· 173
介護保険法 115 条の 45 ········· 333
介護保険法 115 条の 45 の 2 ···· 333
介護保険法 115 条の 46 ········· 333
介護保険法 117 条 ·············· 327
介護保険法 183 条 ·············· 335

児童手当法 20 条 ··············· 335
児童手当法 21 条 ··············· 335

確定拠出年金法 1 条 ············ 339
確定拠出年金法 9 条 ············ 337
確定拠出年金法 83 条 ··········· 337
確定拠出年金則 4 条 ············ 339
確定拠出年金則 33 条 ··········· 339

確定給付企業年金法 1 条 ········ 339
確定給付企業年金法 33 条 ······· 339
確定給付企業年金法 36 条 ······· 337
確定給付企業年金法 80 条 ······· 337
確定給付企業年金法 91 条の 2 ··· 341
確定給付企業年金法 91 条の 18
·· 341
確定給付企業年金令 23 条 ······· 339
確定給付企業年金令 25 条 ······· 339
確定給付企業年金令 28 条 ······· 337

MEMO

MEMO

【著者紹介】
岡 武史

2001年、働きながら社労士試験に一発合格し、翌年より社労士講座の専任講師となる。社労士受験指導の当初から『比較認識法®』『×問式（バツモンシキ）』『作問者思考』等のユニークかつ画期的な短期合格の独自ノウハウを提案し続けている。その間、多くの短期合格者を輩出する傍ら、自らもその短期合格のノウハウを使って、司法書士、行政書士、宅建士、賃貸不動産経営管理士、管理業務主任者、ファイナンシャルプランナー（AFP）、簿記、証券外務員、DCアドバイザー等の資格を取得している。現在、「資格系YouTuber」としての活動にも力を入れている。

著書は『毎日1時間 自分を変える資格取得術』（TAC出版）、『「一発合格！」勉強法』（日本実業出版社）等多数。また『無敵の社労士』（TAC出版）でも連載記事を執筆中。

【無料動画】
一発合格！TV のご案内

他では聞けない
「社労士一発合格！」のノウハウを
毎週、定期的に公開しています！

現在公開している連載動画の紹介
（※随時、新しい動画に更新しています）

- 比較認識法®で社労士プチ講義
- 目からウロコの年金クイズ
- 「オリジナル勉強法」シリーズ
- 「はじめての社労士試験」シリーズ
- 「短期合格の鉄則」シリーズ
- 「勝者のメンタル」シリーズ　等

URL はこちら！

https://www.youtube.com/c/ 一発合格 TV

＊「You Tube」は、Google Inc.の登録商標です。

一発合格！TV 🔍 で検索！

【本文デザイン】
前田利博（有限会社スーパービックボンバー）
【マンガ】
秋野ノガコ（協力：株式会社　必然）

　本書は、2021年11月9日現在において、公布され、かつ、2022年本試験実施要綱が発表されるまでに施行されることが確定しているものに基づいて作成しています。

　なお、2021年11月10日以降に法改正のあるもの、また法改正はなされているが、施行規則等で未だ細目について定められていないものについては、2022年5月下旬より、下記ホームページにて改正情報を順次公開いたします。

https://bookstore.tac-school.co.jp/

2022年度版　合格革命　社労士　4択式問題集
比較認識法®で選択対策

2021年12月20日　初　版　第1刷発行

著　者　者	岡	武　史
発　行　者	猪　野	樹
発　行　所	株式会社　早稲田経営出版	

〒101-0061
東京都千代田区神田三崎町3-1-5
神田三崎町ビル
電話　03(5276)9492(営業)
FAX 03(5276)9027

組　版	朝日メディアインターナショナル株式会社
印　刷	今　家　印　刷　株式会社
製　本	東　京　美　術　紙　工　協　業　組　合

Ⓒ Takeshi Oka 2021　　　　Printed in Japan　　　　ISBN 978-4-8471-4897-2
N.D.C. 364

本書は、「著作権法」によって、著作権等の権利が保護されている著作物です。本書の全部または一部につき、無断で転載、複写されると、著作権等の権利侵害となります。上記のような使い方をされる場合、および本書を使用して講義・セミナー等を実施する場合には、小社宛許諾を求めてください。

乱丁・落丁による交換、および正誤のお問合せ対応は、該当書籍の改訂版刊行月末日までといたします。なお、交換につきましては、書籍の在庫状況等により、お受けできない場合もございます。また、各種本試験の実施の延期、中止を理由とした本書の返品はお受けいたしません。返金もいたしかねますので、あらかじめご了承くださいますようお願い申し上げます。

書籍の正誤についてのお問合わせ

万一誤りと疑われる箇所がございましたら、以下の方法にてご確認いただきますよう、お願いいたします。

なお、正誤のお問合わせ以外の書籍内容に関する解説・受験指導等は、**一切行っておりません。**
そのようなお問合わせにつきましては、お答えいたしかねますので、あらかじめご了承ください。

1 正誤表の確認方法

CYBER TAC出版書籍販売サイト
BOOK STORE

早稲田経営出版刊行書籍の販売代行を行っているTAC出版書籍販売サイト「Cyber Book Store」トップページ内「正誤表」コーナーにて、正誤表をご確認ください。

URL:https://bookstore.tac-school.co.jp/

2 正誤のお問合わせ方法

正誤表がない場合、あるいは該当箇所が掲載されていない場合は、書名、発行年月日、お客様のお名前、ご連絡先を明記の上、下記の方法でお問合わせください。
なお、回答までに1週間前後を要する場合もございます。あらかじめご了承ください。

文書にて問合わせる

● 郵 送 先　　〒101-0061 東京都千代田区神田三崎町3-1-5 神田三崎町ビル
　　　　　　　株式会社 早稲田経営出版 出版部 正誤問合わせ係

FAXにて問合わせる

● FAX番号　　**03-5276-9027**

e-mailにて問合わせる

● お問い合わせ先アドレス　**sbook@wasedakeiei.co.jp**

※お電話でのお問合わせは、お受けできません。また、土日祝日はお問合わせ対応をおこなっておりません。
※正誤のお問合わせ対応は、該当書籍の改訂版刊行月末日までといたします。

乱丁・落丁による交換は、該当書籍の改訂版刊行月末日までといたします。なお、書籍の在庫状況等により、お受けできない場合もございます。
また、各種本試験の実施の延期、中止を理由とした本書の返品はお受けいたしません。返金もいたしかねますので、あらかじめご了承くださいますようお願い申し上げます。

早稲田経営出版における個人情報の取り扱いについて
■お預かりした個人情報は、共同利用させていただいているTAC(株)で管理し、お問い合わせへの対応、当社の記録保管および当社商品・サービスの向上にのみ利用いたします。お客様の同意なしに業務委託先以外の第三者に開示、提供することはございません(法令等により開示を求められた場合を除く)。その他、共同利用に関する事項等については当社ホームページ(http://www.waseda-mp.com)をご覧ください。

(2020年10月現在)